Dorothee Röhrig

»Du wirst noch an mich denken«

Liebeserklärung an eine schwierige Mutter

DOROTHEE RÖHRIG

»Du wirst noch an mich denken«

Liebeserklärung an eine
schwierige Mutter

dtv

3. Auflage 2023
© 2023 dtv Verlagsgesellschaft mbH & Co. KG, München
Das Werk ist urheberrechtlich geschützt.
Sämtliche, auch auszugsweise Verwertungen bleiben vorbehalten.
Für Inhalte von Webseiten Dritter, auf die in diesem Werk verwiesen
wird, ist stets der jeweilige Anbieter oder Betreiber verantwortlich,
wir übernehmen dafür keine Gewähr. Rechtswidrige Inhalte waren
zum Zeitpunkt der Verlinkungen nicht erkennbar.
Gesetzt aus der Dante MT Pro 11/14,25˙
Satz: Fotosatz Amann, Memmingen
Druck und Bindung: CPI books GmbH, Leck
Printed in Germany · ISBN 978-3-423-29044-9

Für
Sophie
Josefine und Caspar

Inhalt

Geleitwort

Im Frühjahr 2020, als Corona uns kaum vor die Tür lässt, entschließe ich mich, den Keller aufzuräumen. Diese grüne Kiste auszupacken, die verborgen in der hintersten Ecke steht. Meine Lebenskiste. Ich befördere ans Licht, was über Jahrzehnte wahllos hineingeflogen, in Vergessenheit geraten oder noch nie angesehen war. Wie das Foto von mir und meiner Mutter. Sie ist 28, ich bin knapp zwei Jahre alt. Ihr vorsichtiges Lächeln, der Griff, mit dem sie mich festhält, meine kritischen Kinderaugen. Das Foto berührt mich. Ich klemme es an meine Schreibtischlampe. Erinnerungen tauchen auf. Und Fragen. Jedes Mal, wenn ich das Bild von uns anschaue, sind es neue.

Meine Mutter war die ältere Schwester von Klaus von Dohnanyi und Christoph von Dohnányi. Sie starb vor fast sieben Jahren, kurz nach ihrem 90. Geburtstag. Ihre Eltern, Hans und Christine von Dohnanyi, geb. Bonhoeffer, waren maßgeblich am Widerstand gegen Adolf Hitler beteiligt. Beide wurden im April 1943 verhaftet. Meine Großmutter kam frei. In meinem Großvater erkannte die Gestapo einen der wichtigsten Gegner des Regimes. Er wurde am 9. April 1945 hingerichtet, wie auch sein Schwager Dietrich Bonhoeffer, ein Bruder meiner Großmutter. »Es war einfach der zwangsläufige Gang eines anständigen Menschen«, heißt es in der Familie bis heute. Der Preis des Anstands war allerdings hoch. Meine Großmutter und ihre drei Kinder erlebten hautnah Unrecht und Verbrechen und überlebten mit einer tiefen, immerwährenden Wunde.

Was geht wohl in einem 16-jährigen Mädchen vor, das aus der Schule kommt und beide Eltern sind verhaftet? Was ahnt sie, was weiß sie vielleicht sogar? Ist sie in Panik, wenn sie geheime Notizen ins Gefängnis schmuggelt? Wie erträgt sie den Anblick ihres schwerkranken Vaters in seiner Zelle? Und wie wirken sich diese Eindrücke und Gefühle auf ihr Leben aus – und damit auf meines? Was hat die Familiengeschichte mit mir gemacht? Wie bin ich aufgewachsen? Warum war es mir kaum möglich, meine Mutter nach ihrer Kindheit zu fragen, nach ihren Gefühlen, ihrem Schmerz, ihrem Glück?

Und überhaupt: Wie steht es eigentlich um die Rolle der Frau in meiner Familie? Meine Großmutter, eigenständig, mutig und mit hellwachem Geist, ist für meinen Großvater der Mittelpunkt. Welche Aufgaben waren meiner Mutter zugedacht? Meinungsstark, elegant und voller Humor, bleibt sie im Vergleich zu ihren Brüdern doch stets im Hintergrund. Was hat das für meine Mutter bedeutet – und damit für mich? Aus dem Berliner Frauengefängnis schreibt meine Großmutter, sie halte »Winterschlaf«. Sie gibt nichts von sich preis, lässt nichts an sich herankommen. Waren wir, Mutter und Tochter, miteinander auch wie im Winterschlaf? Unter einer dicken Decke aus Angst, Sprachlosigkeit und Verletzungen? Ich möchte versuchen, das zu verstehen, und beginne, mich mit meiner Familiengeschichte intensiv zu beschäftigen. Bücher zu lesen, Briefe, Aufzeichnungen.

Weil es an der Zeit ist, meiner Mutter den Platz einzuräumen, der ihr gebührt. Und einen anderen Blick zu wagen. Auf eine Familie, die außergewöhnlich ist und jedem Einzelnen viel abverlangt. Die Helden der Familie Bonhoeffer-Dohnanyi sind historisch wie zeitgenössisch bedeutend und zugleich meine ganz normalen Verwandten. Das macht den anderen Blick aus. Meinen Blick. Ich schreibe auf, was meine Mutter mir erzählt hat. Antworten, die ich bekam, Überlegungen, die mich begleiten, Fragen, die offen bleiben.

Heute, nach dem Tod meiner Mutter, fühle ich mich ihr oft näher als früher. Gegenüber der Familie, aus der ich stamme, spüre ich einen Zugewinn an Freiheit.

Kapitel 1

Vordergründig sicher geborgen
0–7 Jahre

»Du hast wirklich Glück gehabt!« Ich bin zwölf Jahre alt, als meine Mutter mir zum ersten Mal von meiner Geburt erzählt. Vielleicht habe ich sie danach gefragt, ich weiß es nicht mehr. Auf jeden Fall klingt das, was ich jetzt erfahre, ziemlich gruselig. »Plötzlich waren deine Herztöne weg und man hat blitzschnell einen Kaiserschnitt gemacht. Im letzten Moment haben sie dich geholt. Du warst schon richtig blau, fast tot. Professor Bickenbach hat dich an den Beinen nach unten gehalten und irgendwann hast du endlich geschrien.« Es reicht. Mehr will ich nicht wissen. Ist doch alles gut gegangen.

»Du hast Glück gehabt.« Der Satz beißt sich fest in meinem Ohr, in meiner Seele. Er begleitet mich, auch wenn ich nur selten an ihn denke. Nachts zum Beispiel, wenn ich nicht schlafen kann, weil ich am nächsten Tag eine Klassenarbeit schreibe, stelle ich mir ein blaues Baby vor, das kopfüber in der Luft hängt. Das bin ich. Der Beginn meines Lebens, verkehrt herum. Tun sie das mit allen Neugeborenen? Nachdenken bringt nichts. Egal, ich bin ja hier und gesund und morgen werde ich in Physik geprüft und habe keine Ahnung.

»Du hast Glück gehabt.« Die Worte meiner Mutter springen mich wieder an, als ich Jahrzehnte später das Foto von uns beiden in meiner grünen Lebenskiste finde. Was wollte sie mir damit sagen, damals auf der Terrasse, als ich mit ihr die Bettwäsche zusammenfaltete? Warum sollte nur ich Glück gehabt haben? War das erste Kind für meine Mutter nicht auch ein Glück? Haben wir nicht beide Glück gehabt? Waren wir ein Glück füreinander? Ich kann sie nicht mehr fragen. Nur noch zusammenklauben, was meine Erinnerung hergibt. Was aus meiner Kiste auftaucht. Und was Briefe verraten, die ich in ihrem Nachlass finde.

Ich bin der dritte Versuch meiner Mutter, nach zwei Fehlgeburten. Eineinhalb Jahre vor meiner Geburt schreibt meine Großmutter Christine von Dohnanyi an ihre Schwester Ursel, ihre Tochter komme nun bereits in den dritten Monat und müsse sich strengstens schonen. Der Arzt habe ihr nicht allzu viel Hoffnung machen können, dass sie das Kind diesmal austragen könne, weil wieder nicht alles in Ordnung sei. Sie sei aber trotz allem voller Zuversicht und nach außen guter Dinge.

Ich lese Großmamas Zeilen wie eine Detektivin. Alles, was ich vier Jahre nach dem Tod meiner Mutter erfahre, zieht mich mit ungeahnter Macht zurück in meine Familie. Die Geschichte von den Fehlgeburten, die mir hinter vorgehaltener Hand erzählt wurde, von denen meine Mutter selbst aber nie sprach, ist also wahr. Wie alt wären diese ungeborenen Geschwister heute? Ich beginne zu rechnen. Und zum ersten Mal spüre ich eine Art Traurigkeit, dass ich sie nie kennenlernen konnte.

Ich grabe in meiner Erinnerung. »Deine Mama konnte ihre Kinder im Bauch nicht gut genug ernähren«, flüstert mir Maria zu, als ich schon fast erwachsen bin. Sie ist seit fünfzehn Jahren in unserem Haushalt und kennt sich aus. »Eine Plazentainsuffizienz«, verrät mir Omama, meine Großmutter väterlicherseits, mit geheimnisvoll leiser Stimme. Ich kann mit dem Wort nichts anfangen.

Die Briefe von Großmama an ihre Schwester, von meiner Mutter in einer grünen Mappe sorgfältig aufbewahrt und mit dem Etikett »Mama« versehen, sind eine Fundgrube. So erfahre ich auch, wie labil der Zustand meiner Mutter in dem Jahr vor meiner Geburt war. Dass sie hohes Fieber hatte und eine Rippenfellentzündung und der Arzt nachts alle drei Stunden kommen musste, um ihr eine Spritze zu geben. Sonst wäre es vielleicht böse ausgegangen. Und wie schwer es für meine Großmutter war, dem Leiden des eigenen Kindes hilflos zuzusehen. Wie sehr sie dabei an ihre Grenzen kam. Und dass sie hoffte, mein Vater würde mit meiner Mutter bald eine kleine Erholungsreise machen.

Im August 1949, vier Jahre nach der Hinrichtung ihres Vaters im KZ, heiratet meine Mutter in München. Sie ist dreiundzwanzig Jahre alt, mein Vater nur wenig älter. Und jetzt, keine zwei Jahre nach der Hochzeit, schon wieder so viel Schmerz. Warum konnte ich mit ihr nie darüber sprechen?

»Du hast Glück gehabt.« Vielleicht ist das Glück tatsächlich mehr auf meiner Seite, denke ich plötzlich. Immerhin bin ich in der Tübinger Universitätsklinik durch Kaiserschnitt gesund auf die Welt gekommen und im Oktober 1952 gerade ein paar Tage alt, als bei meiner Mutter eine Thrombose in beiden Beinen festgestellt wird. Ein Familienerbe, schon ihr Vater, mein Großvater Hans von Dohnanyi, litt darunter, vor allem im Gefängnis. Sie, die so glücklich war, dass sie sich endlich wieder umdrehen und so besser schlafen konnte, muss ihre Beine hoch auf einem Gestell lagern. Jetzt, durch die Thrombose, fiebert sie sogar. Wegen ihres schlechten Gesundheitszustands darf sie mich nur selten sehen. Immer wenn die Schwestern mich zu ihr hineinfahren, ist meine Mutter furchtbar nervös. Sobald ich blass werde, zum Beispiel, weil ich in die Windeln mache, regt sie sich auf, sodass meine Großmutter es vernünftig findet, dass ich nicht ständig bei ihr im Zimmer bin. Doch zu ihrer Freude gedeihe ich gut und nehme regelmäßig zu: ein Püppchen mit rötlichblonden Haaren und zarter weißer Haut. Püppchen. So nennt mich meine Mutter bis zu ihrem Lebensende. Als sie mich kurz nach der Geburt betrachtet und bemerkt, dass ich mir ihren vorstehenden Oberkiefer, ein Familienmerkmal, ausgesucht habe, lacht sie: »Auf Schwäbisch heißt das ›Goschen‹.«

Großmama legt eine rote Rose auf das Bett ihrer Tochter. Von dieser Geste spricht meine Mutter später oft und ihre Augen leuchten. Als wäre es der einzige Lichtblick in einer ansonsten dunklen Zeit gewesen. Haben Schmerzen und Sorgen das Glück meiner Mutter über ihr Püppchen vertrieben? Überhaupt: Hatte das Glück je die Kraft, sich im Leben meiner Mutter durchzusetzen? »Du bist erst eine Frau, wenn du ein Kind geboren hast.« Das äußert sie mir gegenüber immer mal wieder. So nebenher und fast ein bisschen trotzig. Unsicher, wie dieser Satz wohl ankommt. Von dem Druck, keine richtige Frau zu sein, habe ich sie in ihrer Wahrnehmung befreit. Bin ich ihr Erlöserkind? Dann wäre ich doch ihr Glück!

Die Eltern nennen mich Dorothee, das bedeutet im Altgriechischen »Gottesgeschenk«. Noch heute bin ich für Johannes, den Cousin, mit dem ich aufwachse, das »Theechen«. Mit elf Jahren mag ich Dorothee nicht mehr. Zu ausgefallen, finde ich. Ich will Christine genannt werden. Das ist mein zweiter Name, nach Großmama. Meine Mutter ist dagegen: »So ein Quatsch.« Der Wunsch bleibt unerhört. Mein dritter Name ist Friederike, nach Omama. In unserer Familie ist es Tradition, Kindern die Namen ihrer Großeltern zu geben. Auch meine Mutter Barbara Elisabeth Pauline von Dohnanyi heißt mit zweitem und drittem Namen nach ihren beiden Großmüttern. Dieser Tradition folge ich achtundzwanzig Jahre später mit meiner Tochter Sophie nicht. Die Enttäuschung meiner Mutter ist groß.

Kurz nach meiner Geburt wird Helga mein Kindermädchen. Sie ist vierzehn Jahre alt und soll im Haushalt helfen. Für meine Mutter ist das normal. Schließlich ist sie selbst mit Kindermädchen aufgewachsen und ihre Mutter, meine Großmama, sogar mit einem ganzen Tross von Hausangestellten. Helga kommt aus zerrütteten Verhältnissen. Ihr Vater ist Alkoholiker und brennt Schnaps. Aber Helga ist stark. Und nach mehr als zehn Jahren in unserer Familie heiratet sie einen Tübinger Juristen und nennt ihre erste Tochter Barbara, nach meiner Mutter. Helga ist immer für mich da. Ihr Lachen und der lustige Pferdeschwanz gehören zu meinen frühen und fröhlichsten Erinnerungen. Sie zieht mit uns nach Wuppertal, wo mein Vater ein gutes berufliches Angebot als Justiziar eines Unternehmens angenommen hat. Ich bin erst wenige Monate alt. Die Stadt wird meiner Mutter über dreißig Jahre lang fremd bleiben. Ein Provinznest, wie sie öfter bemerkt. Im großbürgerlichen Leben von Berlin aufgewachsen, kommt ihr sogar eine Stadt wie München, wo sie kurz nach dem Krieg leben muss, provinziell vor. Immer wieder erzählt sie voller Verwunderung, dass man dort »zum Bahnhof« gehe. In »ihrem« Berlin habe es vor dem Krieg Dutzende von Bahnhöfen gegeben.

Jetzt also Wuppertal. Was für ein verlorener Platz! »Ach wie fern ist die Heimat und wie fremd bin ich hier, und es fragt ja kein Hunderl und kein Katzerl nach mir.« Dieses Lied singt sie mir vor, an meinem ersten Geburtstag. Und denkt an den Morgen meiner Geburt vor einem Jahr, von der sie nichts mitbekommen hat. Nur mein Vater wird immer noch bleich in Erinnerung an diese quälenden Stunden. Von Freude keine Spur an meinem ersten Geburtstag. Wie anders war doch alles für mich. Ich erinnere mich an die wundervolle Geburt meiner Tochter und ihren ersten Geburtstag. Die Begeisterung, mit der ich den Kuchen für sie backe. Mein Glücksgefühl, im neuen Häuschen mit Garten zum ersten Mal eine Kinderparty mit Familie und Freunden zu feiern.

Nichts davon an meinem Geburtstag. Die Stimmung ist getrübt. Fast flehentlich bittet meine Mutter, Großmama möge doch kommen. Doch aus dem Besuch wird nichts. Und Helga liegt in Tübingen nach einem Radunfall im Krankenhaus. Das hat meiner Mutter gerade noch gefehlt. Statt eine fröhliche Geburtstagsfeier auszurichten, sitzt sie nun allein an meinem Bett und verfasst einen Krankenbericht, denn ich, die Kleine, bin ziemlich elend. Ich habe Fieber, bin auffallend blass, meine Bäckchen sind eingefallen. Mein Geburtstagslicht wird nun einen Tag später angezündet werden müssen, dann geht es mir hoffentlich besser und auch mein Vater hat mehr Ruhe. Er hat seiner Frau einen zauberhaften Dahlienstrauß hingestellt und eine große Konfektschachtel. Den Sekt, den sie auf Eis gelegt haben, wollen sie heute Abend noch entkorken. Er scheint mir trotz Fieber geschmeckt zu haben, wie sie später bemerken. Ich muss schmunzeln. In der Familie war es Sitte, einen Finger ins Sektglas zu tauchen und das Geburtstagskind daran lutschen zu lassen. Schon bei meinen Groß- und Urgroßeltern. Davon wurde oft gesprochen.

Aufgewühlt und hellwach komme ich meiner frühesten Kindheit auf die Spur. Hatte ich gerade noch Mitgefühl mit meiner einsamen Mutter, bin ich doch einigermaßen entsetzt über ihre Erziehungsmethoden. Und fast ein bisschen stolz auf mich, dass ich offenbar ziemlich unnachgiebig sein konnte, wenn ich mir etwas in den Kopf gesetzt hatte. So kreischte ich angeblich, wenn ich gefüttert wurde und nicht essen wollte. Ich kreischte, wenn man mich wickelte, ich kreischte auf der

Straße in meinem Wagen, wenn ich etwas sehen wollte, was vorbeifuhr, und mein Blick nicht hinterherkam. Ein Kinderroller oder ein Auto zum Beispiel. Manchmal rutschte meiner Mutter dann doch die Hand aus. Das nahm ich ihr übel, zog einen Flunsch und stieß sie weg. Man merke jetzt so richtig, wie mein Grips erwacht, beobachtete sie in ihren Briefen.

Ich halte inne. Ja, es waren andere Zeiten. Erziehung hatte in dieser Generation wohl in erster Linie mit Ziehen und Zerren auf der einen Seite und Gehorchen auf der anderen zu tun. Aber was drückte meine Mutter da aus? Warum war sie nicht froh darüber, dass mein Verstand erwachte? Dass ich meinen eigenen Kopf entwickelte, ich etwas erleben wollte auf der Straße? Wo war ihr Stolz auf mich? Ihre Liebe? Ihr Glück?

Ich betrachte das Foto von uns beiden genauer. Es ist der Auslöser für dieses Buch. Ein Farbbild, das ich bis vor Kurzem nicht kannte und das mich schlagartig berührt. Warum? Ich kann es nicht erklären. Noch nicht. Meine Mutter lächelt vorsichtig, im hochgeschlossenen weißen Kleid, die kurzen Haare sind brav aus dem Gesicht gekämmt, die Oberlippe wölbt sich über ihre markanten Vorderzähne.

Mein Blick fällt auf ihre Hände, mit denen sie meinen kleinen Kinderarm umklammert. Aber ich sehe auch aus, als ob ich mich in jedem Moment losreißen könnte. Kritisch, eigenwillig. Etwas Spitzbübisches lauert in meinem Gesicht. An das taubenblaue gesmokte Samtkleidchen erinnere ich mich gut. Meine Mutter hat es wie so vieles aufbewahrt, später trägt es meine Tochter und dann ihr Teddybär. Auch meine ersten Löckchen gibt es noch. Meine Mutter hat sie in einen Umschlag gesteckt, auf dem »Dorothee« steht. Sie glänzen mir noch immer rötlich golden entgegen, als ich ihn öffne. Nach fast siebzig Jahren. Vorsichtig nehme ich die Haare heraus. Sie scheinen wie aus einer anderen Welt. Und sind doch meine eigenen. Eine Verbindung in die Vergangenheit, sichtbar, fühlbar. Danke, Mama.

Auf dem Foto kaum zu erkennen sind ihre verschiedenfarbigen Augen, ihr lebenslanges, unverwechselbares Merkmal. Für mich war es so normal, dass ich nie darüber nachgedacht habe. Auch nicht, als einige Freundinnen erstaunte Bemerkungen machten. Doch jetzt, während ich versuche, meine Mutter besser zu verstehen, ändert sich die Perspektive. Wie fühlt man sich mit einem blauen und einem braunen Auge? Wie kam es dazu? Niemand in der Familie trägt diesen Makel. Oder ist es eine Auszeichnung? Wie ging meine Mutter mit dieser Eigenheit um? Selbstbewusst? Ich glaube nicht. Wurde sie dafür gehänselt, früher in der Schule? Hat sie sich geschämt, im schlimmsten Fall ihr Leben lang? Wer hat sie getröstet, und wie? Du bist etwas ganz Besonderes. Vielleicht hat so etwas ihr Vater zu ihr gesagt. Oder mein Vater. Plötzlich hoffe ich es für sie.

Ihr Äußeres ist meiner Mutter nicht gleichgültig. Bis ins hohe Alter achtet sie darauf. Was muss sie empfunden haben, als sie, die Wasserratte, die stundenlang schwimmen konnte, jetzt sehr schnell müde wird und friert? Außerdem nimmt sie ständig ab und hat Sorge vor einer scheußlichen Klapperfigur. Im folgenden Winter kommt ein anderes Problem dazu. Meine Mutter hat eine runde Glatze auf dem Kopf und muss die Haare so kämmen, dass sie die Stelle möglichst zudeckt. Was für eine entsetzliche Geschichte! Sie ist noch keine dreißig Jahre alt! Wie man nur an so etwas kommt? Auch mein Vater ist ganz bestürzt.

Aufmerksam blättere ich durch die Fotoalben von früher und suche nach dieser Glatze. Und tatsächlich, auf einem Bild, das von oben aufgenommen ist, kann ich die Stelle genau erkennen. Meine Mutter sitzt vor dem Weihnachtsbaum und kreisrund hebt sich deutlich ihre nackte Kopfhaut ab. Erschrocken halte ich inne. Denke an das große Foto von ihr als Zehnjährige, wie sie mit schönen dicken Zöpfen ein Kaninchen auf dem Arm hält. Das Porträt stand immer auf dem Schreibtisch meines Vaters und war wohl ein Werbebild aus den Dreißigerjahren für ein Haarwasser. Man hatte meine Großmutter auf der Straße angesprochen, weil die Haare meiner Mutter so auffallend kräftig waren. Und jetzt lese ich von ihrer Glatze. Kreisrunder Haarausfall, würde man heute diagnostizieren. Was für ein Drama muss das für sie gewesen sein! Meine Mutter ist in meinen ersten Lebensjahren nicht sehr gesund, das wird immer offensichtlicher. Ein chronischer Husten quält sie und sie fühlt sich schlecht. Man sieht es ihr wohl auch an, jedenfalls wird sie ständig auf ihren Zustand angesprochen. Das betrübt sie zusätzlich. Bis mein Vater eines Morgens glücklich feststellt, sie sähe plötzlich wieder jünger aus. Da ist sie richtig erleichtert.

Ich muss gut zwei Jahre alt sein, als wir in eine Wohnung in der Worringer Straße umziehen. Hier setzen meine frühesten Erinnerungen ein. Ich stehe am Fenster meines kleinen Kinderzimmers und schaue den Lastwagen hinterher, die lautstark die nahe gelegene Cronenberger Straße herauf- und hinunterknattern. Die Geräusche und das Hin und Her der Autos faszinieren mich. An die Wände meines Zimmers klebe ich Postkarten von Puppen und Tieren. Besonders liebe ich den bemalten Puppenschrank, den mein Großvater für meine Mutter gezimmert hat, Jahre vor seiner Verhaftung durch die Nazis. Das kleine Möbel hat wie durch ein Wunder den Krieg überlebt. Großmama schenkt mir Käthe-Kruse-Puppen, meine Mutter schneidert die Puppenkleider. Ich bekomme einen Zirkus mit Zelt, Wagen, Leitern und Figuren. Auch den liebe ich sehr. Begeistert drehe ich an dem Leierkasten. Er spielt die Melodie: Oh mein Papa. Christoph und Liane heißen die Nachbarkinder, mit denen ich im Gemeinschaftsgarten spiele. Zu dritt quetschen wir uns in eine Blechwanne, die meine Mutter mit Wasser füllt, und spritzen uns gegenseitig nass.

Immer wieder kommt Besuch. Großmama natürlich. Und Tante Renée mit ihrem Hänschen, meinem Cousin. Eigentlich heißt er Johannes, wohl nach meinem Großvater Hans von Dohnanyi. Hänschen ist der Sohn von Onkel Klaus, dem Bruder meiner Mutter, über den sie meinen Vater kennengelernt hat. Er ist ein dreiviertel Jahr älter als ich und wir werden zusammengespannt wie Geschwister. Vor Kurzem ist die Familie aus Amerika zurückgekehrt. Nun lebt sie nicht weit weg in Köln. Tante Renée illustriert Kinderbücher, sie kann gut malen. Und sie bringt ein großes Geschenk für mich mit. Aus Holzklötzen hat sie meine Geburtsstadt Tübingen nachgebaut, mit Kirche, Torbogen, Rathaus und Fachwerkhäusern. Einige entdecke ich als Studentin dort tatsächlich wieder. Drei Generationen spielen mit dieser bunten Stadt. Johannes und ich, meine Tochter, meine Enkelkinder. Danach schenke ich sie Johannes, als Andenken an seine Mutter. In Bad Aussee, im Ferienhaus der Familie, hält er sie bis heute in Ehren.

Im Sommer 1955 fahren wir ans Meer. Meine Mutter hat gerade ihren Führerschein gemacht, Helga und ich sitzen in unserem neuen Volkswagen hinten. Großmama, Tante Renée und Hänschen kommen mit dem Zug, die Väter müssen arbeiten. Anders als die fröhlichen Ostseefotos, die ich aus dem Fotoalbum kenne, vermuten lassen, geht es meiner Mutter nur leidlich gut. In Briefen nach Hause klagt sie über Übelkeit und Heuschnupfen. Beides ist nicht gerade eine Wonne, aber das Meer tut ihr gut, am Strand fühlt sie sich besser. Gerade hat sie eine Flasche Sinalco aufgemacht und genießt die süße

Limonade, denn Kaffee ist ihr bereits zuwider. Aber alles nicht so wichtig, sie freut sich so schrecklich auf das Kleine und ist schon riesig gespannt. Möge mein Vater doch recht bald nachkommen! Meine Mutter ist also wieder schwanger.

Das Autofahren macht ihr viel Spaß. Sie kümmert sich gewissenhaft um den neuen Wagen, lässt beim Tanken regelmäßig Luft und Öl nachprüfen. Großartig, denke ich, zu der Zeit war es keineswegs selbstverständlich, dass eine Frau den Führerschein hatte. Meine Mutter erzählte oft lachend, wie sie die schriftliche Prüfung als einzige Frau zusammen mit sechs LKW-Fahrern machte. Besonders stolz schien sie darauf allerdings nicht zu sein. Sie fand die Situation eher komisch. Mir wird erst heute klar, was das damals bedeutete. Und ihre Rolleiflex! Ihr kleines Heiligtum, auch wenn sie sich nach ihrer Ausbildung an einer Münchner Fotoschule nicht mehr als Familienfotos zutraut. Denn ihre Rolle als Ehefrau und Mutter steht fest: Mein Vater verdient das Geld. An der Ostsee denkt sie ständig an ihn. Ob er genug esse und auch nicht zu sparsam lebe. Er solle vernünftig sein und seine Kräfte nicht verbrauchen. Sich mal ein Schnitzel braten, das sei einfach und gehe schnell. Und nicht vergessen, den Garten zu sprengen. Und sie lieb behalten, bitte.

Ihre Fürsorglichkeit bewegt mich. Auch, weil ich selbst gern »bemuttere«. »Overprotecting Mom«, sagt meine Tochter zu mir. Mein Mann muss sich gelegentlich wehren, wenn ich in der Haustür nachfrage, ob er seine Brille, seinen Schal, sein Handy dabeihat. Es fällt mir schwer, mich von diesem Kontrollzwang zu befreien. Ich kenne ihn schon von meiner Mutter. Was ich leider auch kenne und mich bemühe abzulegen, ist diese ständige leise Vorwurfshaltung gegenüber anderen, die es einem irgendwie nicht recht machen. Wie mein Vater, dessen Briefe und Karten in die Ostseeferien meiner Mutter keineswegs ausreichen. In drei Wochen nur drei Briefe, das ist zu wenig! Er überanstrenge sich nicht gerade. Ihr Bruder Klaus sei schon etwas besser, der schreibe an seine Frau Renée öfter. Zweimal die Woche kann man schon erwarten. Und dann die kleine Drohung: Wenn mein Vater sich nicht stärker bemühe, werde auch sie nicht mehr so viel berichten. Aber zum Glück hat sie ihn so lieb und küsst ihn aus der Ferne.

Zuckerbrot und Peitsche. Der Vergleich mit ihrem Bruder Klaus, lebenslang ein Thema. Ist der Brief nicht auch ein Hilferuf?, überlege ich mir. Meine Mutter ist schwanger. Sicher hat sie oft Angst nach allem, was passiert ist. Warum kann sie ihre Gefühle nicht ausdrücken? Stattdessen Vorwürfe. Nötigung. Auch das kenne ich gut von ihr. Spüre in dem Moment wieder diesen vertrauten Druck in meiner Brust. Warum findet sie keine liebevolleren Worte? Auch nicht, als sie einen Tag später eine Erklärung meines Vaters erhält. Er hatte Ärger im Büro und wollte ihn allein mit sich austragen. Das tut meiner Mutter dann doch leid. Aber warum sagt er ihr nicht mehr dazu? Es interessiert sie doch! Nur nackte Tatsachen ohne Kommentare sind ihr etwas wenig. Wieder Anspannung. Anklage. Und dann ein versöhnlicher Schluss. Mein kleiner Cousin Johannes habe mich im Streit umgeworfen. Durch ihn würde ich jedenfalls auf einen künftigen Bruder gut vorbereitet. Doch eigentlich ist sie wieder auf ein Mädchen eingestellt, gesteht sie meinem Vater.

Es läuft nicht so, wie meine Mutter sich das wünscht, mein Vater muss seine Ankunft an der Ostsee verschieben. Sie hat sich zu früh auf ihren Mann gefreut. Ich vermute, er rackert sich ab für die Familie. Und für das Geld. Das hat er sein Leben lang getan. Meine Mutter hadert mit der Situation. Warum bloß kann er nicht schon kommen? Jetzt bezahlen sie ein leeres Bett, wöchentlich fast sechzig Mark. Nun gut, meine Großmutter will das mittragen, aber sie zahlt an der Ostsee sowieso schon fast alles und Geld einfach zum Fenster rauswerfen, das sieht meine Mutter nicht ein. Überhaupt findet sie, dass man die achtzehn Urlaubstage, die mein Vater in diesem Jahr noch hat, ausnutzen sollte. Denn im nächsten Frühjahr ist ja das kleine Baby da und dann wird es mit Ferien schwierig. Diese endlose Trennung statt einer schönen Zeit mit der Familie am Meer – am Anfang war alles so gut geplant gewesen und jetzt hat es sich so dumm entwickelt. Meine Mutter ist enttäuscht.

Die Ehe meiner Eltern. Haben sie miteinander Glück gehabt? Ich vermute: ja. Aber ich weiß so wenig über die beiden. Nur, dass ich sie wie eine feste Mauer wahrgenommen habe. Da prallt man als Kind ab. Die erneute Schwangerschaft meiner Mutter geht mir nicht aus dem Kopf. Ich rechne nach. Das Geschwisterchen wäre drei Jahre jünger als ich. Nur: Ich habe es nie kennengelernt.

Bevor mein Vater Mitte August 1955 endlich an der Ostsee eintrifft, gebe ich mal wieder Anlass zu Sorge. Leider sehe ich gar nicht gesund aus und meine Mutter lässt mich nicht mehr ins Wasser, weil ich solche Ringe unter den Augen habe. Woran kann das liegen? Sie kommt nicht dahinter, denn ich bin dabei sehr vergnügt und futtere tüchtig. Großmama meint, die Seeluft sei anstrengend, aber täte mir letztlich bestimmt sehr gut. Ich tobe viel mit anderen Kindern und meine Mutter befürchtet, dass ich mir, wenn wir wieder in Wuppertal sind, sehr einsam vorkommen werde. Dabei habe ich gerade sehnsüchtig gesagt, dass ich nach Hause zu meinem Papa will: »Mama, du kannst doch Autofahren und ich setze mich vorn neben dich!« Diese Entschiedenheit rührt mich. Einmal mehr bin ich meiner Mutter dankbar, dass sie so viel geschrieben und aufgehoben hat.

Eine Szene, von der ich beim Lesen der Briefe erfahre, ergreift mich besonders. Ich erkenne, wie ich – auch – groß wurde: mit Vertuschung, Ablenkung und falscher Beruhigung. Meine Mutter hat mit mir eine sehr merkwürdige Geschichte erlebt, von der sie meinem Vater berichtet. Großmama lud alle in ein Café zum Eisessen ein. Auf dem Weg begegneten wir einem Mann im Rollstuhl, und ich fragte laut, ob er keine Beine habe. Meine Mutter versuchte meine Frage zu übergehen und deutete auf ein Eichkätzchen, das gerade vorbeigehuscht war, aber ich bestand auf einer Antwort und sagte: »Ich meine den Mann da, hat der Schmerzen?« Nun musste meine Mutter Farbe bekennen. Sie erklärte mir, dass man leise frage und der Mann bestimmt keine Schmerzen mehr habe. Das stellte mich offenbar nicht zufrieden. Ich war in Gedanken versunken, bis wir vor dem Café ankamen. Dort sahen wir den Mann im Rollstuhl wieder. Ich soll blass geworden sein, stumm am Tisch gesessen und sogar Eis und Kuchen abgelehnt haben. Nicht einmal ein schwarzes Kätzchen konnte mich auf dem Heimweg aufmuntern. Großmama meinte, ich, die Kleine, habe ein sehr weiches Gemüt. Aber sonst sei ich sehr vergnügt, beruhigt meine Mutter meinen Vater. Und wahrscheinlich auch sich selbst.

Ich wollte weder Eis noch Kuchen. Ich wollte nur gehört werden. Und wurde abgewehrt. Weil es in meiner Welt keine Irritationen geben durfte. Keine direkten Fragen. Keine ehrlichen Antworten. Die Oberfläche sollte stimmig sein und schön und unverdächtig. Ohne Verwundungen, Schmerzen, Trauer, Angst. Davon hatte man genug gehabt. Das steckte man jetzt weg. Leise. Unmerklich. Wie meine Mutter, die trotz ihres Unwohlseins nach außen hin guter Dinge ist. Großmama hat es ja beschrieben.

Kaum jemand weiß besser als sie, was es heißt, sich zu verstellen. In ihren Wochen im Frauengefängnis hat meine Großmutter geschwiegen, sich dumm gestellt, getäuscht, vertuscht, mit allen Mitteln die Nazischergen beruhigt. Und war allein mit ihrer Angst, ihren Sorgen um Mann und Kinder, den möglichen Tod vor Augen. Sie halte »Winterschlaf«, schreibt sie am 27. April 1943 ihrem Mann aus der Haft. »Hast Du mal einen Frosch im Winter im Wasser gesehen? So bin ich und so ficht mich von den äußeren Dingen, die einem normalen Menschen demütigend erscheinen müssen, nichts an.«

Vom Sommer 1955 bis zum Frühjahr 1958 scheint meine Mutter zu verstummen. Keine Briefe. Kein Hinweis, wann sie nach den Ferien an der Ostsee wieder eine Fehlgeburt erlitten hat. In welchem Monat sie war. Später flüstert mir meine andere Großmutter nur zu: »Es war eine Totgeburt.« Mit Babybauch sehe ich meine Mutter nie. Auch nicht, als sie mit meinem Bruder schwanger ist, der 1959 gesund auf die Welt kommt.

Der einzige Brief von Großmama, den ich aus dieser stummen Zeit finde, datiert aus dem Jahr 1956, er gibt Einblick in die Erwartung, die die Familie meiner Mutter an meinen hilfsbereiten Vater hat – der schließlich auch gerade zum dritten Mal ein Kind verloren hatte. Der Schwiegersohn solle doch bitte nachsehen, ob es eine Postkarte gäbe, die den fristgerechten Empfang ihres Wiedergutmachungsantrags bestätigt. Er sei ja in der Sache bereits auf den Ämtern gewesen. Auch mit der Anerkennung als politisch Verfolgte gäbe es noch Komplikationen. Ihr selbst scheint es ordentlich zu gehen. Sie habe bessere und weniger gute Tage, aber keine wirklich schlechten mehr.

In meiner kindlichen Wahrnehmung ist Großmama immer die, die uns beschenkt. Wie sehr sie um ihr Geld kämpfen musste, wie wenig sie hatte, wird mir erst jetzt klar. Sie stammte aus einer angesehenen großbürgerlichen Familie, in der es an nichts fehlte. Was machte der Geldmangel nach dem Krieg mit ihr? Wahrscheinlich war sie, gemessen an ihren geringen Mitteln, enorm großzügig. Im Oktober 1947, eineinhalb Jahre nach dem gewaltsamen Tod ihres Mannes, bittet sie ihre Schwester Ursel nachzufragen, ob ihre Schwägerin Grete eventuell noch eine Kaffeemühle habe, ganz egal, was für eine. Und dann ein Päckchen zu schicken, falls das Ding auftaucht. Ihrerseits bietet sie Hilfe an für die Kinder ihrer älteren Schwester, sollten diese irgendwelche Wünsche haben oder in finanzielle Not kommen. Großmama hatte so ein großes Herz, denke ich spontan.

Im Jahr 1950, als nach dem Tod der Eltern Bonhoeffer deren Haushalt in Berlin aufgelöst wird, ist Großmama an dem Sofa interessiert, denn ihres ist von den Russen völlig demoliert, kein Tischler kann es reparieren. Auch um den Sessel und das Tischchen bittet sie, die Situation beim Essen könne so nicht weitergehen. Immer müsse sie sich drei Kissen unter den Allerwertesten klemmen, um an den viel zu hohen Tisch zu gelangen. Für einen neuen habe sie kein Geld. Tischchen und Sessel meine ich zu kennen. Sie standen bei meiner Mutter. Und sind jetzt bei mir.

Zurück nach Wuppertal. Die Kinderzeit in der Worringer Straße ist abrupt beendet, als Anfang des Jahres 1958 Tante Renée stirbt. Ein gutartiger Gehirntumor, heißt es. Sie ist 31 Jahre alt und überlebt die Operation nicht. Kurz vor seinem 6. Geburtstag hat Johannes keine Mutter mehr. Und Onkel Klaus ist Witwer, mit 29 Jahren. Ein Schock für die ganze Familie. Meine Mutter muss Tante Renée sehr nah gestanden haben, so nah wie keiner anderen Schwägerin. Bis ins hohe Alter erzählt sie mit auffallend warmer Stimme von ihr. Auch Großmama habe Tante Renée so sehr geliebt. Was für ein

Verlust. »Ich will zu meiner Mama«, weint Johannes nachts in seinem Bett. »Das geht nicht, sie ist doch tot«, rufe ich aus meinem Bett zurück. Ich erinnere mich genau. Ich bin fünf Jahre alt.

Meine Großmutter zieht zu ihrem verwitweten Sohn nach Bensberg bei Köln, Helga und ich ziehen mit. Meine Eltern kommen von nun an regelmäßig zu Besuch, erzogen werden wir von Großmama. Onkel Klaus hat viel um die Ohren, er bleibt für mich im Hintergrund. Das Haus in der Buchenallee 17 kommt mir riesig vor im Vergleich zu der Wuppertaler Wohnung. Vor allem der Garten. Er ist teilweise verwildert und endet an einem alten Straßenbahngleis. Wir sammeln Stöcke, Moos und Farn und bauen daraus Häuschen für die Zwerge.

Johannes und ich werden gemeinsam eingeschult. Fräulein Proske heißt unsere Lehrerin, mit ihrer Zwickelbrille wirkt sie auf mich wie eine uralte Frau. Mit unseren Schulfreundinnen »Mückchen« und »Nati« spielen wir im Garten Kaufmannsladen in der alten Laube, die nie benutzt wird und sich herrlich dafür eignet. Aus Blättern wird Spinat, aus weißen Wiesenblüten Blumenkohl. Gelben Löwenzahn verkaufen wir als Eier. Onkel Klaus arbeitet bei Ford und hat amerikanische Freunde. Wenn »die Laytons« kommen, freue ich mich. Frau Layton ist ungewöhnlich elegant, das mag ich. Kit und Geoffrey sind ihre Kinder. Sie sprechen zum Glück deutsch, aber mit einer komischen Aussprache. Mit ihnen feiern Johannes und ich Karneval, als Burgfräulein und Till Eulenspiegel. Die Kostüme näht uns Tante Renate, die Frau von Onkel Christoph, dem anderen Bruder meiner Mutter. Tante Renate ist Schauspielerin, sie hat eine tiefe, laute Stimme und gerade ein Baby bekommen.

Wir gehen miteinander zu Kindergeburtstagen. »Hänschen, sei bescheiden«, mahnt Großmama jedes Mal. Beim Kuchenessen ist er immer der Erste. Ich trage zu solchen Anlässen ein hellblaues Flanellkleid mit weißem Bubikragen und einer im Rücken gebundenen Schleife. Auch, als wir zum ersten Mal abends in die Kölner Oper dürfen: ›Der Freischütz‹ von Carl Maria von Weber. Vorher müssen Johannes und ich Nachmittagsschlaf halten. Vor Aufregung bekomme ich kein Auge zu und zähle die Märchenfiguren auf der Tapete. Großmama erscheint mit ihrer blauen Nivea-Dose, wir müssen uns gut die Hände säubern und eincremen, dann ziehe ich mein Schleifenkleid an und wir fahren in die Stadt. Manchmal machen wir mit Großmama »Kleppei«. Wir dürfen dann Eigelb mit Zucker mixen und so lange rühren, bis ein sämiger Brei entsteht und der Zucker nicht mehr knuspert. Das lieben wir und löffeln um die Wette die Schüssel aus, noch bevor das Eiweiß geschlagen ist. Großmama liest uns auch oft vor. Wir hängen an ihren Lippen, wenn sie mit eindringlicher Stimme von Nils Holgersson und seiner Reise mit den Wildgänsen erzählt. Oder ein Märchen von Hans Christian Andersen ausgesucht hat. Ihre Lieblingsmärchen, sagt sie. Die Märchen der Gebrüder Grimm sind ihr zu grausam.

In der Schule erfahren wir, dass bald Muttertag ist. Johannes und ich sammeln Gänseblümchen und schmücken damit zwei Gartenstühle auf der Terrasse. Einen für Großmama, einen für meine Mutter, die zu Besuch kommt. Wir sind so stolz, aber nicht lange. »Wisst ihr, Muttertag gab es bei den Nazis. Der wird bei uns nicht gefeiert.« Was für eine Enttäuschung! Ratlos schauen wir uns an. Später beim Einschlafen höre ich das Geräusch von Bocciakugeln auf dem Rasen, dazu die Stimmen und das Lachen der Erwachsenen. Ich fühle mich sicher und geborgen.

Vermisse ich meine Eltern, sehne ich mich nach meiner Mutter? Ich kann es nicht sagen. Ich fühle es nicht. Ich erinnere mich weder an freudige Umarmungen beim Wiedersehen noch an Tränen beim Abschied. Meine Mutter, so scheint es mir, war mal da und mal nicht. Meinen Alltag erlebe ich mit Großmama, Johannes und Onkel Klaus. Und Helga ist ja immer in der Nähe. Jahrzehnte später, mit Mitte vierzig, notiere ich in meinem Lebenslauf, den ich für die Beantragung einer Psychoanalyse vorlegen muss: »Ich weiß nicht, wo ich damals richtig zu Hause war, in der großen Villa in Köln mit dem verwunschenen Garten oder in der elterlichen Wohnung in Wuppertal. Auf jeden Fall vermute ich, dass meine Mutter auf diese Weise Freiräume hatte und ihre Schwangerschaften gut vor mir kaschieren konnte.«

Heute habe ich das Gefühl, es wurde von der Familie alles nur Denkbare unternommen, um Johannes und mich so gut wie möglich durch diese ersten Jahre zu bringen. Ich spüre die Kraftanstrengung, die dafür nötig war. Vor allem bei meiner Mutter und meiner Großmutter. Zwei vom Krieg und von schwersten persönlichen Verlusten gebeutelte Frauen, die um ihr seelisches und körperliches Überleben kämpften. Und um das ihrer Kinder und Enkelkinder. Wo Leid ferngehalten wird, entsteht neues: So dachte damals keiner.

Wenige Wochen nach dem Tod von Tante Renée im März 1958 geht es in den Schnee, nach St. Märgen im Schwarzwald. Johannes und ich lernen Skilaufen und fahren fröhlich Pferdeschlitten. Meine Mutter registriert, dass ich eine große Liebe habe, einen achtjährigen Jungen. »Ich finde ihn sehr nett und er hat so weiche Hände«, soll ich gesagt haben. Das amüsiert sie und Großmama köstlich. Weniger gut gefällt ihnen, dass ich beim Einschlafen wieder Theater mache, so wie damals auf dem Ginsberg. Großmama hat mir für Köln einen Ballonroller in Aussicht gestellt, wenn ich am Abend gleich einschlafe. Sie hoffen beide, dass diese Aussicht zieht.

Der Ginsberg. Das Hotel im Sauerland. Dort besuchten wir

Großmama, als ich etwa vier Jahre alt war. Sie war hier zur Erholung. Die Tür zu meinem Zimmer blieb einen Spalt breit offen, weil ich nicht einschlafen konnte. Der Hund des Hauses tapste an mein Bett und schnüffelte. Ich wachte auf und brüllte. Irgendwann eilten Mama und Großmama herbei. Diese Geschichte gehört zu meinen schrecklichsten Kindheitserinnerungen. Meine Mutter nennt das Theater. Und wenn ich jetzt kein Theater mehr mache und brav einschlafe, bekomme ich einen Roller. Warum kann ich auch in St. Märgen nicht schlafen, wovor habe ich Angst? Weiß es meine Mutter? Nicht fragen, lieber belohnen.

Ein gutes Jahr später, am 5. Mai 1959, ruft Helga aus dem Küchenfenster in Bensberg: »Theechen, du hast ein Brüderchen, und das lebt!« Sie ist aufgeregt. Ich bin im Garten und weiß noch, dass ich mich über die Nachricht wundere: Warum sollte es nicht leben? In der Münchner Universitätsklinik wurde soeben mein Bruder Christoph geboren, wieder bei Professor Bickenbach. Er hat mich in Tübingen auf die Welt gebracht und meine Mutter ist ihm nach München gefolgt.

Ich weiß, wo München ist. Da wohnen die Eltern meines Vaters. Mein Großvater ist schon tot. Einmal habe ich ihm voller Wut eine Butterbrezel vor die Füße geworfen und musste in mein Zimmer gehen. Die Altbauwohnung in der Oettingenstraße 10 ist groß. Manchmal lassen meine Eltern mich mit Helga dort, wenn sie nach Italien fahren. Um Milch zu holen, müssen wir durch den Hof gehen, an den die hohen Wohnhäuser grenzen. Nachmittags weigere ich mich. Dann sind da so viele Kinder und ich kenne ja keines. Alle schauen mich an, das mag ich nicht. Ich will nicht mit fremden Kindern spielen. Morgens gehen Helga und ich allein durch den Hof, wenn nicht gerade jemand auf der Stange seinen Teppich klopft. Die Deckel der Milchflaschen glänzen golden oder silbern. Wir nehmen meist die goldenen. »Diese Milch schmeckt besser«, sagt Omama. Durch den endlos langen Flur ihrer Wohnung treibe ich mit dem Stock einen bunten Holzreifen vor mir her. Omama besitzt auch eine alte Puppenküche und winziges Geschirr. Aus Mehl und Wasser koche ich die köstlichsten Gerichte. Für eine warme Badewanne muss man den Holzofen im Bad anfeuern, das riecht so gut. Und danach darf ich mit Omama auf dem Balkon zum beleuchteten Friedensengel hinüberschauen. Ich lecke so gern an den eisernen Stäben. Heimlich natürlich, denn ich soll das nicht tun. Den Geschmack des Münchner Balkons habe ich heute noch auf der Zunge. Wir singen »Guter Mond, du gehst so stille«. Omamas Stimme ist leiser und zittriger als die meiner Mutter. Ich mag unsere Abendstunde.

Jetzt werde ich also in München mein Brüderchen kennenlernen! Mein Vater holt mich ab, wir fliegen mit dem Flugzeug, ein Abenteuer! Vorher macht mir Helga Rührei mit Brot. Als ich meinen Bruder zum ersten Mal im Klinikzimmer meiner Mutter sehe, ist er ein winziges, verknittertes Neugeborenes. Ich hatte mir so ein süßes schwarzhaariges Baby wie meine Cousine vorgestellt, die gerade ein Jahr alt geworden ist. Mit der Straßenbahn fahre ich mit Omama in ihre Wohnung zurück. Ich bin gern bei ihr. Aber heute, nachdem ich meinen Bruder kennengelernt habe, möchte ich zurück zu Johannes.

Nach der Geburt von Christoph ist meine Mutter öfter bei uns in Bensberg. Sie muss sich jetzt nicht mehr vor mir verstecken, vermute ich heute. Außerdem bauen sie in Wuppertal gerade unser neues Haus und in Bensberg ist es ruhiger. Im Herbst wird Edda angestellt. Sie springt eine Zeit lang für Helga ein.

Ich besuche die inzwischen alte Dame in der Nähe von

Hamburg, erinnere mich sofort an ihre großen blauen Augen, als ich sie begrüße, und bin bewegt. Sie erzählt: »Haustochter gesucht«, das Inserat gefiel ihr, der 19-jährigen Studentin aus Ostdeutschland, auf Anhieb. Sie brauchte Geld, suchte eine nette Familie und meldete sich, im September 1959. Später hörte Edda, wie meine Mutter am Telefon sagte: »Sie kann nichts, aber mit den Kindern ist sie wunderbar.« Böse war sie darüber nicht. »Das stimmte. Ich war völlig unbedarft.« Viele Einzelheiten, von denen sie berichtet, sind Puzzlesteine für mich. Etwa, dass Johannes und ich gern zu ihr ins Bett krochen. »Ihr wart sehr bedürftig nach Zärtlichkeit.« Sie weiß auch noch, dass sie Wäscheklammern aus Plastik sauber machen sollte und sie in kochendes Wasser gab. Alle waren verbogen und kaputt. Noch heute denkt sie mit Schrecken daran. Onkel Klaus und seinem Besuch servierte sie Nescafé mit warmem Wasser aus der Leitung. »Das muss man sich mal vorstellen! Ich hatte keine Ahnung von nichts!« Edda lacht über ihren Fauxpas von damals.

»Sehr gern« habe sie meinen Vater gehabt. »Er war weichherzig.« Und sie fügt hinzu: »Deine Großmama habe ich geliebt.« Und meine Mutter? »Sie hatte ein starkes Gerechtigkeitsgefühl, auch wenn sie manchmal unrecht hatte.« Ich muss schmunzeln. Das ist auf den Punkt getroffen. Eine Familieneigenschaft. Später machte Edda meine Mutter zur Patentante ihres Sohnes. Wie hat sie die Familie empfunden, die Atmosphäre in der Buchenallee 17 in Bensberg? »Ich glaube, ich brachte Fröhlichkeit herein. Traurigkeit verschließt ja die Menschen, weil sie so viel mit sich zu tun haben.« Vor mir taucht das Bild der jungen, quirligen Edda auf. Aus ihren Augen strahlt eine glückliche Erinnerung.

Kapitel 2

Hauptsache brav
7–14 Jahre

Im Frühjahr 1960 ziehen wir um in das neue Haus nach Wuppertal. Die Familie hat beschlossen, dass Johannes zu uns kommt. Er nennt meine Mutter zwar »Tante Bärbel«, aber für mein Gefühl habe ich einen großen und einen kleinen Bruder. Das Haus in der Wittelsbacherstraße 31 a mag ich. Es ist in den Hang gebaut, oben sind die Schlafzimmer, über eine Wendeltreppe mit hellem Holzgeländer kommt man hinunter in die Wohnräume, zur Küche und in den Keller. Auch hier gibt es einen Garten, nur ist er nicht so verwildert wie der in Bensberg. Die Rasenfläche wird regelmäßig gemäht und ist umsäumt mit Beeten, deren Ränder sauber ausgestochen sind. Ein Beet mit hohen bunten Blumen – Stauden, wie meine Mutter sagt – und eines mit Rosen, aus dem im Frühjahr weiße und rote Tulpen sprießen. An der Seite wachsen Büsche mit Johannisbeeren und Stachelbeeren, die sollen wir jedes Jahr pflücken. Besonders Stachelbeeren sind mir ein Graus. So viel Arbeit, so viele Kratzer für diesen sauren Geschmack! Jedes von uns Kindern hat ein eigenes kleines Kräuterbeet. Großmama achtet darauf, dass wir es ordentlich gießen und pflegen, bis wir ernten können. Den frischen Schnittlauch und die Petersilie verwendet meine Mutter für Kräuterquark, dazu gibt es Kartoffeln, Butter und ein Stück Leberwurst.

Unsere Wäschespinne steht etwas abseits im Garten, beim großen Apfelbaum. Helga spannt sie auf, ich hole die Wäscheklammern aus dem Beutel. Den Spruch darauf präge ich mir ein: »Klammerbeutel auf der Leine spart viel Zeit und schont die Beine.« Die Erwachsenen schenken uns ein meterhohes Kinderhaus mit drei Wänden und Fenstern. Bei schönem Wetter machen wir es uns mit Decken und Spielzeug gemütlich. Manchmal reicht Maria ein »Bütterchen« durchs Küchenfenster, ein kleines Brot mit Butter drauf. Maria habe ich richtig gern. Ich liebe es, wenn sie nach dem Essen die Küche sauber macht und mit dem Geschirr klappert. Geräusche, die irgendwann von einer Spülmaschine Konkurrenz bekommen. Maria hat zwei Töchter und einen Mann, der trinkt. Manchmal kommt sie mit einem blauen Auge zu uns, dann hat er sie wieder geschlagen und meine Mutter redet hinter der geschlossenen Küchentür auf sie ein. Oder ich höre sie in der Waschküche nebenan weinen. Aber am nächsten Tag lacht sie wieder und alles ist gut, glaube ich.

Ein Klettergerüst mit Doppelschaukel wird aufgestellt, Johannes übt tollkühne Saltos und mein Vater, der unter dem Birnbaum Zeitung liest, schaut uns zu. Mit Vorliebe jagt er Wühlmäuse, die über Nacht braune Hügel auf dem schönen Rasen hinterlassen. Manchmal legt er dafür den Gartenschlauch ins Erdloch. »Wasser vertreibt sie«, weiß er, und ich stelle mir die Wühlmäuse vor, wie sie ängstlich durch ihre dunklen Gänge rasen. So etwas macht er nur am Wochenende, die übrigen Tage ist er ja unterwegs und muss arbeiten.

Johannes und ich gehen in die Volksschule in der Nähe. Man muss einen steilen Berg hinauflaufen, den Marper Schulweg. So heißt auch unsere Schule. In Bensberg waren wir in einer Klasse, obwohl ich fast ein Jahr jünger bin. Jetzt kommen wir in die dritte, aber ich gehöre eigentlich in die zweite. Die

Erwachsenen sagen, ich soll sie überspringen, damit wir zusammenbleiben. Doch irgendwie klappt es nicht und ich werde nach wenigen Wochen zurückversetzt.

Ich gehe gern zur Schule, nur zweimal erlebe ich etwas schrecklich Peinliches. Danach will ich am liebsten nie mehr hin. Einmal bin ich so aufgeregt, dass ich in die Hose mache, unter meinem Stuhl entsteht ein kleiner See. »Was ist das denn?«, fragt die Lehrerin eindringlich. »Meine Schwammdose ist ausgelaufen«, lüge ich sie schlagfertig an. Zu Hause gestehe ich alles meiner Mutter. Böse ist sie nicht. »Das kann passieren«, meint sie nur und schickt mich unter die Dusche. Ich bin erleichtert. Sie schimpft nicht! Trotzdem schäme ich mich noch, als ich am nächsten Tag meine Klasse betrete.

Das zweite Mal ist schlimmer. Onkel Klaus schenkt uns zu Weihnachten ein Fernrohr. Wir müssen es erst genau nach Anleitung zusammenbauen, dann können wir durchgucken und die Mondkälber sehen, stellt er uns in Aussicht. Ich halte neugierig das Fernrohr vor meine Augen und tatsächlich: Da sind sie! Ich sehe sie, jedes einzelne, ganz genau! Johannes sieht sie auch, da bin ich mir sicher. Nach den Ferien sollen wir in der Klasse von unserem schönsten Weihnachtserlebnis berichten. Sofort melde ich mich. Mein Finger schnellt nach oben, ich schnipse, schüttele die Hand, so gern möchte ich erzählen. Endlich komme ich dran. Ich stehe auf und rufe über alle Köpfe hinweg: »Ich habe die Mondkälber gesehen!« Nach einer Schrecksekunde brüllen alle vor Lachen. Sie biegen sich, halten sich die Bäuche, prusten, schlagen sich auf die Schenkel. So kommt es mir jedenfalls in diesem Moment vor. »Ruhe«, ruft die Lehrerin entschlossen. »Nach der Stunde kommst du mal zu mir ans Pult, Dorothee.« Ich will in den Boden versinken vor Scham und habe keinen blassen Schimmer mehr, mit welchen Erklärungen mir meine Lehrerin, deren Namen ich nicht mehr weiß, den Kopf zurechtrückt. Ich spreche über den Vorfall mit niemandem. Vielleicht habe ich Onkel Klaus ja falsch verstanden. In welches Loch ich wohl damals gefallen bin. Mitten hinein zwischen das Vertrauen in die Erwachsenen, den Glauben an meine Wahrheit und die nüchterne, unbarmherzige Realität.

Meine Mutter nimmt Dinge, die mir schrecklich unangenehm sind, mit Humor. Den hat sie. Darin ist sie unerreicht. In hellblauen Plüschpantoffeln, Socken, Nachthemd und Persianermantel und mit schlechten Winterreifen fährt sie mich einmal frühmorgens in die Schule. Ihr Käfer rutscht auf schneeglatter Straße in ein anderes Auto, die Polizei muss kommen. In diesem Aufzug kann sie doch nicht aussteigen! Ich sterbe fast vor Peinlichkeit. Doch sie steigt aus ... und lacht! Amüsiert sich königlich über sich selbst, über die ganze Situation. Ich verstecke mich auf der Hinterbank. Humor, Schlagfertigkeit und ein feiner Sinn für komische Situationen begleiten meine Mutter durchs Leben. Ihr Lachen kann mich anstecken. Das liebe ich an ihr.

In Wuppertal finden wir neue Freunde. Mit den Geschwistern Hans und Bärbel düsen Johannes und ich im Bollerwagen die schmale Sackgasse zu unserem Haus hinunter. Der Wagen gehört meinem Bruder Christoph, aber wir überreden ihn und er leiht ihn uns aus. Angelika, meine Klassenkameradin, ist manchmal nicht richtig anwesend. Zum Beispiel beim Seilspringen. Sie bleibt plötzlich mit offenen Augen reglos stehen und sagt nichts mehr. Kurz darauf hüpft sie weiter. »Angelika träumt. Sie hat die Schlafkrankheit.« Alle wissen das. Sie ist mir etwas unheimlich, aber ich mag sie. Steffi ist meine engste Freundin. Ihre Mutter trägt rosa Nagellack und die Oma kommt abends mit dem Bus von der Arbeit. Eine schöne fremde Welt, in der ich hin und wieder spielen darf.

Ich hätte wahnsinnig gern einen Petticoat. So wie alle Mädchen. Aus Tüll und festem Schaumstoff in Rosa, Hellgrün oder Weiß. Die Röcke wippen dann so schön. Und beim Seilspringen im Schulhof wäre das sehr wichtig. Meine Mutter ist strikt dagegen. Da hilft kein Betteln, kein Überreden. Sie mag die »hässlichen Dinger« nicht und damit basta. Ich bekomme stattdessen zwei Unterröcke aus Schweizer Batist: »Viel hübscher.« Meine Mutter versteht mich nicht. Diese Unterröcke haben keinen Stand! Wie weiße Lappen hängen sie an mir herunter. Vor der Turnstunde, wenn wir uns umziehen, gehe ich schnell auf die Toilette und stopfe das blöde Teil heimlich in meinen Beutel. Sehen darf mich darin keiner!

Nach der Schule liegen oft Anziehsachen in meinem Zimmer, die meine Mutter mir aus der Stadt mitgebracht hat. Bei »Kindermoden Dönitz« wählt sie Pullis, Blusen, Kleider und Hosen für mich aus und breitet sie stolz auf dem Bett aus. Leider gefällt mir kaum etwas. Aber ich sage lieber nichts. Sie freut sich so daran und ich soll gleich alles anprobieren. Wie bei der »Lumpenparade«, die wir einmal im Jahr machen. Eine Tradition, sagt Großmama. Das gab es schon bei ihr und ihren sieben Geschwistern, früher in Berlin. Alle mussten antreten und ihre Kleidung vorführen. Was zu klein geworden war, wurde aussortiert oder weitergegeben an die jüngeren Geschwister. Oder kam in die Verkleidungskiste. Meine Mutter macht es genauso. Sachen, aus denen ich herausgewachsen bin, bekommen die Töchter von Maria.

Mit mir gibt es keine Probleme. Ich bin brav und halte still. Der Kleine, das »Bärchen«, wie die Eltern meinen Bruder nennen, kann ziemlich brüllen und wütend werden, wenn ihm etwas nicht passt. Dann tritt er gegen die Tür seines Zimmers, das neben meinem ist, und ich drücke mir beide Daumen fest in die Ohren, weil er so einen Lärm macht. Einmal wirft er sogar die Kerzenstummel vom Adventskranz an die weiß gestrichenen Wände. Da ist dann was los! Nur gut, dass wir danach trotzdem alle zusammen friedlich Weihnachtslieder singen, mit meiner Mutter am Klavier. Der Raum ist mit roten Kerzen erleuchtet, die in blank geputzten Äpfeln stecken und so ein schönes Licht auf den großen Flügel werfen, der gerade noch ins Wohnzimmer passt.

Mit aller Kraft und bis ins Detail die heile Welt von früher wiederherstellen: Das ist das Herzensanliegen meiner Mutter. Sie hat endlich zwei gesunde Kinder geboren, die Schrecken der Vergangenheit verlieren mit jedem neuen Tag an Farbe. Aus ihrer Sehnsucht nach der eigenen Kinderzeit macht sie nie einen Hehl. Weihnachten in Berlin, im Haus ihrer Großeltern Bonhoeffer, davon kann sie stundenlang erzählen und ihre verschiedenfarbigen Augen scheinen ein bisschen traurig. Wie schön war es, damals! Unwiederbringliche Zeiten! Die vielen Geschwister von Großmama, die in den Zwanziger- und Dreißigerjahren eigene Kinder bekommen. Lauter Cousins und Cousinen. Eine Großfamilie wie im Bilderbuch. Die Hausangestellten dürfen zuhören, wenn Großmutter Paula Bonhoeffer die Weihnachtsgeschichte vorliest. Sie sind Teil der Familie, vor allem »Hörnchen«, Großmamas Kinderfrau, wird lebenslang geliebt. Und der festlich geschmückte Tannenbaum, unter dem sich alle versammeln, bevor man sich im großen Familienkreis an die lange, schön gedeckte Tafel setzt und Pute oder Weihnachtsgans serviert wird! Auf großen Platten aus Meißener Porzellan. Überbleibsel davon teilen sich nach dem Tod meiner Mutter meine Tochter und ich.

In den Augen meiner Mutter muss unsere kleine Familie nahezu armselig wirken im Vergleich zu der Großfamilie von früher. Rote Äpfel mit Kerzen und die vielen Weihnachtslieder, die wir mit ihr am Klavier singen, sind ein schwacher

Trost. Noch heute kann ich die Texte auswendig, manchmal bis zur letzten Strophe. Seit meine Mutter nicht mehr da ist, verspüre ich beim Singen jedes Mal einen Stich. Mir fehlt ihre verlässliche Verstärkung. Wir lächelten uns jedes Jahr verschmitzt zu, wenn die anderen im Familienkreis zunehmend verstummten, während wir textsicher und den Ton treffend in Führung gingen – mit fast sportlichem Ehrgeiz, wer von uns beiden am längsten durchhält und die meisten Strophen draufhat. Das letzte Wort kam regelmäßig von meiner Mutter.

Johannes und ich lernen auch Klavierspielen. Bei Frau König, die aus dem Osten geflüchtet ist und jeden Donnerstag pünktlich um drei Uhr mit festem Tritt die Treppe in unser Wohnzimmer herunterstapft, wo der Flügel steht. Frau König spricht sehr laut. Außerdem hat sie strohblond gefärbte Haare und dicke Finger mit kurzen, knallrot lackierten Nägeln. Oft habe ich nicht geübt. Johannes auch nicht. Wir wissen beide: Das gibt wieder Ärger. Wenn wir Glück haben, hält meine Mutter das »Geklimper«, wie sie es nennt, nicht aus und fährt mit ihrem Auto in den Großmarkt zum Einkaufen. So gibt es wenigstens von ihr keine Strafpredigt. Sie hat nämlich früher selbst sehr gut Klavier gespielt, vierhändig mit ihrer ungarischen Großmutter, einer Pianistin, wie sie gerne erzählt.

Frau König hat einen Sohn, auf den sie sehr stolz ist. Sie nennt ihn Jo, er ist Tänzer. In Wuppertal betreibt er eine kleine Ballettschule und meine Mutter meldet mich für den Kurs »tänzerische Gymnastik« an. Obwohl ich so gern ins Ballett möchte. Aber ich soll kein albernes Mädchen werden, sagt meine Mutter und mein Wunsch bleibt unerhört. Für den Gymnastikkurs brauche ich nur Schläppchen. Voller Neid schiele ich auf die weißen Spitzenschuhe mit seidenen Bändern, die den Mädchen gehören, die nach mir zur Ballett-

stunde kommen. Richtig traurig bin ich, als wir das Ballett
›Die Puppenfee‹ proben. Ich darf zwar mitmachen, aber nur in
der Rolle der Mutter, die mit ihren Kindern den Spielzeug-
laden besucht. Als alte Mutter brauche ich für meinen Auftritt
keine Spitzenschuhe. Die anderen Mädchen drehen und wenden sich auf Zehenspitzen wie Puppen, ich laufe in Schlappen
und mit einem Monokel in der Hand von einer zur anderen,
um sie zu begutachten. Wie sehr ich mich für diese Rolle
schäme, verrate ich niemandem. Heimlich kaufe ich von meinem Taschengeld weißes Stoffband, schneide vier Bänder zu-
recht und nähe sie rechts und links an meine Gymnastikschlap-
pen. Ich besitze einen eigenen Plattenspieler, lege Mozarts
›Kleine Nachtmusik‹ auf und tanze dazu in meinem Zimmer.
Fast wie eine echte Balletttänzerin! Ich darf mich nur nicht erwischen lassen, das wäre hochnotpeinlich.

Die ›Puppenfee‹ wird ohne mich aufgeführt. Ich habe Bauchweh, wieder mal. Meine Mutter kommt in solchen Fällen mit
einer Grießsuppe an mein Bett, in der Mitte schwimmt ein
Eigelb. Wenn ich im Bad bin, schüttelt sie die Kissen auf und
lüftet das Zimmer. Bei Fieber macht sie mir Wadenwickel,
aber das ist selten. Bauchweh habe ich öfter oder ich täusche es
vor. Am Morgen vor einer Klassenarbeit zum Beispiel. Oder
eben vor so unangenehmen Sachen wie der ›Puppenfee‹.
Krank sein und zu Hause bleiben ist bei meiner Mutter wunderbar gemütlich. Ihr Gesichtsausdruck verrät kein einziges
Mal, dass sie mich durchschaut. Dafür bin ich ihr dankbar.

Noch lieber als Grießsuppe esse ich »Nudeln ohne nix«.
Mein Lieblingsessen. Es stört mich nicht, wenn die Brüder
mich auslachen und sagen, »ohne nix« gäbe es ja gar nicht.
Egal! Soll Johannes von seiner Schildkrötensuppe schwärmen!
Die hat er früher mal bei seiner Mutter probieren dürfen und
seitdem ist er verrückt danach. Überhaupt hat er einen ande-

ren Geschmack als ich. Auch die schrecklichen Punschtörtchen liebt er, die es in Bad Aussee im Café Lewandowsky gibt.

Dort, in Österreich, verbringen wir regelmäßig die Ferien. Wir fahren mit dem Auto hin und meine Mutter singt mit uns unterwegs Abendlieder, manchmal auch im Kanon, dann ist die Fahrt nicht so lang. Das schöne alte Landhaus gehört der Großmutter von Johannes, der Mutter von Tante Renée. Ich nenne sie Mimi-Omama. Sie lässt ihr dichtes, bauschiges Haar rötlich färben, so etwas wagt in meiner Familie niemand. Meine Großmütter sind grau oder fast schon weiß. Mimi-Omama ist schmal und hat eine fein gebogene Nase. Ich finde sie sehr schick in ihrem engen Rock aus Hirschleder und der eng sitzenden Lodenjoppe, eine richtige Dame. An ihren Handgelenken baumeln viele goldene Armbänder. Sie redet schnell und viel und ist sehr lieb zu uns. Und sie schreibt für Zeitschriften. Jetzt lebt sie mit Onkel Alfonso, ihrem zweiten Mann, in Mannheim.

Mimi-Omama hat Tante Renée verloren, ihre einzige Tochter, ihr einziges Kind. Wie überlebt man so etwas? Mit welchen Worten, Gesten, Gefühlen hat meine Familie, haben meine Mutter und meine Großmutter damals ihr Mitleiden ausgedrückt? Ob sie Mimi-Omama so richtig in den Arm nehmen konnten? Ich bekomme das jedenfalls nicht mit. Eher erinnere ich mich an leicht abfällige Bemerkungen wie: »Mimi-Omama übertreibt oft beim Erzählen. Ganz wahr ist an ihren Geschichten so einiges nicht.« Vielleicht war Tante Renée einfach ein Verlust zu viel für die Familie.

»Traurigkeit verschließt ja die Menschen, weil sie so viel mit sich zu tun haben.« Mir fallen die Worte von Edda ein. Sie beschreiben für mich die Gemütslage meiner Mutter, meiner Großmutter und vieler Familienmitglieder. Das Schwere ist immer anwesend, bis heute. Nicht greifbar, aber spürbar. Wir können nicht harmlos vergnügt oder einfach nur liebevoll miteinander sein. Vielleicht mit Freunden oder Fremden. In der Familie nicht. Was wir können, ist: über andere Menschen urteilen, freche Bemerkungen machen und uns erheben. Uns von anderen abgrenzen durch betonte Sachlichkeit und Faktenwissen. Traurigkeit verschließt, weil jeder mit sich selbst beschäftigt ist. Da ist etwas dran. Nachdem sie am Grab ihrer Tochter in Köln war, schreibt Mimi-Omama mir auf einer Postkarte: »Ich habe Tante Renée besucht.« Als ob sie noch leben würde. Wie schön wäre das gewesen. Ich glaube, die Mutter von Johannes war anders als die Familie meiner Mutter. Offener. Herzlicher.

Zu Ostern, im Sommer und auch an Weihnachten fahren wir nach Aussee. Dreimal im Jahr wird mir das alte Haus zur Heimat, bis ich fünfzehn bin. Gefühlt ist es das heute noch. Nach der Geburt meines Bruders Christoph im Jahr 1959 tauchen Eltern, Großmütter, Tanten, Onkel und Kindermädchen hier abwechselnd auf. Es ist dann eng, aber gemütlich und die Wasserpumpe an der Hauswand dreht sich geräuschvoll den ganzen Tag. Die breite Holztreppe knarzt und verströmt einen eigenwilligen, heimeligen Geruch, sobald die Haustür aufgeht. Vor allem an den ersten Tagen, bevor man sich daran gewöhnt. Im Sommer liebe ich die Löwenmäulchen an der Hauswand und die Veranda, von der aus man über Aussee blickt und den Zinken sowie den Saarstein sieht. Im Winter stellen wir unsere Skistiefel an die Heizung und wenn wir sie nicht mit Zeitungspapier ausstopfen, ist das Leder am nächsten Morgen hart wie Stein.

Frau Angerer, die das Haus versorgt, trägt immer lange Dirndl und hat auffallend große Ohrläppchen. Aus riesigen Löchern baumelt silberner Trachtenschmuck ihren Hals herunter. Ihre Spezialität sind Marillenknödel mit Semmelbröseln und brauner Butter. Die schmecken mir sogar noch besser als Nudeln ohne nix. Im nahen Obertressen gibt es frische Buttermilch und dazu Apfelkuchen, wenn wir brav sind. Dorthin gehen wir gern mit Helga. Einmal begleitet uns Tante Renate und macht mit ihrem roten Rock einen Stier auf der Weide verrückt. Vor Angst klettert sie auf einen Baum. Was für eine Aufregung! An besonderen Tagen essen wir im Teichwirt oder im Gasthof Schraml am Grundlsee. Dort serviert Herr Werner, aber »nur Getränke«. Das sagt er jedem Gast ganz deutlich. Mein Vater will jedes Mal auch die Speisen bei ihm bestellen. Er versucht es jahrelang immer wieder, wie peinlich! Und jedes Mal lehnt Herr Werner ab. Er bringt doch nur Getränke. Das macht er sein Leben lang. Über sechzig Jahre »nur Getränke«.

Wenn es regnet, spielen wir »Schwarzer Peter«, »Mensch ärgere Dich nicht«, »Scrabble« oder »Canasta«. Meine Mutter hat einen diebischen Spaß daran, andere rauszuschmeißen oder spitzfindige Wörter zu legen. Um jeden Preis der Welt möchte sie gewinnen. Wir Kinder spüren das. Manchmal ist es lustig, manchmal ärgert es uns, wenn sie wieder unbedingt recht haben muss, weil das komische Wort, das sie gelegt hat, angeblich genau so in der Zeitung stand. Dann wird diskutiert und irgendwann ist der Spaß weg. Deshalb freuen wir uns nur halb, wenn meine Mutter sagt: »Oh ja, ich spiele mit!« Eine Generation weiter fällt auch meiner kleinen Tochter beim »Scrabble« auf: Großmama mogelt! Sie fragt mich: »Hast du gesehen, wie sie sich heimlich die passenden Buchstaben raussucht?«

Alle wissen: Meine Mutter schummelt. Sie kann nicht verlieren. Sie kann auch keine Fehler oder Schwächen eingestehen. Oder sich entschuldigen. In allem muss sie möglichst die Beste sein, wie andere in der Familie auch. Wie sagte unser Kindermädchen Edda doch so treffend: »Sie hatte ein starkes

Gerechtigkeitsgefühl, auch wenn sie manchmal unrecht hatte.« Unfehlbar, arrogant, überheblich: So werden manche meiner Verwandten charakterisiert, ungeachtet ihrer Vorzüge und herausragenden Talente. Überheblichkeit kenne ich auch von mir selbst. In Momenten, in denen ich mich unsicher oder bedrängt fühle, kann ich unverzüglich mit gespielter Stärke kontern. Ich täusche, ähnlich wie meine Mutter. Ein Familienerbe.

Noch bin ich ein kleines Mädchen, das auf keinen Fall albern werden darf. Deshalb gehe ich nicht ins Ballett. Deshalb komme ich auf das humanistische Wilhelm-Dörpfeld-Gymnasium mit Latein und Griechisch, da ist bereits Johannes. Ursprünglich eine Jungenschule, die mittlerweile einige wenige Mädchen aufnimmt. Genau wie bei Großmama früher. Sie war sogar das einzige Mädchen in ihrer Klasse, erzählt sie uns. Und die Schule habe ihr so viel Freude gemacht. Ein bisschen beneide ich meine Freundin Steffi. Sie geht in die »Sternstraße«, eine reine Mädchenschule. Ich male mir aus, wie lustig das sein muss, nur unter Mädchen, mit ganz vielen Freundinnen. Amtenbrinck, Bahr, Bayer, Beck, Braun, Brock … das Alphabet meiner neuen Klassenkameraden prägt sich mir für immer ein. Wie auch der Satz von Großmama, als ich gerade die Geranien am Hauseingang gieße: »Hänschen wird mal ein guter Lateiner.« Und ich?, denke ich enttäuscht im Stillen.

Großmama hat keine eigene Wohnung. Sie lebt abwechselnd bei einem ihrer drei Kinder. Seit wir in dem neuen Haus sind, also schon drei Jahre, wohnt sie die meiste Zeit bei uns. Im Gastzimmer, gleich neben meinem Zimmer. Wenn Großmama ankommt, holen wir sie vom Bahnhof ab. Sie ist Mitte fünfzig und trägt ein graues Reisekostüm, im Sommer mit kleinem Pepitamuster, darunter eine weiße Bluse. Ihre Haare sind am Hinterkopf mit einem Kamm zusammengesteckt.

Wie sie wohl aussieht, wenn sie das Haar offen lässt? Es bleibt ein Geheimnis.

Ihr Zimmer ist vorbereitet. Mit einer Korbflasche 4711 Kölnisch Wasser und, falls Großmama Hilfe braucht, einer Klingel am Bett. Die mit buntem Stoff bespannte Metallglocke hat einen dunklen Holzstab als Griff, auf den ein Gesicht gemalt ist. »Negerklingel« nennen wir sie. Ich muss schmunzeln, als ich später in den Aufzeichnungen meiner Großtante Suse, der jüngsten Schwester meiner Großmutter, über ein Faschingsfest im Haus Bonhoeffer lese: »Christel wollte unbedingt mal schwarz sein und ging als Negerin. Ursel war hingegen nur irgendwie schön.« Als ich noch kleiner war, sprachen meine Eltern manchmal eine Sprache, die ich nicht verstehen sollte. Das war die »Negersprache«. Wie selbstverständlich das Wort damals erschien, und wie ungehörig und herablassend es heute in meinen Ohren klingt. Ob die Glocke oft geläutet hat? Ich weiß es nicht mehr. Nach dem Tod von Großmama steht sie jedenfalls zwanzig Jahre am Bett meiner Mutter, bis sie nach dem Tod meines Vaters beim Umzug für immer verschwindet.

Großmama strahlt etwas Gütiges aus. Ich schaue gern in ihre warmen, dunklen Augen. Außerdem schenkt sie Johannes und mir manchmal 50 Mark für die Sparkasse. Ein »Vermögen«, wie sie sagt. Leider zappelt sie immer mit den Beinen, wenn sie im Bett liegt. Deshalb kriechen wir nicht so gern unter ihre Decke. »Großmama wackelt wieder«, warne ich Johannes. Lieber lege ich mit ihr »Zank-Patience«. Oder packe Päckchen, zum Beispiel für Schwester Hanna in Ostdeutschland. Sie war Krankenschwester in der Seuchenabteilung der Klinik, in die mein Großvater gebracht worden war, nachdem er sich absichtlich mit Diphtheriebazillen infiziert hatte. Das klingt scheußlich, aber Großmama beruhigt uns: Sie selbst hat ihm diese Bazillen ja besorgt und ins Gefängnis geschmuggelt, damit er verlegt werden konnte. Johanna Weber, Schwester Hanna, war eine mutige und gradlinige Frau, erzählt Großmama. Sie habe meiner Mutter und ihren Brüdern ermöglicht, ihren Vater noch durch das Fenster des Seuchenlazaretts zu sehen, gut acht Monate, bevor er hingerichtet wurde. Ich höre solche Geschichten mit Furcht und Staunen. Vorstellen kann ich mir das alles nicht. Meine Mutter und Großmama sprechen oft von den Nazis und von ihrem Haus in Sacrow und wie es war, als meine Mutter sich mit ihrer Cousine Renate hinter dem Schrank verstecken musste, weil sie noch so jung waren und die Russen kamen. Das will ich gar nicht hören und packe lieber Kaffee, Schokolade und Perlonstrümpfe in das Paket für Schwester Hanna. Ich bin stolz, dass ich dabei helfen kann, denn Großmamas steife, geschwollene Hände wollen oft nicht so recht. Sie mischt sich in der Schüssel eine »Lauge«, wie sie es nennt, aus Wasser, Seife und Salz und badet darin ihre Gelenke. Wir müssen ihr helfen, die Ringe von den Fingern zu ziehen.

Im Sommer 1962, ich bin fast zehn Jahre alt, machen wir Ferien bei einem Cousin meiner Mutter am Lago Maggiore. Rüdiger, seinen Sohn, mag ich besonders. »Liebe Großmama!«, schreibe ich ordentlich auf einen Briefbogen. »Wir sind hier sehr gut angekommen und es gefällt uns sehr. Richtig fürstliche Zimmer haben wir hier. Wir gehen nur jeden zweiten Tag zweimal baden, sonst nur einmal, was ich zu wenig finde. Rüdiger hat zu seinem Geburtstag Taucherflossen, eine Taucherbrille und einen Schnorchel bekommen. Er taucht damit jeden Tag. Einmal hat er im schmutzigen Wasser getaucht und Tante Anja hat ihm die Geräte für das nächste Mal weggenommen. Wir schwimmen beide schon sehr gut und Papa sagt, er hätte

Mühe, mit der Schnelligkeit meines Schwimmens mitzukommen. Als wir abends um halb neun draußen beim Quartett saßen, turnte ein Siebenschläfer an einem Kabel vom Haus bis in den Wald herunter. Dabei drehte sich sein Schwanz wie ein Propeller herum. Er turnte so lange, bis wir ihn nicht mehr sehen konnten. Dann fingen wir wahnsinnig an zu lachen. Gestern waren wir auf einem Fest bei Schleichers eingeladen, das erst um halb neun anfing. Wir haben Kuchen gegessen und Saft getrunken und dann haben wir noch ein Kasperle-Stück gesehen. Es grüßt Dich, Deine Dorothee«

Meine Mutter schreibt ein paar Zeilen dazu. Dass man von den vielen Kindern kaum etwas bemerke. Dass Rüdiger und ich ein sehr komisches Interesse aneinander hätten und im Zimmer von Omama, die mitgekommen ist, ein Klavier stehe, an dem die Kinder üben dürften. Sie berichtet von ihrem Auge, das wieder in Ordnung sei, aber noch nicht die Sehkraft des anderen habe. Erneut kämpfe sie mit einer Erkältung und könne nicht baden. Sie wisse gar nicht, was mit ihr los sei.

Was mir erst jetzt so richtig bewusst wird: Eine der beiden Großmütter ist immer in unserer Nähe. In Wuppertal, in Aussee, jetzt auch in Italien. Wenn eine Großmutter abreist, kommt die andere. Für mich ist das normal. Aber wie ist es für meine Mutter, meinen Vater? Auch normal? Wären sie gern mal allein gewesen mit uns Kindern? Und warum waren sie es nie?

Seit 1960 muss mein Vater geschäftlich immer wieder nach Indien reisen. Das ist sehr weit weg, das wissen wir. Jahre später kommt sogar meine Mutter mit. Sie fliegen in zwei verschiedenen Flugzeugen, zur Sicherheit, sagen sie. Und zeigen uns nach ihrer Rückkehr Dias und Filme aus einer fremden, viel bunteren Welt. Wir bauen im Wohnzimmer Stuhlreihen wie im Kino auf, der Projektor steht auf dem Flügel und surrt laut, während wir staunend unsere Eltern auf Elefanten reiten sehen, mit Blumenketten um den Hals. Immer wenn mein Vater in Indien war, kommen danach große Kisten ins Haus mit den köstlichsten Früchten, die man sich nur vorstellen kann. Sie verstecken sich in der Holzwolle und heißen Mangos. Niemand in Wuppertal kennt sie. Um die letzte Mango, die wir finden, gibt es fast immer Streit. Aus Indien schreibt mein Vater, dass er oft an uns alle denke und hoffe, es möge uns gut gehen. Außerdem fragt er nach, ob Mama noch da ist und wie es wohl Mutti gehe. Mama, so nennt mein Vater seine Schwiegermutter, mit Betonung auf der zweiten Silbe – und Mutti. Großmama und Omama. Zwei Frauen aus zwei Welten. Welche Welt die bessere ist, steht außer Frage. Die Großmütter sind sich fremd, treffen nur selten zusammen. Im besten Fall wird Omama von Großmama respektiert, hoffe ich heute für sie.

Die beiden Großmütter haben unterschiedliche Rollen in unserem Haushalt. Omama aus München überrascht uns gleich am dritten Tag nach ihrer Ankunft mit ihrem köstlichen Apfelstrudel. Der duftet schon, wenn wir aus der Schule kommen. Vorher gibt es nur Suppe und zum Strudel selbst gemachte Vanillesoße. Nachmittags kontrolliert Omama die Schulaufgaben und fragt Vokabeln ab. Sie wollte Lehrerin werden und war auf dem Lyceum in Regensburg, bevor sie geheiratet hat. Großmama dagegen hat keine richtige Aufgabe. Sie ist einfach da und unterhält sich oder wir spielen zusammen ein Gesellschaftsspiel. Mit meiner Mutter spricht sie oft über die Familie, mit meinem Vater über Politik. Die beiden mögen sich, das spürt man. Mein Vater fragt Großmama über Geschichte und Deutschland aus. Er will alles wissen.

Leider ist er meistens gehetzt. Wenn er im Büro ist, holt er Johannes und mich mittags von der Schule ab, lässt uns aber immer ewig warten und entschuldigt sich nie. Er kann es nicht ändern, sagt er. Oder er kommt eilig zum Mittagessen und ist dann gleich wieder weg. Ganz selten gehen die Eltern danach mit Gnom noch einmal »um den Block«. Das ist unser Hund, ein Kerry Blue Terrier, der sich nicht kuscheln lässt und meinen Vater abends anbellt, wenn er nach Hause kommt. Er hört nur auf meine Mutter. Mein Vater ist auch häufig verreist. Bei der Abfahrt wirft er seinen hellen Trenchcoat und die Aktentasche ins Auto. Dann winkt er uns flüchtig zu und nimmt hinten Platz. Vorn sitzt der Fahrer. Noch in unserer Sackgasse zieht er seine Papiere heraus und beginnt zu lesen. Aber am Sonntag nimmt sich mein Vater richtig Zeit. Oft fahren wir ins Museum nach Köln. Oder Johannes und ich lesen mit ihm in seinem Arbeitszimmer Theaterstücke mit verteilten Rollen, zum Beispiel ›Wilhelm Tell‹. Jeder von uns hat ein kleines Reclam-Bändchen auf dem Schoß und los geht's. Zeit hat mein Vater auch in Aussee. Wenn er zwischendurch wegfliegen muss, bringen wir ihn nach Salzburg an den Flughafen.

»Lieber Papa!«, schreibe ich einmal. »Vielen Dank für die Karte und die schönen Briefmarken. Wir haben uns sehr gefreut. Dein Hotel scheint ja wirklich ein halbes Schloß zu sein. Wie war der Flug? Hattest Du schönes Wetter, um etwas auf die Erde durch die Wolken zu sehen? Diktiert von Christoph: Lieber Papa! Wie geht es dem Goldi? Heute ist wieder schönes Wetter.«

Goldi ist sein Hamster. Und das Wort »diktiert« scheint mir geläufig zu sein. Weil auch mein Vater »diktiert« und Fräulein Schöneis, seine Sekretärin, alles haargenau aufschreibt. Etwa, dass er schon traurig sei, dass ich ihm noch nicht über den ›Rosenkavalier‹ berichtet habe, wie ich es wohl versprochen hatte. Und dass ich meine Schreibfaulheit hoffentlich bald überwinde. Und dass Johannes und ich hoffentlich vernünftige große Kinder seien und nett mit dem Kleinen spielten, damit meine Mutter nicht zu viel mit uns zu tun habe. Ein angespannter, überforderter Vater, der erst vierzig Jahre alt wird und kaum Luft zum Atmen hat.

Meine Schreibfaulheit hat einen Grund: Ich bin schockverliebt in Andreas. Er ist der Sohn von Freunden meiner Eltern und hat ein kleines Boot. Mit ihm segeln Johannes und ich auf dem Grundlsee und holen uns vorher Semmeln mit Extrawurst. Nach den Ferien ritze ich mit dem Zirkel die Initialen von Andreas in mein Radio: AMH. Was heißt das? Wer ist das? Die Fragen meiner Brüder sind unerträglich! Unerhört! Damit hatte ich nicht gerechnet. Aber ich verrate nichts. Keiner soll von meiner heimlichen Liebe wissen!

Auch den Höllenschmerz, der mich bei einem Skiunfall durchfährt, verberge ich so gut wie möglich. Ich bin elf Jahre alt, Johannes und ich sind mit Onkel Klaus auf die Tauplitzalm gefahren, zum Skilaufen. Die Abfahrt ist steil und ich stürze kopfüber den Berg herunter. Ein Skistock bohrt sich in mein Kinn, der Bauch tut weh und überhaupt alles. Und das Schlimmste: Ein Ski ist hinten abgebrochen. Ich beiße die Zähne aufeinander, so gut es geht. Trotzdem kommen mir die Tränen. Onkel Klaus hilft mir beim Aufstehen. So etwas passiert, da macht man keine langen Faxen. Ich weiß, was er vorhat, als er ohne viele Worte meine Skier nimmt und ich hinter ihm herstapfen muss. Rauf zur Hütte, dort lässt er kurzerhand beide Skier hinten absägen, auf die gleiche Länge. Man kann auch so fahren, kein Problem. Und kein Pardon. »... beiße Dich durch, wenn es Dir noch so schwer fällt« – diesen Satz hat ihm sein Vater aus dem Gefängnis geschrieben, wie ich viel später lese. Ich fühle mich hilflos und gedemütigt mit diesen kurzen Skiern und gebe mir alle Mühe, noch eine Weile damit zu fahren. Ich will den beiden doch nicht ihr Vergnügen verderben. Aber insgeheim weine ich nach meinem Vater und nach meiner Mutter.

Onkel Klaus lebt jetzt in München und besitzt einen BMW V8, wie Johannes mir stolz erklärt. Außerdem hat er eine kleine Hütte auf dem Land, in der Nähe von Lenggries. Dorthin dürfen wir ihn begleiten, als wir auf der Durchreise von Aussee nach Wuppertal in München bleiben. Auf dem Weg richtet sich der Blick von Onkel Klaus auf Johannes, den er im Rückspiegel sehen kann. Er fragt ihn das große Einmaleins ab, immer und immer wieder. Die ganze Fahrt lang. Johannes muss sich furchtbar anstrengen, damit er keine Fehler macht. »Der Arme«, denke ich und bin froh, dass ich nicht im Blickwinkel meines Onkels sitze. Aber vielleicht bin ich ihm auch nicht wichtig. Johannes ist schließlich sein Sohn. Als wir endlich bei der Hütte ankommen, atme ich erleichtert auf. Ich liebe den Geruch des Heus und das Bimmeln der Abendglocken. Hier ist es schön.

In der Hütte wartet Traudi, die Freundin von Onkel Klaus. Sie raucht viel, hat dunkle, gerade geschnittene Haare mit einem langen Pony im Gesicht und dunkel geschminkte Augen. Dazu trägt sie oft schwarze Kleidung. Hosen zum Beispiel, das kenne ich von meiner Mutter nicht. Traudi arbeitet mit Onkel Klaus zusammen und ich mag sie so gern. Sie ist jünger als meine Mutter und mein heimliches Vorbild. Irgendwann hat sie einen schrecklichen Unfall, erzählt uns Onkel Klaus. Wir sehen sie nie wieder.

Helga wohnt inzwischen wieder in Tübingen und mein kleiner Bruder hat jetzt einen Freund. Mit ihm fährt er in der Sackgasse Gokart und rennt uns Großen nicht mehr ständig hinterher. Er ist noch immer schnell wütend und meine Mutter will ihn dauernd beschützen. Das nervt, aber ich liebe den kleinen

Kerl. Johannes will nicht für die Schule lernen. Statt zum Nachhilfeunterricht geht er ans Büdchen am Toelleturm und kauft sich irgendwelche Hefte. Meine Eltern schütteln den Kopf. Sie wissen wohl nicht, wie es mit ihm weitergehen soll. Ich bin eindeutig die bravste von uns drei Kindern. Meinen Vater, der gerade in Amerika ist, lässt meine Mutter wissen, dass sie wieder mal Ärger mit Johannes habe, während ich mich fürsorglich und nett entwickele. Sie ist sicher, dass ich mich mit geringem Aufwand in der Schule auf der goldenen Mitte halten werde. Das soll auch reichen, meint sié, wenn ich dabei vergnügt bin. Und Christoph, der Jüngste, strotze nur so von Kraft und Gesundheit. Gute Nachrichten, die meinen fernen Vater sicherlich erfreuen.

Ich bin die ideale Vorzeigetochter für meine Mutter. Eine, die gut mitkommt, nett aussieht und keine Probleme macht. Von ihr, von der heilen Welt kann man im Freundeskreis und bei Gesellschaften stolz berichten. Zum Glück, alle Mühen, Kinder gesund auf die Welt zu bringen, haben sich also gelohnt. Doch die dunklen Zeiten, in denen die Freude und Hoffnung auf ein Baby von Schmerz und Trauer zunichte gemacht wurden, sind nicht völlig vergessen. Sie bleiben im Gedächtnis haften, vor allem an unseren Geburtstagen ist die Erinnerung wach. Mein Bruder wird fünf Jahre alt und mein Vater gratuliert meiner Mutter aus Amerika. Er denkt an diesem Maitag zurück an die Geburt seines Sohnes und sehnt sich nach dem Jungen, den sie, meine Mutter, sich so hart erkämpft habe. Er erinnert daran, wie selig sie war, als sie gleich nach dem Kaiserschnitt ihre Mutter anrufen und ihr die gute Nachricht mitteilen konnte. Und wie glücklich sie sich beide in den Armen lagen, meine Mutter und er. Von dieser schweren Zeit sei doch letztlich nur Freude geblieben, schwärmt mein Vater voller Dankbarkeit in dem Brief an meine Mutter.

Ich bin ihr Glück. Mein Bruder ist ihr Glück. Meine Eltern sind sich gegenseitig ein Glück. Ob meine Mutter und ich uns ein Glück sind, wird sich herausstellen. Ich bin erst zwölf. Wir beide haben noch viel vor uns.

Mein Vater ist im Frühjahr 1964 für längere Zeit in Amerika und wünscht sich nichts mehr, als dass seine Frau ihn dort besuchen möge. Doch es gestaltet sich schwierig. Meine Mutter würde die große Reise gern antreten, ist jedoch besorgt über den Gesundheitszustand von Großmama. Die hat »hässliche Zustände«, wie die Erwachsenen sagen, und fürchtet, dass sie zunehmend »verdackelt«. Oft spricht sie am Esstisch von der »Klapsmühle«, in die sie bald komme. Ich weiß nicht so recht, was sie damit meint, und stelle mir eine Windmühle vor wie die in Holland. Vor einiger Zeit hörte ich ein komisches Geräusch im Gastzimmer, beim Einschlafen. Ich bekam einen furchtbaren Schreck. Jetzt springt Großmama aus dem Fenster, dachte ich. Mit einem Ruck setzte ich mich in meinem Bett auf und lauschte. Aber sie hatte ihr Fenster nur auf Kippe gestellt und alles war gut.

Irgendwann wird Großmama von Sanitätern aus unserem Haus getragen. Johannes und ich sehen sie auf einer Trage liegend, mit einem Tuch über den Augen. Vor der Haustür steht der Krankenwagen. Meine Mutter fährt in ihrem Auto hinterher in die Neurologische Klinik des Krankenhauses Köln-Merheim. Dort erwartet sie der Direktor, Professor Zülch. Die Erwachsenen sagen, Großmama hatte einen Schlaganfall. Nach dem Klinikaufenthalt wird sie in ein Sanatorium nach Kassel gebracht, wo Onkel Christoph, der andere Bruder meiner Mutter, mit seiner Familie gerade lebt.

Seit Großmama wieder sprechen kann und nicht mehr bei uns zu Hause wohnt, telefoniert meine Mutter jeden Abend eine gute Stunde lang mit ihr. Sie sei sehr einsam, teilt meine Mutter meinem Vater mit, deshalb bringe sie, die Tochter, das Opfer eines abendlichen Telefongesprächs wirklich gern.

Bald darauf hat Großmama wieder so einen »Zustand«. Man müsse mit ähnlichen Vorfällen jederzeit rechnen, berichtet meine Mutter meinem Vater, noch immer in der Zwickmühle, ob sie diese Amerikareise nun wagen soll oder nicht. Großmama tut meiner Mutter unendlich leid, vor allem, weil sie so schlecht untergebracht ist. Die Atmosphäre in dem Kasseler Sanatorium sei entsetzlich spießig, sodass einem schon nach zwei Besuchstagen ganz elend davon würde. Meine Mutter verbringt schlaflose Nächte damit, nach einer guten Lösung zu suchen. Das Problem lässt ihr keine Ruhe. So kann ihre Mutter doch nicht ihre letzten Jahre erleben!

Die Botschaft kommt bei meinem Vater an. Auch er ist nun sehr beunruhigt über den Zustand meiner Großmutter und dass seine Frau in so großer Sorge ist. Wenn beide wieder aus Amerika zurück seien, müssten sie sich dringend einschalten, schreibt er zurück. Den Aufenthalt in Kassel könne man ihr tatsächlich so nicht zumuten. Auf keinen Fall möchte er, dass meine Mutter das Gefühl hat, sich nicht genug um ihre Mutter gekümmert zu haben. Das wird er nicht zulassen. Dazu liebt er sie zu sehr. »Weichherzlich«: So empfand Edda meinen Vater. Und in diesem Moment, während ich seine Zeilen lese, spüre ich, wie sein zartes Gemüt bei mir anklopft. Was hätte aus Vater und Tochter werden können, wenn wir mehr Zeit miteinander gehabt hätten?

Immer wieder versucht er, der so gern in die Welt hinausgeht, meine Mutter nach Amerika zu locken. Interessiert und unternehmungslustig, wie er ist, schlägt er ihr sogar vor, noch ein paar Tage dranzuhängen. Und macht sich Gedanken, was alles in den Koffer muss. Schick möchte er meine Mutter sehen, unbedingt. Mit ihrem hübschen Sommerhut, aber auch im eleganten Abendmantel. Den Kamelhaarmantel empfiehlt er, weil es noch kühl sein könnte, und auf jeden Fall soll sie ihren Trenchcoat mitbringen. Am 5. Juni sei ein großes Fest geplant, da benötige sie ein Cocktailkleid. Das roséfarbene mit den Ärmeln wie Flügel fände er schön, aber auch ihr kleines Schwarzes wäre passend. Sicher würde es nett werden, denn die Leute in Amerika hätten mehr Humor als die Deutschen. Er weiß, wie zurückhaltend meine Mutter in Gesellschaft ist. Ganz anders als er. Aber er weiß auch, dass sie sich öffnet, wenn sie mit anderen lachen kann.

Mein Vater liebt schöne Kleider an meiner Mutter, etwa das leuchtend gelbe Jackenkleid, an das ich mich gut erinnere, weil meine Mutter darin so fröhlich aussieht. Oder die schwarze Angorajacke mit den silbernen Bündchen, die sie mir irgendwann vererbt und die ich heute noch trage. Zum Einkaufen im »Pariser Fenster«, dem eleganten Modegeschäft, fahren sie oft von Wuppertal nach Köln. Seit diesem Jahr 1964, in dem meine Mutter schließlich doch nach New York fliegt, trägt sie auch öfter Hosen. Nur ein paar Jahre vorher, im Schwarzwald, hatte sie sich darüber geärgert, keine praktische Kleidung zum Schlittenfahren zu besitzen, und sich in ihrem Mantel unbeweglich wie eine alte Oma gefühlt, während sie mit uns den Hang hinuntersauste. Sie überlegte sich, einen Anorak und eine Skihose zu kaufen, zumal ihr aufgefallen war, dass alle Jüngeren inzwischen Hosen trugen. Bei der Überlegung ist es wohl erst mal geblieben. Jetzt, sechs Jahre später, hat sie sich den Wunsch erfüllt. Aus Amerika bringt sie tatsächlich eine Hose mit. In Hellblau. Ich sehe sie darin heute noch vor mir.

Nach der Rückkehr meiner Eltern aus Amerika geht es in die Sommerferien. Kurz vor Aussee, in Bad Ischl, gibt es im Café Zauner das köstliche »Zaunerbrot«. Meine Mutter legt einen Stopp ein und lässt eines zu Großmama schicken. Die bedankt sich, auch für die Briefe ihrer Enkel. Sie weiß allerdings nicht, wann sie uns zurückschreiben kann. Jede Epistel strenge ihr Hirn immer noch sehr an, schreibt sie, selbst wenn der Inhalt noch so dumm sei.

Meine Großmutter kann gut Schreibmaschine schreiben, das hat sie gelernt und es kommt ihr häufig zugute, auch in diesem schlechten Zustand. Den Dankesbrief an meine Mutter versucht sie mit der Hand zu beenden. Aber es ist ein trauriges Gekritzel und ich erkenne heute, wie krank sie damals wohl war. Auch die verächtlichen Bemerkungen über sich selbst und andere stechen mir ins Herz. So habe ich meine Großmutter nicht in Erinnerung. Ich will das nicht an mich heranlassen. Nein, das ist nicht Großmama, das ist ihre Krankheit, der Schlaganfall oder sonst etwas, versuche ich mich zu beruhigen, als ich die Zeilen im Nachlass meiner Mutter finde.

Wobei sie sehr streng sein konnte. Zum Beispiel als wir sie im Sommer in Kassel besuchen und im Café der Orangerie eine Wespe in meinem Apfelsaft ertrinkt. Ich brülle vor Entsetzen. Großmama hat Zoologie studiert und keine Angst vor Tieren. Beherzt zieht sie die Wespe an ihren Flügeln aus dem Glas. Ihren Blick vergesse ich nicht. Sie sieht mich strafend an, in der Stimme kein Erbarmen: »Stell dich nicht so an. Du bist doch meine Enkeltochter!« Das sitzt. Ja, ich bin ihre Enkeltochter. Aber längst nicht so mutig wie sie. Habe gerade erbärmlich versagt. Fühle mich gedemütigt und kleingemacht, besonders vor meinen Brüdern. Es ist meine letzte Begegnung mit Großmama. Wie traurig, dass es eine ungute ist.

Im September 1964, am vierzigsten Geburtstag meines Vaters, scheinen Großmamas Kräfte wieder zurückgekehrt. Ausführlich gratuliert sie ihm. Sie könne sich zwar nicht erinnern, wann genau der Geburtstag ist, aber sie denke sowieso oft an ihn. Das gemeinsame Leben, das meine Eltern miteinander aufgebaut haben, betrachte sie mit großer Freude. Freude bedeute ihr es auch, wenn sie den beiden beistehen und unter die Arme greifen kann. Und sie sei sich bewusst, dass meine Eltern eine schwierige Zeit mit ihr durchgestanden hätten. Zum Schluss dankt Großmama meinem Vater dafür, dass er ein so guter Schwiegersohn sei. Sie wisse, das sei nicht selbstverständlich. Zu seinem Geburtstag möchte sie ihm daher eine Zeichnung schenken, die mein Großvater im Gefängnis für sie anfertigte, zu ihrem vierzigsten Geburtstag, damals im Oktober 1943. Großmama geht davon aus, dass sie in absehbarer Zeit sicher wieder in Wuppertal ist, dann könne sie meinem Vater das Geschenk selbst übergeben.

Tatsächlich soll Großmama im Herbst von Kassel nach Wuppertal zurückkehren. So ist der Plan. Ich entdecke einen Brief meines Vaters an sie vom Oktober 1964. Oh je, denke ich, wie müht er sich ab, auf sieben Schreibmaschinenseiten! Überlegt jedes Wort, jeden Satz, um sie bloß nicht zu verletzen und doch die eigenen Interessen und die seiner Frau zu schützen. Ich fühle die Anstrengung, mit der er seine Gedankengänge so einfühlsam wie möglich darlegt. Meine Eltern hatten für Großmama eine eigene Wohnung gesucht und ganz in unserer Nähe, nur zwei Straßen entfernt, eine gefunden. Eine ständige Hilfe war auch organisiert. Doch Großmama hatte nach anfänglicher Einwilligung überraschend beschlossen, dass sie dort nicht einziehen würde.

Sie möge die Sache noch einmal überdenken, bittet mein Vater inständig. Er sei überzeugt, sie würde es letztlich als sehr angenehm empfinden, in täglichem Kontakt mit uns zu leben und doch ein wenig Unabhängigkeit und ihre persönlichen Dinge um sich zu haben. Er beteuert, dass sich alle freuten, wenn sie Ende Oktober wieder zu uns komme, die Kinder seien jetzt schon so verständig. Deren Geplauder, auch das des Kleinen, sei so besonders nett und mache ihr sicherlich Spaß. Bis Weihnachten, so schlägt mein Vater vor, könne sie wie immer bei uns im Gastzimmer wohnen. Doch solle sie bedenken, dass die Kinder jeden Morgen um halb sieben aufstehen müssten. Dieser Lärm sei ihrer Gesundheit auf längere Sicht nicht zuzumuten. Das Haus sei leider viel zu laut gebaut. Schon meine Mutter fände kaum die notwendige Ruhe, wenn sie mittags ein wenig ausspannen wolle. Er verweist auf die gesellschaftlichen Verpflichtungen, die er und meine Mutter hätten, und die vielen Einladungen, die sie mittlerweile geben müssten. Eine eigene Wohnung sei nach reiflichen Überlegungen der ideale Rückzugsort für sie. Und sie habe ja im Grunde schon zugestimmt. Selbstverständlich sei Großmama von morgens bis abends jederzeit willkommen. Meine Mutter und die Kinder könnten sie besuchen, und sie könne selbst Besuch empfangen oder auch mal einen Gast für längere Zeit beherbergen. Mein Vater erinnert meine Großmutter an die Kräfte meiner Mutter, die ja nicht unbegrenzt seien. Er möchte vermeiden, dass seine Frau überfordert wird. Sie müsse stabil bleiben. Und noch einmal versichert er zum Schluss seines Briefes, dass die Idee mit der eigenen Wohnung wirklich nur positive Seiten habe. Großmama möge also bitte nicht zu einer falschen und die Familie belastenden Entscheidung gelangen.

Welchem Druck ist meine Mutter als Tochter ausgesetzt! Das facettenreiche und letztendlich bittere Leben ihrer vom Schicksal gebeutelten Mutter lastet mit Wucht auf ihren Schultern. Wie groß erscheint mir jetzt die Verantwortung, die sie übernimmt. Eine junge Frau, deren eigenes Leben bereits von so viel Leid überschattet war. Unterstützt von ihrem Mann, der das Glück hat, beruflich oft verreisen zu können, sucht sie nach kleinen Freiräumen für sich und ihre Familie. Nach ein wenig Abstand von der Mutter. Und schickt ihren Ehemann vor.

Doch Großmama lehnt ab. Sie bleibt ruhelos, braucht keinen festen Wohnsitz, bevorzugt die Hauslosigkeit. Seit die Nazis ihren innig geliebten Ehemann und zwei Brüder umgebracht haben, verspürt sie kein Bedürfnis mehr nach einem eigenen Zuhause, wie man es üblicherweise hat. Sie hält sich lieber bei anderen auf, das gibt ihr Halt. Besucht wenige ausgewählte Freunde, etwa das jüdische Ehepaar Landshut, das durch die Warnung meines Großvaters rechtzeitig nach Israel auswandern konnte und jetzt zurück in Hamburg ist. Oder ihre ältere Schwester Ursel, die ebenfalls ihren Mann durch die Nazis verloren hat. Meine Großmutter lebt bei ihrem Sohn Christoph in Frankfurt, bis der als jüngster Generalmusikdirektor nach Lübeck und später nach Kassel geht. Sie übernimmt den Haushalt für ihren verwitweten Sohn Klaus, bis dieser nach München zieht. Am häufigsten aber wohnt meine Großmutter bei der Familie ihrer Tochter in Wuppertal. Meine Mutter macht nicht Karriere wie die Brüder, muss nicht in andere Städte ziehen. Sie konzentriert sich auf ihr Leben als Ehefrau, Hausfrau, Mutter – und auf ihre Aufgaben als Tochter. Hier, in dem hübschen Haus mit Garten, findet meine Großmutter Stabilität. Im intellektuellen Austausch mit ihrem Schwiegersohn und durch die Fürsorge ihrer Tochter fühlt sie sich, nach allem, was sie durchgestanden hat, noch am ehesten geborgen. Das gemeinsame Schicksal verbindet Mutter und Tochter. Ebenso wie der unausgesprochene Familienauftrag, eine Tochter habe für die Mutter da zu sein. Ich werde nachdenklich. Denn der Druck, den solche Erwartungen ausüben, pflanzt sich fort. Von Generation zu Generation. Von Mutter zur Tochter und immer weiter. Ich muss an die weibliche Linie in meiner Familie denken. An meine Großmutter, meine Mutter, meine Tochter und meine Enkeltochter. Und an mich, in der Mitte. An die Hoffnungen und Enttäuschungen in allen Generationen. Und auch daran, dass wir nach innen zarter sind, als wir uns zeigen.

Das Bemühen meiner Eltern zählt nicht mehr. Großmama bleibt in Kassel, wo sie am 2. Februar 1965 stirbt. Sie wird einundsechzig Jahre alt. Ich habe den entsetzlichen Schrei meiner Mutter noch im Ohr, als sie die Nachricht abends am Telefon erfährt. Ihr Weinkrampf erfüllt das ganze Haus, ich stehe ratlos und verängstigt oben am Geländer. Mein Vater ist verreist, wir sind mit meiner Mutter allein. Noch in derselben Nacht fährt sie mit ihrem Auto nach Kassel. Zum Glück ist Omama da und hütet uns. Am nächsten Tag ist Schulkonzert, Johannes und ich singen beide im Chor. Als meine Mutter zurückkommt, schimpft sie und stellt uns zur Rede. »Das tut man nicht.« Man singt wohl nicht, wenn jemand gestorben ist. Wir schauen uns betreten an. Zur Beerdigung nach Köln kommt Omama nicht mit, sie hat nichts Schwarzes zum Anziehen. Ihr dunkelgrüner Pullover und der passende Rock mit der Bernsteinkette wären doch gut, versuche ich sie zu überreden. Aber Omama möchte auf keinen Fall mitkommen.

Viele Menschen sind bei der Beerdigung anwesend. Johannes und ich sitzen vorn, vor uns der Sarg von Großmama. Onkel Eberhard Bethge, ein enger Freund von Dietrich Bonhoeffer, ihrem Bruder, hält die Trauerrede. Den Text werde ich als Kind kaum verstanden haben. Als Erwachsene bin ich froh, ihn nachlesen zu können. »Es klaffen ihre Kindheit und ihr Alter. Friedrichsbrunn mit seinen Pilzen und Waldgerüchen – und die Prinz Albrechtstraße mit ihrer politischen Verstrickung. Ihre Verwurzelung in einer reichen Tradition – und ihre tiefe Ruhelosigkeit. Das Haus und das Heim, wie sie es empfing und zu bieten verstand – und ihre mehr als zwanzigjährige, selbstgewählte Hauslosigkeit. Es klaffen die brennenden Hoffnungen ihres Lebens – und ihr Scheitern. Ihre Freude an der Redlichkeit des Intellekts – und der Triumph des Bösen, der sie überwältigte. Ihr männlicher Selbständigkeitsdrang – und der Sturz in Abhängigkeiten, die zu ertragen ihr am schwersten fiel. Es wohnen beieinander ihr Stolz – und ihre Bescheidenheit. Ihr zufahrendes Urteil – und ihre scheue Wärme. Ihre ungeduldige Leidenschaft – und ihre resignierte Skepsis. Von ihrem Vater schrieb sie einmal: Er war ein Fels, wenn man ihn brauchte. Das war sie selbst.«

Meine Großmutter, so Eberhard Bethge, habe oft mit ihm über das »klüftenreiche Innenleben« gesprochen. Ihr eigenes? Das der Familie? Das eines jeden Menschen? Ich werde es nicht mehr erfahren. In der Mappe meiner Mutter mit der Aufschrift »Mama« finde ich Zettel meiner Großmutter, Sätze, Wortfetzen. Mühsames Gekritzel, kaum zu entziffern. Es sind sehr persönliche Bemerkungen, deren Intimität ich schützen will. Sie führen ins Dunkle. Und werfen Fragen auf, die mich frösteln lassen.

Wie ist meine Großmutter gestorben? Woran? Wer war bei ihr in ihrer letzten Stunde? Ich weiß es nicht. Niemand spricht darüber. Schon gar nicht meine Mutter. Großmama ist tot. Jahre später verrät mir Maria, unsere Haushälterin, dass meine Großmutter sie immer wieder hinter verschlossenen Türen um Rasierklingen gebeten habe. Sie, Maria, habe sich dieser Bitte stets verweigert: »Frau Dohnanyi, das kann ich nicht.«

Großmamas Tod stellt für mich plötzlich ein Geheimnis dar. Ob die Wahrheit letzten Endes wichtig ist? Ich könnte recherchieren, in Akten schauen, nachfragen. Doch ich kann es auch auf sich beruhen lassen.

Kapitel 3

Anders als die anderen
14–21 Jahre

Meine Mutter ist 38 Jahre alt, als meine Großmutter stirbt. Sie hat nun Vater und Mutter verloren. Eltern, die sich gegenseitig alles waren. In ihrem letzten Brief an ihren Mann vom 5. April 1945, wenige Tage vor seiner Hinrichtung, schreibt meine Großmutter: »Heut sind es 2 Jahre, dass man uns auseinander riss. Räumlich – im Herzen bleiben wir zusammen. Und werden es bleiben über Raum und Zeit hinaus.«

Meine Großmutter lebt zwanzig Jahre länger als mein Großvater. Zwanzig überlebte Jahre, irgendwo, irgendwie. Mit Gedanken und Gefühlen, die sie vermutlich gut zu verbergen wusste. In ihrer Haft im Frauengefängnis beschreibt sie sich als Frosch im Wasser, der Winterschlaf hält und in gefühlsloser Starre verharrt. Hat sie diese Fähigkeit später auch genutzt? Ist das Leben für meine Großmutter nach der Ermordung ihres Mannes noch einmal lebendig geworden? Konnte sie Freude zulassen? Sie, deren hellwacher Geist über die Aktivitäten des Widerstands bestens Bescheid wusste, die den gewaltsamen Tod ihres Mannes und ihrer Brüder verkraften musste und als Witwe mit 41 Jahren die Verantwortung für drei halbwüchsige Kinder allein trug.

Meine Mutter erzählt von der Willensstärke und dem Wunsch ihrer Mutter, den vaterlosen Kindern eine Zukunft in

Frieden und mit Perspektive zu ermöglichen. Deshalb verlässt sie nach Kriegsende Berlin, wo ihre Eltern und andere Mitglieder der Familie Bonhoeffer wohnen bleiben, und zieht mit den Kindern nach Bayern. Für deren Ausbildung gibt sie alles. Die Söhne können studieren, die Tochter geht zur Fotoschule. Sie teilt ihrer Schwester Ursel mit, dass es ihr gar nicht gut gehe. Die unerledigte Post stapele sich, weil sie erschöpft sei und der Kopf nicht mitmache. Sie liege im Bett, statt Briefe zu beantworten. So dumme Zustände schon mit 47 Jahren, das könne ja heiter werden. Nichts sei los mit ihr, außer ständiger Migräne. Alles möge zu Bruch gehen, nur bitte der Kopf zuletzt. Die Kinder aber seien, obwohl oft leicht erregbar und im Hader mit der Welt und dem lieben Gott, vergnügt, nur nicht immer leicht zu zähmen. Große Jungen allein zu erziehen sei schon eine Aufgabe. Sie habe niemanden, mit dem sie sich hier in München darüber austauschen könne. Töchter seien da einfacher.

Welche Kraft steht meiner Großmutter nach dem Krieg zur Verfügung? Wie viel emotionale Teilhabe am Leben anderer ist ihr noch möglich, etwa an dem ihrer Tochter?

Nach außen ist die Verbindung ungewöhnlich eng. Meine Großmutter nimmt meine Mutter nach ihren Fehlgeburten beschützend zu sich, obwohl sie bereits verheiratet ist und eine eigene Wohnung hat. Sie besucht ihre Tochter nach meiner Geburt jeden Tag mit weichen Knien. Der Zustand meiner thrombosekranken Mutter bringt sie an die Grenzen dessen, was sie ertragen kann. Hilflos ansehen zu müssen, wie das eigene Kind sich quält, geht ihr schwer ans Herz. Das musste sie schon bei ihrem Mann.

Mutter und Tochter telefonieren ständig und schreiben sich, wenn Großmama nicht bei uns ist. An meinem ersten Geburtstag denkt meine Mutter in großer Dankbarkeit und

Liebe an sie. Sie wäre froh, wenn sie für mich, ihre Kleine, nur annähernd einmal das sein könne, was ihre Mutter ihr bedeute. Darum wolle sie sich bemühen und hoffe, von den guten Eigenschaften der Mutter ein wenig geerbt zu haben. Da sehe ich es schwarz auf weiß: Meine Mutter möchte für mich das werden, was ihre Mutter für sie ist. Und was ich, ihre Tochter, einmal für sie werden soll. Eine Vorgabe, von der ich unterschwellig geprägt bin und die mich nie losgelassen hat.

Töchter seien einfacher. Was meint meine Großmutter damit? Lässt sich eine Tochter leichter lenken? Müssen Töchter weniger zur Leistung motiviert werden, weil sie irgendwann heiraten und dann versorgt sind? Versteht man sich von Frau zu Frau besser, weil man sich unausgesprochen aufeinander verlassen kann? Fest steht: Meine Mutter fühlt sich für die Situation meiner Großmutter, die keine eigene Wohnung mehr beziehen mag, verantwortlich. Über Jahre bietet sie ihrer Mutter in Wuppertal ein Zuhause. Doch mit welchen Gefühlen? Ist es ehrliche Freude? Eine Selbstverständlichkeit, die nicht zur Diskussion steht? Oder eine Bürde? Eine Verpflichtung? Man tut seine Pflicht. Es wäre nicht das erste Mal in unserer Familie.

Freude, Bürde, Verpflichtung. Vermutlich ist es von allem etwas. Entsprechend fürsorglich verhält sich mein Vater. »Keinem Mann, wenn er so ist, wie ich ihn mir vorstelle und wie er sein muss, kann man das Gefühl der Verantwortung für die geliebte Frau nehmen«, steht in einem der ersten Briefe meines Großvaters aus dem Gefängnis. Mein Vater muss ihn gelesen haben. Jedes Detail der Familie Dohnanyi war ihm vertraut. Als guter Schwiegersohn und liebender Ehemann ringt er daher in seinem seitenlangen Brief an meine Großmutter um rücksichtsvolle Worte. Vielleicht haben meine Eltern den

Brief auch gemeinsam formuliert. Zu einer deutlichen Sprache finden sie dennoch nicht.

Wie sollten sie auch, frage ich mich, wenn ich im Brief meines Großvaters an seine Kinder lese: »Tut alles, um der Mutter das Leben zu erleichtern, wenn sie nach Hause kommt; ich hoffe, es wird nicht mehr lange dauern. Ihr müsst ihr helfen, wo ihr könnt, und müsst versuchen, auch meinen Platz auszufüllen, so weit es eben geht.« Es ist der 21. April 1943, etwas mehr als zwei Wochen zuvor sind meine Großeltern beide verhaftet worden.

Was für eine Bürde, diese eindringliche Verpflichtung. Und wie wenig selbstverständlich für junge Menschen zwischen 13 und 16 Jahren. Meine Mutter hält sich an die Worte ihres Vaters. Als dankbare Tochter weicht sie auch später nie von Großmamas Seite. Erst heute wird mir der Druck klar, der auf meiner noch jungen und schon von vielen seelischen Qualen, von Krankheiten und Fehlgeburten gebeutelten Mutter lastete. Welcher Herausforderung hält sie stand. Welche Schwere liegt auf ihren Schultern. Was für ein Ringen um ein kleines Stückchen heile Welt. Ob Mutter und Tochter einander ein Glück waren? Ich schaue in den Himmel und suche die Antwort. Ja! Trotz allem. Ich sehe meine Mutter lächeln. Die Antwort meiner Großmutter steht aus.

Den langen Brief meines Vaters wird Großmama trotz aller vorsichtigen Erläuterungen klar verstanden haben. So klar, dass sie weiß, worum es geht: keine dauerhafte Rückkehr in das Haus ihrer Tochter. Die emotionalen Turbulenzen, in die sie beim Lesen geraten sein mag, kennt niemand. »Leg es zum Übrigen.« Das sagte Großmama jedes Mal, wenn Erwartungen nicht erfüllt wurden und Enttäuschungen ertragen werden mussten. Leg es zum Übrigen – ein geflügeltes Wort, das meine Mutter übernimmt und immer wieder benutzt. Wo versteckt sich das »Übrige«, das Sammelbecken für Traurigkeit, Frustration, Ernüchterung? Wann machen sich diese Gefühle Luft? Was bleibt vom »Übrigen« übrig? »Welches Bild hat sie uns hinterlassen in der Verschlossenheit und in der Würde, mit der sie Übermenschliches akzeptierte? Wann und wo ist jemandem so quälend und langgedehnt und unter solchem Zwielicht das Äußerste abgefordert worden, wie ihr und den ihrigen?«, fragt Eberhard Bethge in seiner Traueransprache bei Großmamas Beerdigung. Möglicherweise hat meine Großmutter auch den Brief meines Vaters in Verschlossenheit und Würde angenommen und »zum Übrigen gelegt«.

In Wuppertal geht das Leben jetzt ohne Großmama weiter. Für Johannes und mich steht demnächst die Konfirmation an. In der kleinen Kapelle am Lichtscheid sind schon alle Freunde im Konfirmandenunterricht. Nur meine Mutter weigert sich, uns bei dem zuständigen Pfarrer anzumelden. »Der ist nicht gut genug«, sagt sie und tröstet uns damit, dass man auch später konfirmiert werden kann. Aber darum geht es doch nicht! Mal wieder ist meine Freundin Steffi im Vorteil. Sie freut sich auf die Feier, bei der sie im Mittelpunkt ihrer Familie stehen und zum ersten Mal Seidenstrümpfe und ein schwarzes Jackenkleid tragen wird. Außerdem bekommt sie zu diesem Anlass Ohrlöcher gestochen und eine Uhr geschenkt. Ich platze fast vor Neid. Vor allem wegen der Seidenstrümpfe und der Ohrlöcher. Bitte wenigstens das, wenn ich schon keinen Petticoat tragen durfte! Doch meine Mutter bleibt hart. Und ich bleibe wieder mal unerhört. Keine Ohrlöcher, bis ich erwachsen bin, keine Konfirmation bei einem unangemessenen Pfarrer. »Wir sind anders als die anderen. Man muss nicht so sein wie alle.« Ich kenne ihre Bemerkung schon, bevor sie den Mund aufmacht. Und kann sie nicht mehr hören.

Heute denke ich: Dieses »anders sein« war vielleicht die einzige Chance meiner Mutter, Zugehörigkeit zu empfinden. Indem man sich abgrenzt, sichert man sich die Verbundenheit mit Auserwählten. Wuppertal war eine berufliche Notwendigkeit, aber nie Heimat. Für meinen Vater nicht und schon gar nicht für meine Mutter. Während mein Vater unterwegs interessante Menschen traf und zu uns einlud, blieb meine Mutter zu Hause und telefonierte mit ihren Brüdern, Tanten und Cousinen. Verbündete, die das gemeinsame Familienschicksal teilen konnten. Vielleicht war das nach dem Tod meiner Großmutter für sie das Wichtigste.

Trotz ihrer scheuen Skepsis passt sich meine Mutter an und führt als gute Ehefrau sorgfältig ihre Gästelisten. In der blauen Mappe auf ihrem Schreibtisch hat sie den genauen Überblick: Wer war und wird an welchem Tag mit wem eingeladen? Gäste werden gemixt und zusammengewürfelt, um beruflichen Erfolg, gesellschaftliche Verpflichtungen und ein wenig Freundschaft bestmöglich zu kombinieren. Meine Mutter hat darin Übung, obwohl sie ungern Einladungen gibt für Menschen, mit denen sie im Grunde »nichts am Hut« hat, wie sie sagt, die aber für meinen Vater wichtig sind. Sie zeigt Haltung und lässt sich nach außen nichts anmerken. Fremden gegenüber tritt sie eher zurückhaltend, ja sogar befangen auf. Das kann Arroganz sein oder Angst oder beides. Vorfreude auf einen netten Abend jedenfalls kommt bei ihr selten zum Ausdruck.

In ihrem Nachlass finde ich Hinweise zum Speiseplan, auf einem handgeschriebenen Zettel. Waldorfsalat, Hummercocktail, Forelle, Roastbeef, Lachs, Zunge, Sauce béarnaise, Cumberlandsauce, Käsehappen, Schinken, Spargel. Auf keinen Fall darf man zwei Mal das Gleiche anbieten. Ich erinnere den fein gedeckten Esstisch mit weißen, frisch gestärkten Tischdecken aus Damast. Darauf das Meißener Geschirr. Alles von meinen Urgroßeltern Bonhoeffer, auf seltsamen Wegen in die Nachkriegszeit gerettet. Ich erinnere die Silberbecher mit Nüssen und Salzstangen, die Johannes, Christoph und ich beim Empfang den Gästen anbieten dürfen. In der Küche hilft Maria, die jedes Mal aufgeregt ist, ob sie auch alles richtig macht. Oft kommt zusätzlich eine Servierfrau, sicherheitshalber. Und manchmal ein Koch. Einmal bringt er lebende Hummer mit und wirft sie ins Waschbecken. Voller Ekel verschwinde ich in mein Zimmer.

Zu Frau Wessels, unserer Schneiderin, fahren meine Mutter und ich mittags nach der Schule. Sie näht mir Blusen und Röcke. Wenn sie Falten absteckt, klemmt Frau Wessels die Stecknadeln zwischen ihre Zähne. Ich erstarre jedes Mal bei diesem unappetitlichen Anblick. Wie eine Anziehpuppe stehe ich im Wohnzimmer, auf Augenhöhe mit den Wellensittichen im Käfig. Es riecht nach frisch gekochtem Essen. Meine Mutter sitzt neben einem ausladenden Gummibaum im senffarbenen Samtsessel und hat jede Naht unter Kontrolle. Vor allem der Abnäher an den Blusen ist wichtig. »Der muss sitzen«, sagt sie. Und der Rock darf nicht zu kurz sein, wegen meiner Knie. Die sind nicht so schön, meint sie. Ich weiß gar nicht, was sie hat.

Wie gern wäre meine Mutter Modeschöpferin geworden. »Ich habe den Blick dafür«, betont sie immer wieder. Aber so etwas steht natürlich kurz nach dem Krieg nicht zur Debatte. Sie kleidet sich schicker als die anderen Verwandten, die ich kenne. Von einer Indienreise mit meinem Vater bringt sie goldenen Saristoff mit. Daraus lässt sie sich ein elegantes Abendkleid schneidern, in einem richtigen Modeatelier. Das lange Kleid ist für die Salzburger Festspiele gedacht, für die Aufführung der Oper ›Die Bassariden‹ von Hans Werner Henze. Ein großes Ereignis, und Onkel Christoph, der Bruder meiner Mutter, dirigiert. Meine Mutter sieht so vergnügt und strahlend aus, als sie mit meinem Vater von Aussee nach Salzburg fährt. Ich winke den beiden nach und bin wahnsinnig stolz. Für meine Mutter ist es vermutlich einer ihrer glücklichsten Momente.

Einen ihrer schmerzhaftesten Momente erlebt sie in derselben Stadt ein dreiviertel Jahr später: Johannes wird ohne Vorwarnung aus unserer kleinen Familie gerissen. Wieder einmal bringen wir in den Sommerferien meinen Vater von Aussee zum Salzburger Flughafen. Auf dem Rückweg lädt uns meine Mutter ins berühmte Café Tomaselli ein. Wir freuen uns auf eine Tasse Kakao und die gute Dobosch-Schnitte. Prinzregententorte kann es auch sein. Johannes, Christoph und ich steigen gerade auf dem Marktplatz aus, als plötzlich Onkel Klaus vorfährt und seinen Sohn blitzschnell in sein Auto zieht. Er ist fünfzehn Jahre alt. Ein Schock, an den ich mich erinnere, als sei es gestern erst passiert. Mein Vater fasst später in einem Brief an seinen Schwager die Dinge zusammen. Am Abend vorher muss es heftige Auseinandersetzungen zwischen meinen Eltern und Onkel Klaus gegeben haben. Es geht um Vorwürfe, gegenseitiges Misstrauen, Enttäuschungen, Zusagen, die nicht eingehalten wurden. Dazu Dünkel, Rechthaberei, Eigensucht und mangelnde Dankbarkeit. Meine Eltern stehen nach all den Jahren vor einem familiären Scherbenhaufen.

Noch heute klopft mein Herz, wenn ich an die Szene denke. Ich bin vierzehn Jahre alt, seit neun Jahren wachsen Johannes und ich wie Bruder und Schwester auf. Wir streiten uns und halten doch zusammen, mein kleiner Bruder Christoph hat unter uns »Großen« oft zu leiden. Gelegentlich bin ich eifersüchtig auf Johannes, wenn meine Mutter ihn in Schutz nimmt und nicht mich. Er hat eine besondere Stellung in unserer Familie, auch, weil er »Tante Bärbel« und nicht wie wir »Mama« sagt. Obwohl meine Mutter wie eine Mama für ihn sorgt.

Meine Mutter fährt gefasst und konzentriert mit meinem Bruder und mir von Salzburg zurück nach Aussee. Der Platz vorn im Auto, auf den Johannes sich immer drängt, bleibt leer. Ich weiß noch, dass es furchtbar still ist im Wagen. Kein Wort, keine Fragen, keine Tränen. Stumm vor Schreck fahren wir zu dritt in das alte Landhaus. In seinem »blauen Zimmer« mit dem Bauernbett und dem bemalten Schrank liegen noch alle seine Sachen. Johannes selbst ist weg. Plötzlich verschwunden, vor meinen Augen. Mein Vater wirft meinem Onkel vor, unverantwortlich in die Entwicklung von uns drei Kindern eingegriffen zu haben.

Wie es mir geht? Meinem Bruder? Meiner Mutter? Ich habe keine Ahnung. Wir sind miteinander ohne Worte. Über unsere Gefühle, den Verlust, über die Leere, die Johannes hinterlässt, sprechen wir nicht. Nur über das, was passiert ist. Das ist hart genug.

Ich erinnere mich nicht, dass meine Mutter an mein Bett kommt oder mich etwas fragt. Vielleicht fehlt das Gedächtnis, weil der Schock zu groß ist. Ich erinnere mich auch nicht, dass ich mir über den Zustand meiner Mutter Gedanken gemacht, sie getröstet oder mich an sie gekuschelt hätte. Für Nähe ist selten Gelegenheit, selbst das Verschwinden von Johannes ändert daran nichts.

Das Zerwürfnis zwischen Bruder und Schwester muss die Seele meiner Mutter zutiefst verletzt haben. Zwischen ihr, der Großen, der Vatertochter, wie sie sich nannte, und ihrem jüngeren Bruder, mit dem sie nach der Verhaftung der Eltern Angst und Verlorenheit überstand und den Mut zum Überleben sammelte. »Klaus muss sich entschuldigen.« Diesen einzigen Satz meiner Mutter habe ich noch im Ohr. Monate später gibt es wohl eine Art Versöhnung. Onkel Klaus kommt nach Wuppertal. Ich habe Angst, ihm zu begegnen, und versuche, an meinem Fenster einen Blick auf ihn zu erhaschen. Die Erleichterung meiner Eltern, als er nach einigen Stunden abfährt, spüre ich auch in mir.

In Wuppertal geht das Leben erst ohne Großmama und jetzt auch ohne Johannes weiter, scheinbar ist alles normal. Meine Mutter und ich trinken jeden Nachmittag zusammen Tee. Ein Ritual. Sie klopft an meine Fensterscheibe, wenn sie vom Mittagsschlaf aufsteht. Über den Balkon sind unsere Zimmer miteinander verbunden. Bestimmte Geräusche geben mir das Signal, dass sie gleich vor meinem Fenster steht. Ich setze mich blitzschnell an den Sekretär meiner Großmutter, den sie mir geschenkt hat, und gebe vor, Hausaufgaben zu machen. Oft weiß ich nicht, was wir beim Teetrinken reden sollen. Meine Mutter auch nicht. Wir sitzen dann einfach nebeneinander auf dem Sofa.

Manchmal, wenn sie mit unserem Hund unterwegs ist, husche ich in ihr Schlafzimmer. Im Schrank habe ich teure Lippenstifte in goldenen Etuis entdeckt. Von einem Tag zum anderen bleibt die Schranktür fest verschlossen. Vergeblich suche ich den Schlüssel und muss die Idee aufgeben, heimlich an den Schatz zu kommen. Es gab neulich schon genug Ärger wegen eines Knutschflecks. Ein Junge, genauso unerfahren wie ich, hinterließ einen runden bläulichen Fleck auf meinem Hals. Meine Mutter ahnte sofort, woher der kam. »So läuft man als junges Mädchen nicht herum.« Seit ich nach meinem Sprachkurs in England zurück in Wuppertal bin, schminke ich mich. »Wieder viel zu stark angemalt.« Das höre ich jeden Morgen. Aber es muss sein. Und wenn ich mir zur Not mit Filzstift den Lidstrich ziehe und weiße Desitin-Creme auf die Lippen schmiere, weil das Taschengeld nicht reicht. Meine Sommersprossen und die blöden Locken sind schon ärgerlich genug. Meinem Vater wiederum missfallen meine bunt bemalten

Lieblingsjeans: »Diese schrecklichen Bäckerhosen.« Auch sie stammen aus England. Obwohl ich eher schüchtern bin, haben sich viele Mitschüler mit Filzstift auf meiner weißen Hose verewigt. Darauf bin ich stolz. Denn zu Hause, in Wuppertal, bin ich in meiner Klasse nicht gerade beliebt. Keiner fragt mich, ob ich nach der letzten Stunde mit zum »Brunnen« komme, wo sich alle treffen.

Seit einiger Zeit gehe ich in die Tanzstunde. Meinen Eltern, die sich auf Ischia erholen, berichte ich am 18. Oktober 1967: »Gestern hatte ich Mittelball. Mein Kleid wurde allgemein bewundert. Ich habe es überhaupt nicht verschwitzt, obwohl ich sehr schwitzte. Andrea hat mir ihre schwarzen Lackschuhe und Omama ihre schwarze Theatertasche zur Verfügung gestellt, da sie auch meinte, in den roten Schuhen könne ich schlecht gehen. Mein Partner ist denkbar langweilig. Ich wurde von einem Jungen aufgefordert, der hatte etwas viel Wein getrunken. Es war herrlich! Er tanzt sehr gut. Beim Fox schwenkte er mich ohne Rücksicht auf Verluste derartig hin und her, dass mir ganz schwindelig wurde. Und dann kam Beat! Und da war es ganz aus. Er hüpfte, hampelte, er schrie, er pfiff, er schlug mit Armen und Beinen um sich. Ich konnte nicht mehr tanzen, ich musste wahnsinnig lachen. Alles scharte sich um uns und schrie vor Lachen. Mich überkam plötzlich auch der Übermut, obwohl ich bestimmt nicht zu viel getrunken hatte (1/2 Glas, mehr durfte ich nicht wegen meines Magens). Ich hampelte also genauso und sang mit. Es war wunderbar!« Meine Mutter will nicht verstehen, dass die roten Schuhe unpassend waren. Ich solle sie halt gut putzen, dann seien sie doch sehr hübsch. Für den Abschlussball will sie mir neue kaufen. Nur Haaretönen kommt nicht infrage, da ist sie komplett dagegen. Dass ich Spaß am Tanzen habe, gefällt ihr sehr. Sie tanze ja auch so gern. Es freue sie, dass ich in ihre Fußstapfen trete.

Ich sehne mich nach Johannes. Er lebt jetzt in München bei Onkel Klaus, der inzwischen eine neue Frau hat und wieder Vater wird. Ein Jahr später kommt er auf die Odenwaldschule und ich darf ihn für ein Wochenende besuchen. In den kleinen verwunschenen Fachwerkhäusern wohnen Schüler und Lehrer wie Familien zusammen. Gleichaltrige sitzen mit langen Haaren auf der Fensterbank, spielen Gitarre und rauchen. Johannes auch. Was für ein Leben! Da will ich hin. Unbedingt! Meinen Eltern stecke ich einen Zettel in den Briefkasten, auf dem steht: »Ich möchte zu Johannes ins Internat.« Die Reaktion lässt nicht lange auf sich warten. »Das kommt nicht infrage. Du hast es hier so gut.« Die Stimme meines Vaters klingt ungewöhnlich schneidend und ich füge mich.

Meine Versuche, zu provozieren oder aus dem Familienkorsett auszubrechen, verpuffen regelmäßig. Habe ich meinen Pfeil abgeschossen, krieche ich brav in das elterliche Gehäuse zurück. Die Kraft für das Eigene fehlt. Meine Mutter hat mich im Griff. Wie auf dem Foto von uns beiden. Sie hält mich fest und scheint sich im selben Moment an mich zu klammern, so verstehe ich plötzlich unser Bild. Beim Halten Halt suchen. Ist das der Kern unserer Verbundenheit? Ihr Glück mit mir?

In meinem Lebenslauf beschreibe ich die Zeit vor dem Abitur so: »Einer musste doch wenigstens funktionieren. Das war ich. Äußerlich lief alles glatt. Ich blieb bis zum humanistischen Abitur nicht sitzen, schaffte die Versetzung allerdings häufig auf den letzten Drücker. In der Klasse war ich immer Außenseiter und unsicher. Klassenfeste und Schulausflüge waren mir ein Gräuel. Insgeheim habe ich mir oft gewünscht, zur Gemeinschaft zu gehören, mittendrin zu sein, aber es klappte nicht. Zu Hause hörte ich dann: Wir sind nicht wie die anderen, unsere Familie ist etwas Besonderes. Ich wusste nie, was an mir besonders sein sollte. Die Pubertät war daher geprägt von viel Einsamkeit.«

Ich bin sechzehn Jahre alt und auf dem Weg von der Schule zum nahe gelegenen Schwebebahnhof Döppersberg, als mir plötzlich die rettende Idee kommt. Mein ungarisches Blut! Natürlich! Das ist der Grund, warum ich hier nicht richtig dazugehöre. Warum ich anders bin als die anderen. Darauf hätte ich schon früher kommen können. Für einige Jahre gibt mir dieser Gedanke Sicherheit.

Der Sohn unserer Nachbarn muss ins Gefängnis. Er wurde von DDR-Soldaten erwischt, als er von Westberlin aus einen Tunnel in den Osten grub, um Menschen zur Flucht zu verhelfen. Die Eltern diskutieren und wirken aufgewühlt, mir ist die Sache eher unheimlich. Von Westberlin kenne ich hauptsächlich den Wannsee. Dort besteigen wir einen Dampfer, der uns nah an das Sperrgebiet zur DDR bringt. Die braune Ledertasche mit dem großen Fernglas ist dabei. Meine Mutter schaut als Erste durch und versucht, ihr Elternhaus am Ufer des Sacrower Sees zu erkennen. Da ist es! Kommt her, schaut mal, da, ganz weit hinten! Und ja, sogar die schöne Trauerweide stehe noch im Garten. Dann muss das Schiff wenden. Meine Mutter wirkt wie erstarrt. Die Musik auf dem Dampfer wird kurz unterbrochen und eine Stimme klärt das Publikum über Geschichte und Gefahren dieser Grenzgegend auf. Welche Bilder meine Mutter vor Augen hat, wie es in ihrem Herzen aussieht, zeigt sie nicht. Sie öffnet ihre Grenzen nicht. Ihr eigener Blick »nach drüben« bleibt ein einsamer. Auf der Rückfahrt nach Wuppertal sagt sie: »Das ist nicht mehr mein Berlin.« So sagt sie es bis zu ihrem Tod. Ihre Stimme klingt nicht traurig, sondern entschieden.

Manchmal fahre ich mit meiner Mutter in ihrem dottergelben Austin Morris nach Düsseldorf auf die »Kö«, zum Einkaufen. In solchen Momenten fühlt sich das Leben herrlich leicht an. Im Frühjahr bekomme ich einen lachsroten Knautschlackmantel und weiße, halbhohe Lackstiefel, im Herbst einen glockenförmigen Ledermantel mit breitem Gürtel und weißem Schaffell innen. Ein Prachtstück. Einkaufen mit meiner Mutter macht Spaß, weil sie selbst so viel Spaß daran hat. Sie kann gar nicht genug bekommen von den schönen Läden und hat richtig gute Laune. Das genieße ich. Schwierig wird es erst, wenn sie mir Tage später vorwirft, wir seien »eine verwöhnte Generation«. Das macht sie oft und ich ärgere mich darüber. Ich bin eben jung und kenne die Not aus Kriegszeiten nicht. Ich kann doch nichts dafür! Und außerdem: Warum hat sie mir dann die neuen Sachen gekauft?

Ich versuche zu verstehen, heute. Meine Mutter hat Härte und Entbehrung kennengelernt und erlebt jetzt, Ende der Sechzigerjahre, wie Überfluss entsteht. Es fällt ihr wie vielen anderen aus der Kriegsgeneration schwer, beide Erfahrungen in Einklang zu bringen. Mit dem angenehmen Lebensstil, der meiner Mutter vor allem von den Bonhoeffers vertraut war, ist es für sie als junge Frau vorbei. Besonders bitter, da sie so sehr an ihren großbürgerlichen Erinnerungen hängt. Diese unverdiente Niederlage, diese Verletzung und Zumutung muss sie nun anderen um die Ohren hauen, um es zu verkraften. Insbesondere denen, die keine Not erfuhren und den neuen Luxus für selbstverständlich halten. »Ihr habt ja keine Ahnung …«

Immer wieder werde ich in den Ferien zu Sprachkursen geschickt. Alte Sprachen wie Latein und Griechisch gehören in der Familie zur guten Bildung, aber fließendes Englisch ist auch wichtig. In London wohne ich bei Tante Marianne, einer Cousine meiner Mutter. Sie ist sehr freundlich, reißt die Augen weit auf, wenn sie Fragen stellt, und trägt Kostüme in Bonbonrosa und dazu Gummistiefel. Weil sie kein »sch« aussprechen kann, sagt sie immer »fööön« statt »schön«. Leider spuckt sie dabei, sonst wäre es lustig. Sie lebt allein, hat aber oft Besuch von anderen aus der Bonhoeffer-Familie. An meine Eltern schreibe ich am 20.8.1969: »Leider gab es den ganzen Abend nur ein Thema: Verwandtschaft und der 20. Juli. Mich langweilt so was einfach. Heute morgen habe ich Michael Dreß angerufen, der sehr freundlich war und den ich am Freitag treffe. Man soll ja schließlich nicht nur die bürgerlich-verspießerten Verwandten kennenlernen, sondern auch die Gegenseite. Ich bin mal gespannt!«

Anders als die anderen. Es gibt jemanden in der Familie, der so anders ist, dass ihn manche das »schwarze Schaf« nennen. Michael Dreß, der Cousin meiner Mutter, lebt ebenfalls in London, als Komponist. Er hat wilde dunkle Locken und zu Hause jede Menge Katzen. Ein echter Hippie, denke ich, als ich ihn mit knapp siebzehn Jahren treffe. Sein Anblick fasziniert mich. Die Idee, ihn »Onkel Michael« zu nennen, kommt mir erst gar nicht. Er unterhält sich mit mir wie mit einer Erwachsenen und genauso fühle ich mich. Abends lädt er mich mit seinen Freunden in ein indisches Restaurant ein. Ahnungslos bestelle ich ein viel zu scharfes Gericht, die Tränen laufen und ich muss fürchterlich husten. Unendlich peinlich, der ganze Tisch schaut auf mich. Wie dumm und provinziell ich doch bin! Michael hilft mir über die Blamage hinweg, bestellt mengenweise Joghurt und irgendwann ist der Anfall vorbei. Ich greife möglichst lässig zur Zigarette und fühle mich wieder einigermaßen ebenbürtig.

Die Begegnung mit diesem andersartigen Onkel geht mir nicht aus dem Kopf. Ich will weg aus Wuppertal, nur weiß ich nicht, wie. Ein Jahr später kommt Michael nach Düsseldorf. Im Schauspielhaus wird ein Stück von Pablo Neruda aufgeführt, ›Glanz und Tod Joaquin Murietas‹, Michael hat die

Musik dazu komponiert. Meine Eltern wirken alarmiert, aber ich darf ihn treffen. »Ich könnte dir ein Praktikum bei einem Bühnenbildner in London verschaffen und du kannst bei mir wohnen.« Ich glaube nicht, was ich da höre. Endlich einer, der mich versteht! Der Einzige aus der Familie. Blitzartig sehe ich mich in Michaels bunter, aufregend anderen Welt. Ohne Abitur. Was alles möglich ist, plötzlich! Auf der Rückfahrt nach Wuppertal verbietet mir mein Vater energisch derartige »Flausen im Kopf«. Noch bevor ich zu hoffen wage, ist der Traum vorbei. Nach den kategorischen Worten meines Vaters im Auto spreche ich nicht mehr über Michael. Das macht mit meinen Eltern keinen Sinn. Ich gehe weiter zur Schule und gelegentlich zu einem Nachhilfelehrer. Die Kuckucksuhr an der Wand zählt jede mühsam vergehende Viertelstunde. Während ich mich mit Mathematik quäle, male ich mir mein Hippieleben immer farbiger aus. In meiner Fantasie lebe ich bereits in London.

Fünf Jahre später stirbt Michael, mit 39 Jahren. Ich bin fassungslos. Seine Mutter, Tante Suse, ist die jüngste Schwester meiner Großmutter. Ich besuche sie in ihrer Altbauwohnung in Berlin-Dahlem, auch damit ich Michael noch einmal nah sein kann. Sie ist erstaunt und freut sich, dass ich eine Großtante, die ich kaum kenne, in dieser Situation aufsuche, und bedankt sich später in einem Brief für meine Warmherzigkeit. Dazu schickt sie mir die Fotos von Michael, um die ich sie gebeten habe.

Ein überraschender Anruf von Onkel Christoph, dem Bruder meiner Mutter, übertrifft alle Erwartungen. Er verspricht mir, seiner 18-jährigen Patentochter, kurz vor dem Schulabschluss eine großartige Belohnung: Wenn ich ordentlich lerne und so etwas Lächerliches wie das Abitur schaffe, lädt er mich nach

Amerika ein, sechs Wochen San Francisco, da dirigiert er an der Oper und seine neue Freundin Anja Silja singt. Freiheit winkt, ganz konkret, endlich. Im Mai 1971 ist es so weit: nie wieder Schule. Ich werde zu Freunden meiner Eltern reisen und New York erkunden. Und dann meinen Onkel treffen. Kurz vor meiner Abreise erfahre ich: Onkel Christoph nimmt seine beiden Kinder mit. Sie sind knapp elf und dreizehn Jahre alt und brauchen Betreuung. Was auf mich zukommt, ahne ich noch nicht. Doch im Oktober schreibe ich meinen Eltern aus San Francisco: »Ich sehe mich in die Rolle des Kindermädchens versetzt. Wenn man solche Aussprüche von der Küche aus zufällig hört wie: Justus, heute wird mit Dorothee Latein gemacht, dazu ist sie nämlich da! oder die Frage eines Sängers, ob ich das Kindermädchen sei, dann zeigt sich vielleicht ein bisschen, wie meine Anwesenheit hier benutzt wird.«

Statt ein Hippieleben in London zu führen, kümmere ich mich also in San Francisco um die Kinder meines Onkels. Was für eine Enttäuschung! Vormittags frage ich Lateinvokabeln ab, rechne Mathematikaufgaben nach und lerne mit ihnen Englisch. Auch das Mittagessen ist meine Aufgabe. Ich berichte meiner Mutter: »Wenn ich mit den Kindern allein bin, muss ich mit ihnen irgendwelche Sachen wie Nudeln und Spiegelei, Bratkartoffeln und Dosenfisch oder Knackwurst mit Weißbrot auf den Tisch stellen, während Anja und Christoph sich aus der Stadt Hühnchen und Avocados mitbringen. Die Frage, ob man vielleicht auch mal Lust auf eine Hälfte hätte, bleibt aus. Nachmittags fahren wir irgendwohin, abends ist dann wieder Probe, ich mache also den Kindern Abendbrot. Falls keine Probe ist, fallen alle spätestens um neun Uhr ins Bett.«

Meine Mutter kann sich das alles nicht vorstellen. Sie hat doch mit ihrem Bruder gesprochen. Meine Hilfe sei allenfalls am Anfang nötig, wenn Christoph und Anja zu Proben müssen, hieß es. Sie hofft, dass sich an meiner Situation als Kindermädchen bald etwas ändert und wir mit dem Auto die Gegend erkunden. Ich solle doch möglichst viel sehen und erleben. Das sei ja der Sinn der Reise. Allerdings, bei dem Luxusleben, das ich gerade führe, würde ein bisschen Hilfsbereitschaft nicht schaden. Sie fragt, ob wir englisch sprechen, wenigstens. Mein Vater amüsiert sich über meine präzisen Schilderungen, aber natürlich ist auch er irritiert. Er rät mir, mich unabhängig zu machen, und fragt, ob ich Geld brauche.

Ich fühle mich missverstanden. Was meint meine Mutter mit Luxusleben, wenn ich koche und mit den Kindern lerne? Was versteht mein Vater unter »unabhängig machen«? Wie soll das gehen? Sie kennen ihre eigene Tochter nicht. Wie ernüchternd. Ich habe gelernt zu argumentieren, ich kann meine Gedanken schriftlich formulieren, aber im wirklichen Leben habe ich wenig Mut. Mein Selbstbewusstsein ist gering, meine Unsicherheit groß. Lieber beiße ich die Zähne zusammen und füge mich, auch in die Rolle des Kindermädchens. Enttäuschungen lege ich »zum Übrigen«. Großmama und meine Mutter haben es vorgemacht.

Am Ende der Zeit in San Francisco fälle ich doch eine eigene Entscheidung. Ich werde beim Abschied von meiner Familie auf keinen Fall Dankbarkeit heucheln. Das nehme ich mir fest vor und warne meine Mutter: »Ich wüsste wirklich nicht, wofür ich ein ›Danke‹ über die Lippen bringen sollte.« Mein Dank bleibt tatsächlich aus, als wir uns am Flughafen voneinander verabschieden. Das »Übrige« in mir macht sich Luft, im letzten Moment. In Deutschland wartet mein erster Freund auf mich. Jetzt, denke ich, kommt die richtige Belohnung.

Kapitel 4

»Sei still, du weißt nicht, wen du vor dir hast!«
21–28 Jahre

Zurück in Wuppertal ist alles wie früher, nur besser. Meine Mutter nennt mich immer noch »Püppchen«, nach Amerika klingt der Kosename angenehm vertraut. Außerdem habe ich inzwischen einen richtigen Freund. Zeit wurde es. Alle Mitschülerinnen hatten schon einen, ich war die Letzte in der Klasse. Ohne Freund wird man übersehen und das Leben ist erbärmlich. Zum Glück hat sich dieser Zustand kurz vor dem Abitur geändert. Thomas studiert in Stuttgart Architektur. Die Frage, wo ich mein Studium beginne, ist daher viel wichtiger als die Überlegung, was ich werden will. Zum nahen Tübingen gibt es für mich keine Alternative. Die Eltern sehen das anders. Mein Vater will mich ins Ausland schicken, lieber Tokio als Tübingen, sagt er. Oder wenigstens Aix-en-Provence. Meine Mutter ist ganz seiner Meinung. Ausgerechnet sie, denke ich, die ja nicht studiert hat. Wieder einmal bin ich überzeugt, dass meine Eltern nichts, aber auch gar nichts von mir verstehen. Sie gehen davon aus, ich hätte den Mut, mich in einer fremden Stadt unter fremden Studenten zu bewegen. Dabei ist die Vorstellung, allein in der Mensa zu sitzen und keinen zu kennen, für mich der blanke Horror. Das ahnt niemand, auch Thomas nicht. »Mein so geliebter Schatz … es ist gekommen, wie ich es erwartet hatte. Die Argumente meiner Eltern sind um keinen Millimeter durch Diskussionen verrückbar, höchstens mit Gewalt! Habe gerade ein zweistündiges Gespräch mit ihnen hinter mir, dessen Resultat die Möglichkeit Tübingen ausschließt«, schreibe ich an meinen Freund. Die Stadt sei meinen Eltern zu provinziell und ich zu sehr fixiert auf ihn. Ich berichte ihm von »Heulkrämpfen«. Thomas meint, es gehe ja nicht in erster Linie um den Studienort, und ermuntert mich, die Diskussion mit den Eltern so weit wie möglich allein durchzustehen, um mein Stehvermögen zu testen und zu festigen.

Wochen später setze ich Tübingen doch durch. Meine Eltern geben nach. Nun habe ich also Thomas mein Stehvermögen bewiesen und gleichzeitig ein Stück eigenes Leben erkämpft. Die Frage nach dem Studienfach ist allerdings noch offen. Darüber hatte ich mir bisher keine großen Gedanken gemacht und es war zwischen meinen Eltern und mir auch nie ein Gesprächsthema. Psychologie würde mich interessieren, äußere ich einmal vorsichtig am Esstisch. Mein Vater tippt mit dem Zeigefinger an die Tischkante und jault auf. Das »Schubladendenken dieser Leute« kennt er von dem Psychologen in seinem Unternehmen. Auch meine Mutter erschrickt sichtbar vor diesem »halbseidenen Zeug«. Psychiatrie, in Verbindung mit Medizin, das kennt man in ihrer Familie. Aber Psychologie kommt nicht infrage. Auf keinen Fall. Das wäre noch schlimmer als Tübingen. Mein Abitur reicht sowieso nicht, beruhige ich die aufgebrachten Eltern und schwenke um auf Germanistik. Gelesen habe ich immer gern. Dazu hatte ich in den einsamen Stunden im Kinderzimmer ausreichend Zeit. Und in Deutsch war ich auch gut. Außerdem versucht Literatur ebenso wie Psychologie, die Seele zu ergründen. Warum also nicht? Ich könnte nach dem Studium bei einer Zeitung arbeiten. Ich muss nicht zwangsläufig Lehrerin werden.

Ich musste gar nichts werden, sage ich mir heute. In meiner Erinnerung spielt die Berufswahl meines sechs Jahre jüngeren Bruders für meine Eltern die größere Rolle. Seine Zukunft ist häufig Thema. Ihre Tochter wird irgendwann heiraten und Kinder kriegen, so denken die Eltern. So denke offenbar auch ich. Mein Weg scheint vorgegeben: frei sein, studieren, Familie gründen. Mit beruflichen Chancen oder einer neuen Rollenverteilung beschäftige ich mich nicht.

Meine Mutter lebt mir die weibliche Rolle, in der sie scheinbar aufgeht, vor. Bis ins Detail verkörpert sie, wie die zentrale Position in der Familie auszusehen hat. Die Fotoschule in München machte ihr zwar Freude, damals in den dunklen Nachkriegsjahren, doch Berufung war ihr die Fotografie nicht, so wie sie überhaupt irgendeine Form von Berufstätigkeit nie ernsthaft in Erwägung zog. Ich denke an ihre Liebe zur Rolleiflexkamera und frage mich, wer ihr diese Kostbarkeit geschenkt hat. Großmama? Mein Vater? Das gute Schwiegerpaar, wie sie sich nannten, gemeinsam? Wäre sie eine interessante professionelle Fotografin geworden? Hat sie je darüber nachgedacht? Ich weiß nur: Meine Mutter hätte gern Musik studiert, wie ihr Bruder Christoph, auch wenn sie nicht ganz so begabt war, wie sie sagt. Ihre Stimme klingt schwärmerisch, sobald sie von ihrem Klavierspiel erzählt, früher, in Sacrow, vierhändig mit ihrer Großmutter, der Pianistin Elisabeth von Dohnanyi. Aber das Geld von Großmama reicht nach dem Krieg nicht, um drei Kinder studieren zu lassen. Also verzichtet sie zugunsten ihrer Brüder und macht eine Fotolehre. So erklärt sie es mir. Betont jedoch jedes Mal: »Ich habe wie Onkel Christoph das absolute Gehör.« Doch nach der Heirat fühlt sich meine Mutter in erster Linie verantwortlich für ein schönes Zuhause.

»Die Frauen in der Familie waren Jungsmütter«, stellt eine

ältere Cousine von mir unumwunden fest. Wir sprechen über unser Aufwachsen. Was bedeutet das? Dass meine Großmutter sich ihren Söhnen näher fühlte als der Tochter? Immerhin teilte sie mit beiden den ihr eigenen »männlichen Selbständigkeitsdrang«, über den der Freund und Pfarrer Eberhard Bethge in seiner Trauerrede sprach. Als einzige Schwester der acht Bonhoeffer-Geschwister machte meine Großmutter Abitur und studierte in Heidelberg und Tübingen – nicht ohne ihren Eltern zu versprechen, zeitweise den Haushalt für sich und ihren Bruder Dietrich zu führen.

Frustriert schrieb sie an ihren künftigen Mann, meinen Großvater, dass sie mit dem Studium nicht recht vorankäme. Beim Arbeiten gehe ihr plötzlich durch den Kopf, dass sie noch Butter für Pfannkuchen oder andere Dinge besorgen müsse. »Dem Dietrich hier eine Häuslichkeit zu schaffen ist nicht mein Beruf (...).« Sie scheint zu rebellieren, will sich nicht in die traditionelle Rolle der Frau drängen lassen. Eine gut ausgestattete Küche lockt sie nicht. Trotzdem möchte sie es ihrem Mann zuhause schön machen. Sie will ihm gern Freude bereiten, weil seine Freude dann auch die ihre ist.

Tatsächlich gibt meine Großmutter im Jahr 1924 ihr Studium auf, um ein Jahr später meinen Großvater zu heiraten, mit dem sie seit der Schulzeit verbunden ist. In diesem Punkt sind sich die Frauen in drei Generationen meiner Familie ähnlich: Sie machen eine Ausbildung und widmen sich anschließend der Gründung einer eigenen Familie. Auf diese Weise erfüllen sie die Erwartungen, die an sie gestellt werden, und übernehmen die üblichen Aufgaben einer Frau.

Urgroßmutter Paula Bonhoeffer hat das Lehrerinnenexamen. Sie unterrichtet aber nicht an einer Schule, sondern zu Hause. Für ihre acht Kinder ist sie Mutter und in den ersten Jahren auch Lehrerin. Gleichzeitig führt sie fürsorglich einen

großbürgerlichen, anspruchsvollen Haushalt mit vielen Ange-
stellten.

Meine Großmutter folgt ihrer frühen Leidenschaft für Tiere
und Biologie und studiert Zoologie. Das Leben einer jungen
Frau, die um das Jahr 1920 fern von den Eltern eigenständig
ihren Interessen nachgeht, ist in der von Männern dominier-
ten Universitätswelt nicht selbstverständlich. Sie hat zu kämpfen. Heute würde man vielleicht sagen, sie wird »gemobbt«.
Auch wenn klar ist, dass Frauen in dieser Zeit keineswegs
gleichberechtigt waren, berührt mich ihre kritische Schilderung doch unmittelbar. Vor meinen Augen entstehen unschöne
Szenen. Und meine Großmutter mittendrin. »Ich kenne hier
eben nur einen Studenten, allerdings ist er auch der einzige,
mit dem ich mich manchmal unterhalte, der nicht den Trieb
hat, die Studentinnen runter zu machen, alle anderen tram-
peln bei jedem Witz, den ein Professor macht, auch wenn es
keiner ist, und scharren, wenn eine Studentin reinkommt,
oder man hört sie dumme Witze über eine machen.«

Rund 25 Jahre später berichtet ihre Tochter, meine Mutter,
aus der Münchner Fotoschule, sie habe einen Wettbewerb
gewonnen, als einziges Mädchen unter Männern. Doch sie
hadere mit dem Preis, denn sobald die Männer in ihr eine Konkurrenz sähen, seien sie weniger freundlich zu ihr.

Drei Frauen aus drei Generationen, die zunächst ihren Nei-
gungen folgen, bevor sie beschließen, an die Seite ihres Mannes
und ihrer Familie zu wechseln. »Ich war immer glücklich darüber, aus einer Familie zu stammen, in der die Frauen sehr frei
denken und selbstständig handeln konnten«, betont meine Mutter jedes Mal, wenn wir über die Berufstätigkeit von Frauen
sprechen. Wie meine Großmutter ihr Leben gestaltet hätte,
wären die politischen Umstände weniger dramatisch gewesen,
kann ich nicht erfassen. Im April 1943 schreibt mein Großvater

Hans von Dohnanyi seiner Frau aus dem Gefängnis: »Du bist viel weiser als ich – das ist immer schon so gewesen – vielleicht aber auch viel selbständiger.« Dieser Drang, ganz unabhängig eigenen Interessen außerhalb des Familiären nachzugehen, fehlt meiner Mutter. Ihr Verstand, ihre blitzschnelle Auffassungsgabe wird überlagert von der tiefen Sehnsucht nach einer großen, intakten Familie. Meine Mutter will die heile Welt aufbauen, die sie so früh verloren hat. Dafür strengt sie sich an, es kostet sie Kraft und fast das Leben. In Erfüllung geht ihr Wunsch nicht.

Bevor ich Wuppertal für mein Studium in Tübingen verlasse, bekomme ich von meiner Mutter zwei Aufgaben. Das ist der Deal, würde man heute sagen. Ich soll mit der Maschine nähen lernen und mehr kochen können als die erprobten Nudeln und Spiegeleier in Amerika. »Du wirst noch an mich denken«, sagt sie mit voller Überzeugung. In mein Zimmer kommt also eine Nähmaschine. Vor mir liegt ein Berg von alten Stoffen, aus denen ich Bezüge für das Hundekissen fertigen soll. Die Idee findet meine Mutter hervorragend, denn zum einen müssen die alten dringend ersetzt werden, zum andern hat man es nur mit geraden Nähten zu tun. Keine Ahnung, wie viele Bezüge ich geschafft habe, schon beim Einfädeln gibt es Probleme und die blöde Nadel bleibt ständig stecken, weil der Stoff zu dick ist. Nähen ist eine Zumutung. Aufgabe zwei, mein Einsatz in der Küche, erscheint mir dagegen wie ein Spaziergang. Vor allem, weil ich beim Kochen nur zuschauen muss. Meine Mutter möchte natürlich, dass das Essen danach auf den Tisch kommen kann, und das traut sie mir nun doch nicht zu. Wie macht man eine Sauce hollandaise, wie lange brät man ein Schnitzel, wie gelingt Reis, ohne dass er pappig wird? Solche Sachen soll ich als gute Tochter lernen, fürs spätere Leben.

Endlich ist es so weit. Ich studiere in Tübingen Germanistik und verbringe mit Thomas die meiste Zeit in Stuttgart. Meine Studentenbude ist winzig. Sie hat nicht mal eine eigene Toilette. Fast zwei Jahre geht das so zwischen Tübingen und Stuttgart, dann trennt sich Thomas von mir und ich leide. In den Semesterferien arbeite ich häufig beim ›Wuppertaler General-Anzeiger‹, schreibe für den Lokalteil oder kommentiere ohne die geringste Ahnung alle neu angelaufenen Kinofilme. Die Medienwelt fängt an, mich zu interessieren. Nach dem Studium hospitiere ich beim Bayerischen Rundfunk in München. Mein Chef, der Redaktionsleiter, lädt mich abends zum Wein ein, ich fühle mich geehrt. Er lässt sich von mir zur U-Bahn fahren, wird plötzlich zudringlich und will mich küssen. Ich stoße meinen Ellenbogen gegen seine Brust und boxe ihn aus der geöffneten Autotür. Den Vorfall verschweige ich, aber ich kann ihm nie mehr in die Augen sehen. Meine Arbeit in der Redaktion steht von nun an unter einem schlechten Stern. Zum Glück bin ich neu verliebt und werde vielleicht bald heiraten. Wenn ich mit meiner Mutter telefoniere, fragt sie immer wieder nach Michael und wie lange wir noch so »in wilder Ehe« miteinander leben wollen.

»Jeder Austausch zwischen Mutter und Tochter ist eigentlich ein Austausch zwischen drei Generationen.« Den Satz der amerikanischen Feministin Signe Hammer unterstreiche ich mit Kugelschreiber, als ich knapp fünfundzwanzig Jahre alt bin und das Buch ›Töchter und Mütter‹ in der Hand halte. Wo stehe ich in dieser Reihe? Zum Geburtstag hat mir meine Mutter eine silberne Kette von Großmama umgelegt. Sie gefällt ihr aber nicht an mir. Der Schmuck sei zu filigran und mein Hals »zu stark«, wie sie sagt. Damit verschließt sie das Etui wieder und schüttelt noch kurz den Kopf über meine »proletarische« Bräune. »Viel zu lange in der Sonne. Du wirst noch an mich denken.« Mir ist schon klar: Ich soll nicht meine Zeit vertun, sondern endlich vernünftig werden und Kinder großziehen.

Meine Mutter ist nicht sehr zärtlich. Wir berühren uns selten, und wenn, dann eher beiläufig. Kurz und schnell, so tauschen wir auch unsere Mutter-Tochter-Küsschen aus. Manchmal kommt es vor, dass ich mich neben sie auf das Sofa setze, zum Beispiel, wenn wir gemeinsam die Tagesschau gucken. Dann bitte ich sie, mir den Nacken zu kraulen, und sie macht das richtig gut. In solchen Momenten möchte ich nie mehr aufstehen. Umarmt mich mein Vater, stellt sich meine Mutter oft dazu, als ob sie zuschauen und uns kontrollieren müsse. Mein Vater hält brav Abstand und streicht unbeholfen über meinen Rücken, so als wolle er mich bürsten. Mir sind diese verkrampften Umarmungen zunehmend peinlich.

Hat Großmama mich, ihre Enkeltochter, je ans Herz gedrückt? Ich erinnere mich nicht. Hat sie ihre Tochter geküsst? Wurde sie von ihrer eigenen Mutter in den Arm genommen? Nicht sehr oft, vermute ich, es gab immerhin sieben Geschwister. Ihre jüngste Schwester, meine Großtante Suse, erwähnt einen Moment mit ihrer Mutter am ersten Kriegstag 1939 in Berlin: »Als ich mich von ihr trennte, glaubte ich nicht daran, sie noch einmal wiederzusehen, und wir gaben uns einen Kuss (was sonst selten geschah).« Gebildete Menschen beherrschen sich. Man lässt sich nicht von den eigenen Gefühlen überwältigen. Dieses Versteckspiel der Emotionen wird in unserer Familie früh erlernt und an die Kinder weitergegeben. An meine Mutter. Und an mich.

Mein ehemals hart erkämpfter Studienort Tübingen hatte nicht nur Kochen und Nähen zur Bedingung, sondern auch, dass ich Französisch lerne. Auf einen Sprachkurs habe ich keine Lust, aber ich füge mich. Mein Vater hat in Paris zu tun, er ruft mich an und lädt mich in sein Lieblingsrestaurant »Chez André« ein. Einen Abend allein mit meinem Vater, das gab es noch nie. Was werden wir uns erzählen? Ich treffe ihn vor seinem Hotel und es braucht etwas Zeit, bis wir allmählich zutraulicher werden. Im Restaurant lässt mein Vater Wein nachschenken und schaut mich bedeutungsvoll an. »Weißt du, mit Mama ist es für mich auch nicht immer leicht.« Ich traue meinen Ohren nicht. Mein Vater, der unbeirrbar auf der Seite meiner Mutter steht, geht plötzlich auf Distanz? Meine Eltern halten doch zusammen wie Pech und Schwefel, sind immer einer Meinung, lassen sich durch nichts auseinandertreiben. Und jetzt dieser Satz. Ich bin irritiert, aber auch stolz, denn ich werde ernst genommen. Fühle mich erwachsen. Mein Vater ärgert sich über die rechthaberische Art meiner Mutter. Und dass sie nie selbstkritisch ist. Wie gut kann ich ihn verstehen. Ich nicke, wage kaum etwas zu sagen. Damit er weiterredet, bitte! Ich fasse es nicht, dass ich heute Abend, fern von zu Hause, die Vertraute meines Vaters sein darf. Dass er mit mir seine geheimen Gedanken teilt. Für einen Moment sind wir Komplizen. Mein Vater will mir auch einen Traum erzählen, den er mal hatte. Früher. Ich glaube, ich kenne ihn. Aber ich bin leise und höre zu. Auf keinen Fall möchte ich ihn unterbrechen. Er hat geträumt, er sitzt in seinem Arbeitszimmer, hinter dem Schreibtisch, umgeben von seinen geliebten Büchern. Plötzlich ist die angenehme Stille vorbei. Die Tür wird aufgerissen und alle engen und fernen Verwandten meiner Mutter stürmen herein. Brüder, Schwägerinnen, Tanten, Onkel, Cousinen und Cousins drängen sich um ihn und seinen Tisch. Er weiß nicht wohin mit sich, fühlt sich gefangen, bekommt kaum Luft. In diesem Moment wacht er schweißgebadet auf. Aus der Traum. Mein Vater sieht mich an und lächelt.

Dann nimmt er noch einen Schluck Rotwein und bestellt die Rechnung.

Zwei Wochen später erhalte ich Zeitungsausschnitte und ein paar Zeilen von ihm, aus seinem Büro. Er hat sie seiner Sekretärin diktiert. Im Umschlag finde ich den Aufsatz »Prayer For Tourists« von Art Buchwald aus der ›New York Times‹. Er ist meinem Vater auf dem Flug nach Rom in die Hände gefallen und dürfte mich amüsieren, meint er. Dazu eine neue Harvard-Studie über die Rolle der Erziehung im Hinblick auf die Verbesserung der Berufschancen. Das, ist er sicher, wird mich interessieren. Den Abend im Restaurant habe er in angenehmer Erinnerung, schreibt er zum Schluss.

»Kuss Papa«, fügt mein Vater mit der Hand dazu, alles andere tippt Fräulein Schöneis mit der Schreibmaschine. Ich lese die Zeile wieder und wieder. In angenehmer Erinnerung. So schreibt man einem Geschäftspartner, aber doch nicht mir, seiner Tochter! Schon gar nicht nach so einem besonderen Abend! Es sind nur drei Worte, aber sie ziehen mir den Boden unter den Füßen weg. Alles bricht in diesem Moment zusammen. Seine Ehrlichkeit, sein Vertrauen, unser Geheimnis, mit einem Mal ist alles weg. Als ob es diesen Abend zwischen Vater und Tochter nie gegeben hätte. Meine Mutter hat gewonnen, so viel ist klar. Die Mauer der Eltern ist wieder geschlossen. Ich fühle mich verraten. Zurückgestoßen. Degradiert.

Ohne den Inhalt meiner grünen Kiste genau zu kennen, wusste ich immer, dass ich diesen für mich so bedeutsamen Brief meines Vaters darin aufbewahrte. Mehr als vier Jahrzehnte lang. Jetzt, als ich ihn erneut lese, tauchen die Gefühle von damals sofort wieder auf. Nach außen waren meine Eltern eine Festung. Aber wie war es um ihre Ehe, ihre Liebe wirklich bestellt? Waren sie einander ein Glück? »Deine Mutter hatte die Führung«, konstatiert Edda, unser Kindermädchen von früher.

Mit ihrem Urteil, mein Vater sei »weichherzlich« gewesen, hat Edda tatsächlich recht. Mit siebzehn Jahren bekommt er Scharlach und als Folge davon eine Herzmuskelentzündung. »Papas Herz ist vernarbt«, erklärt meine Mutter uns Kindern. Nach einem Jahr im Krankenhaus muss mein Vater erst wieder laufen lernen, in den letzten Kriegsmonaten wird er von den Nazis zum Wehrdienst eingezogen und in die Tschechei geschickt, wie das heutige Tschechien damals hieß. Doch sein vernarbtes Herz hat die Kraft zum Überleben. Er studiert Jura, schließt mit bestem Prädikat ab, trifft Klaus von Dohnanyi, freundet sich mit ihm an und verliebt sich in dessen ältere Schwester Bärbel.

Aus der Oberpfalz schreibt er ihr wunderschöne Liebesbriefe, von dort stammt seine Familie. In der vertrauten Landschaft bei Etzenricht sucht mein Vater im September 1948 ein paar Tage Ruhe. Er ist gerade vierundzwanzig Jahre alt und aus seinem wunden Herzen fließen die Gefühle. Seine Gedanken kreisen darum, wie er und meine zwei Jahre jüngere Mutter zusammen spazieren gehen und einander nah sind. Wie sie ihren Kopf an seine Brust lehnt und sein Herz weit und frei wird. Wie sie sich im Konzertsaal zaghaft zulächeln und leicht die Hand drücken und die Musik sein Herz öffnet. Dann fühlt sich mein Vater glücklich und frei von allem. Er spürt die Sehnsucht nach meiner Mutter und zugleich den Wunsch, einmal nur sich selbst zu gehören. Mit sich allein zu sein. Wenn er durch die Dämmerung geht, hat er oft das Gefühl, meine Mutter gehe neben ihm und tröste ihn. Denn er ist beunruhigt, weil seine Herzbeschwerden sich nicht bessern wollen. Nur eine kleine Anstrengung zu viel, und schon kann er nicht schlafen und grübelt über seine Gesundheit. Nichts auf der

Welt wünscht sich mein Vater mehr, als wieder unbeschwert leben zu können. Wenn er sich weniger wichtig nehme, gehe es ihm besser, stellt er fest. Dann fühle er sich als Teil eines großen Ganzen und das stimme ihn ruhiger. Auf seinen abendlichen Spaziergängen gibt ihm dieser Gedanke Kraft, macht ihn bewusster und demütiger. Mein Vater genießt, dass auf der Höhe stets ein leichter Wind weht. Es sei, als ob sich eine liebe Hand auf seine Stirn lege. In solchen Momenten vermisse er meine Mutter besonders. Es gebe so viel zwischen Himmel und Erde, was der Verstand nicht ermesse, was man nicht einmal in Worte kleiden könne. Am ehesten noch, so glaubt mein Vater, könne man all das dem einen Menschen mitteilen, den man liebt.

Mir wird das Herz weit und gleichzeitig schwer, als ich die Zeilen lese. Wen habe ich in ihm gesehen, als ich ein Kind war und eine junge Frau? Wie erinnere ich diesen sensiblen, zarten Mann, dem ich mich plötzlich so nah fühle? Vor meinen Augen entsteht sein Bild. Mein Vater im dunkelgrauen Anzug, darüber sein heller Trenchcoat, den cognacfarbenen eleganten Aktenkoffer in der Hand, den heute mein Bruder Christoph hat, sowie eine schwarze, größere Aktentasche. Dann sehe ich die angespannte Eile, mit der er sich bewegt, seinen Rücken, der ihm wehtut und den er regelmäßig von seinem Freund Dietrich, einem Arzt aus der Nachbarschaft, »spritzen« lässt. Ich sehe ihn in Cordhosen und Pulli mit uns nach Köln ins Museum fahren, Kirchen in Italien besichtigen und die ›Frankfurter Allgemeine Zeitung‹ lesen. Ich sehe ihn, wie er beim Abendessen jedes Mal genau dann zum Rotweinglas greift, wenn er über irgendetwas lachen muss. Dann prustet er den Wein über den Tisch. Wir lachen alle mit, auch meine Mutter, doch in den Spaß über diese Unart mischt sich bald Empörung. »Ach Wilhelm.« Kopfschüttelnd schaut sie ihn an. Peinlich ist es ihr auch, wenn wir Gäste haben und mein Vater sich plötzlich unter dem Vorwand, etwas im ›Brockhaus‹ nachprüfen zu müssen, in sein Arbeitszimmer verzieht. Dort bleibt er gern mal länger, die Leute kümmern ihn in solchen Momenten nicht. Meine Mutter kennt das schon und versucht, die Gäste zu unterhalten, damit niemand etwas merkt. Zärtlich habe ich meine Eltern selten miteinander gesehen, womöglich nie. Vielleicht haben sie ihre Umarmungen vor uns Kindern nicht zeigen wollen.

Wer war mein Vater für meine Mutter? Mama, wer war Papa für dich, das würde ich sie gern noch fragen. Ich versuche, mir die Antwort selbst zu geben. Und komme auf neue Fragen. Welche Not muss mein Vater lindern, als er im Konzertsaal die Hand meiner Mutter hält? Wie viel Angst muss er wegstreicheln? Wie viel Misstrauen vorsichtig in Vertrauen umwandeln?

Meine Mutter, die sich selbst eine »Vatertochter« nennt, wie verloren fühlt sie sich nach dessen Ermordung? »Mein liebes kleines Mädelchen, oder besser: großes Mädelchen! (…) Den Kuss, den ich Dir am 27. gebe, musst Du Dir denken (…) Dass Du eine Tochter und kein Sohn geworden bist, hat mich im Gegensatz zu vielen Vätern, die einen erstgeborenen Sohn für eine ›Ehrensache‹ halten, immer besonders gefreut, und noch heute finde ich, dass meine Älteste im Haus der Atmosphäre ein gewisses Etwas verleiht, je älter sie wird umso mehr, das ich nicht missen möchte«, schreibt mein Großvater aus dem Gefängnis zum 17. Geburtstag seiner Tochter.

Sie ist sechzehn, als sie aus der Schule kommt und beide Eltern verschwunden sind, verhaftet von der Gestapo. Was für ein Schock! Dass ihr Vater das schöne Familienhaus am See in Sacrow nie mehr betreten wird, weiß meine Mutter zu diesem Zeitpunkt noch nicht. Aber ihre Kindheit ist spätestens mit dieser schmerzhaften Erfahrung zu Ende. Die seelische Wunde bleibt, vermutlich ihr Leben lang. Über sechzig Jahre später bekennt sie: »Das Gefühl von Unfreiheit, das sich durch die Verhaftung meiner Familie einstellte, hat für mich einen schweren Einschnitt in mein Leben bedeutet. Ich habe es schmerzhaft vermisst, nicht frei fühlen und reden, mich nicht frei bewegen zu können und meine Eltern nur in Gefangenschaft sehen zu dürfen. Auch Freundschaften wurden dadurch belastet, dass man über so einschneidende Erlebnisse nicht sprechen konnte.«

Ich lese das Interview, als es im Jahr 2005 erscheint, und komme mit meiner Mutter doch nicht ins Gespräch. Das beschäftigt mich jetzt, beim Schreiben. Wie spürt sie diese lebenslange Beklemmung? Welche Folgen hatte ihre Angst, auch auf ihre Familie? Was macht es mit einem Kind, wenn Vertraulichkeit mit Freundinnen Gefahr für die eigene Familie bedeutet? Wo vergräbt man die geheimen Ahnungen, die man hat? Zweifelt man an sich selbst – bis zur Verzweiflung? Fühlt man sich mutterseelenallein? Es gibt so vieles, was ich meine Mutter fragen möchte. Heute.

Mit welchen Gedanken bindet sie die Blumen im Garten zum Strauß, den sie ihrem Vater anschließend ins Gefängnis bringt? Auch das habe ich sie nie gefragt. Einige wenige Blütenblätter, die sich nach der Hinrichtung ihres Vaters im Koffer in seiner Zelle finden, hebt sie jahrzehntelang in ihrer Wohnung auf, wie ich vor Kurzem erfahre. Gesprochen hat sie mir gegenüber nie davon. Wie gern hätte ich einen Blick auf diese verwelkten Blüten geworfen! Ihr Vater schreibt im Mai 1943: »Bärbelchen war da! – ich kann es immer noch nicht fassen, dass ich dann nicht einfach hinuntergehen und sie in den Arm nehmen darf; aber darein muss man sich schicken. Das gute Kind! Da hat sie mir wieder einen so schönen Strauß gebracht (…) Mein liebes kleines Bärbelchen, hab' Dank, mein kleiner Schatz, dass Du Dich wieder so abgestrampelt hast für mich; Dein Strauß von vor 8 Tagen war gerade im Verblühen. 5 Tulpen habe ich den neuen noch mit hineingestellt!«

Seine Tochter, gerade siebzehn Jahre alt geworden, kommt mit Blumen und geht mit wichtigen Nachrichten, sogenannten Kassibern, die sie geschickt in dicken Büchern oder Lebensmittelkoffern durch die Gefängniskontrollen schmuggelt. War der Name des Besitzers, Dohnanyi, vorne im Buch unterstrichen, steckte eine verschlüsselte Botschaft darin, die sich auf mehreren Seiten aus winzigen, kaum sichtbaren Punkten zusammensetzte. Meine Mutter wusste davon. »An die Angst vor Verfolgung durch die Gestapo erinnere ich mich bis heute sehr deutlich.« Sie berichtet sachlich. Doch ich habe ihre Stimme im Ohr und erkenne, dass sie in dem Interview um jedes Wort ringt. Ihre Furcht vor Entdeckung scheint mehr als begründet. Die Botengänge waren gefährlich, sie hätten schief gehen können. Später nutzte mein Großvater für Nachrichten auch eine Kerze, die er mit einem doppelten Boden versehen hatte. Sie ist jetzt im KZ Sachsenhausen zu sehen.

Meine Mutter ist die älteste der drei Geschwister und fühlt sich verantwortlich für die jüngeren Brüder. Die große Tochter legt sich zu ihrer Mutter ins Bett, als diese zwar aus der Haft entlassen, aber schwach und voller Sorgen ist. »Bärbel schreibt, sie schläft bei Dir. Das finde ich sehr vernünftig. So habt Ihr beide doch etwas Unterhaltung«, steht im Brief meines Großvaters vom 14. Juli 1943. Die Tochter beschützt ihre Mutter im Ehebett, während der Vater und Ehemann von den Nazis misshandelt wird. 1945 bangt sie um ihr Leben, als die russischen Soldaten aufmarschieren, das Familienhaus verwüsten und ihr die letzte Hoffnung auf ein behütetes Zuhause nehmen.

Und dann, nur zwei Jahre später, begegnet meine Mutter in München ihrem künftigen Ehemann. Sie ist einundzwanzig Jahre alt, vaterlos und ohne Heimat. Mein Vater hatte aufgrund seiner schweren Krankheit den möglichen Tod vor Augen und will die Herausforderungen des Lebens wie ein gesunder Mann bestehen. Zwei verwundete Seelen treffen sich da, durch ihre Zerbrechlichkeit miteinander verbunden. Und durch die Hoffnung auf einen gemeinsamen Neuanfang.

Das Foto von meiner Mutter und mir als kleines Mädchen kommt mir wieder in den Sinn. Vielleicht hätte es ein ähnliches von meinen Eltern geben können: meine Mutter vorsichtig lächelnd, mit beiden Händen den Arm meines Vaters umklammernd. Er lässt es zu, doch seine Körperhaltung ist angespannt. Was hält die Welt da draußen für sie bereit? Das wäre ein treffendes Bild.

Der junge Mann, den meine Mutter für ihrer beider Zukunft wählt, ist verunsichert. Er kann sich auf sich, auf seine Gesundheit nicht verlassen. Schwere Gedanken begleiten ihn. Besitzt meine Mutter die Stärke, meinen Vater zu stützen und zu bestätigen? Ist sie trotz allem, was sie erlebt hat, letztlich zuversichtlicher und gefestigter als er? Steckt in ihr doch mehr Selbstvertrauen? Sie erwähnt manchmal, wie sie vor allem »in jungen Jahren« der »Rückhalt« meines Vaters ist. Wie sehr sie ihm Kraft gibt und Orientierung. Sie ist herrisch und humorvoll. Laut und nie langweilig, fordernd und zugleich bequem. Meine Mutter besitzt vielleicht keine Stärke, die aus Reflexion und Bewusstheit erwächst. Aber sie trägt eine Kraft in sich, die sie urplötzlich abrufen kann. Eine Mischung aus Disziplin, Klarheit und Fürsorglichkeit, mit der sie Menschen trösten kann. Ich erlebe diese Kraft, als mein erster Freund Thomas mich verlässt. Meine Mutter fängt mich auf, mit offenem Ohr und klarem Verstand. Wärme oder gar Mitleid habe ich nicht erwartet und hätte ich in diesem Augenblick auch nicht gewollt. Vielleicht ist es genau diese Kraft, auf die mein Vater sich verlassen kann und an der er festhält.

Auch Männer dürfen zaghaft sein und zart. Einen »weichen Kern« haben, wie meine Mutter sagt. Sie kennt diesen »Kern« von ihrem Vater. Als Vierzehnjährige sorgt sie kurze Zeit allein für ihn. Sie schwärmt von den Spaziergängen mit ihm durch die Natur, von ihrem vierhändigen Klavierspiel und dem Konzert der berühmten Pianistin Elly Ney, zu dem sie ihren Vater begleiten darf. Später betont sie häufig die sensible Seele ihres Bruders Klaus und die ihres Sohnes Christoph, meines Bruders. Mein Großvater schreibt kurz nach seiner Verhaftung, am 24. April 1943, an seine inhaftierte Frau: »Ich bin wie ein kleines Kind. Ich möchte mich zu Dir auf den Schoß setzen, meinen Kopf an Deine Schulter legen, die Augen zumachen, tief und zufrieden aufseufzen und nicht mehr denken als: geborgen. Jämmerlich, nicht? Nur dass ich mich gar nicht geniere. Vor Dir nicht, und den 3. Leser dieses Briefes muss ich ausschalten, sonst könnte ich überhaupt nicht schreiben!« Meine Großmutter, so lebensklug wie pragmatisch, schreibt ihm selbstbewusst zurück: »Denk an uns mit so viel Zuversicht und Ruhe, wie wir an dich«. Und ein anderes Mal: »Laß Dir Dein Herz nicht mit sehnsüchtigen Gedanken beschweren. Glaub mir, wir gehören so zusammen, daß wir einfach immer beieinander sind. (…) Denk nicht so viel, was ›wäre‹. Komisch, wie verschieden wir darin sind.« Meine Großmutter und meine Mutter verbindet Standfestigkeit. Sie können Zweifel und Ängste gezielt wegdrücken, wenn es darauf ankommt. Ich kenne diese Haltung von mir selbst. Und erlebe sie bei meiner Tochter. Eine Verkettung.

»Die Fünfzigerjahre waren für uns natürlich noch von dem Schicksal der Familie überschattet.« So beschreibt meine Mutter die Zeit nach der Ermordung ihres Vaters. Wie geht mein Vater mit dieser Last um? Kann er seiner Frau in ihrer Trauer helfen? Ist ihm manchmal alles zu viel? Es sind auch die Jahre, in denen das Paar seine ungeborenen Kinder verliert. Gibt es eine Verbindung zu den Schrecken der Nazizeit, wirkt sich so die »körperliche Beklemmung« aus, die meine Mutter erwähnt? Warum kann ich mit ihr nie darüber sprechen?

Wenn meine Mutter von früher und von ihrer dramatischen Familiengeschichte in der Nazizeit erzählt, unterbricht sie sich oft selbst und winkt ab: »Ihr habt ja keine Ahnung, was wir durchgemacht haben.« Mit »ihr« meint sie meine Generation. Meine Altersgruppe zu adressieren fällt ihr leichter, als mich direkt anzusprechen. Dennoch fühle ich mich abgewiesen. Ihr Ton wird dann schnell herablassend. Deshalb höre ich ihr nicht gern zu bei diesen Geschichten. Deshalb frage ich wenig nach. Ich ertrage ihre Überheblichkeit nicht, ihre Besserwisserei. Dann ziehe ich meine Waffen. »Dein Vater hat euch allein gelassen. Er hat doch gewusst, dass sie ihn umbringen können. Ihm war der Widerstand wichtiger als die Familie!« Das haut rein. So räche ich mich für ihre abschätzige Art. Dieses Tabu breche ich immer wieder. Auch noch mit Mitte zwanzig. Ich will einen Hieb austeilen in ihre Richtung. Mein Vater springt meiner Mutter zur Seite und fegt mich an: »Sei still, du weißt nicht, wen du vor dir hast!« Meine Mutter, wen sonst, denke ich im Stillen.

Heute denke ich weiter. Versuche, mich in sie einzufühlen. Auch in das Unerträgliche. »Es war einfach der zwangsläufige Gang eines anständigen Menschen.« Mit diesen Worten erklärt mein Großvater in der letzten Begegnung mit meiner Großmutter seinen Weg in den Widerstand. Wie schmerzhaft mag der Gedanke für meine Mutter sein, dass dieser »Gang« vordringlicher zu sein schien als alles andere, auch als sie, seine Tochter. Wie unaussprechlich für sie, was ich ihr mit meinen Worten vor die Füße werfe. Andererseits: Ich lese den Bibelspruch aus dem Alten Testament, den mein Großvater seiner Tochter in die Konfirmationsbibel schreibt: »Meine Gedanken sind nicht eure Gedanken und meine Wege sind nicht eure Wege, spricht der Herr, denn so viel der Himmel über der Erde ist, so sind auch meine Wege höher als eure Wege und meine Gedanken als eure Gedanken.« Voller Stolz verweist meine Mutter auf diese Widmung. Ich wehre mich gegen die moralische Überlegenheit, die ich in den Zeilen empfinde. Sie entspricht dem hierarchischen Denken in meiner Familie. Man urteilt und verurteilt. Macht sich groß und andere klein. Ich habe es erlebt. »Du bist ja nicht bei Trost.« Oder: »Lies erst, bevor du sprichst.« Mit einem einzigen Satz wird das Kind mundtot gemacht und bleibt es, wenn es nicht den Mut findet aufzustehen.

»Wir haben Wertungen im Blut«, sagt meine Cousine. Ich kenne diese Eigenschaft an mir selbst, auch ich kann arrogant wirken, wenn ich nicht aufpasse. Dabei weiß ich genau: Mit Überheblichkeit erzeugt man keine Wärme und kein offenes Ohr. Auch meine Mutter erreichte mich nicht mit dem Tonfall, in dem sie die Familiengeschichte schilderte. Wir dichteten uns gegeneinander ab. »Traurigkeit verschließt die Menschen.« Die Worte von Edda, dem Kindermädchen, kommen mir in den Sinn. Warum konnten meine Mutter und ich unsere Traurigkeit nicht teilen? Wäre genau das unser Glück gewesen?

»Sei still, du weißt nicht, wen du vor dir hast.« Den Satz meines Vaters höre ich ein weiteres Mal – während einer Reise mit meinen Eltern durch Italien, bei der mein neuer Freund und zukünftiger Ehemann Michael dabei ist. Ich habe Streit mit meiner Mutter. Worum es geht? Ich weiß es nicht mehr. Eine

Nebensächlichkeit. Aber mein Vater ist alarmiert. Meine Mutter muss beschützt werden, egal was ist, man darf ihr nichts zumuten. »Papa packt Mama in Watte.« So hat es Maria in Wuppertal einmal ausgedrückt. Vielleicht will mein Vater mit diesem Satz dem künftigen Schwiegersohn auch nur rechtzeitig die Grenzen aufzeigen.

Kapitel 5

»Ein Kind ist keine richtige Familie«
28–35 Jahre

Seit Thomas unsere Beziehung beendet hat, fehlt mir die Orientierung. Wohin jetzt? Auf jeden Fall weit weg von Tübingen! Nach Bonn oder Köln, in die Nähe meiner Eltern? Zu meiner Überraschung ist meine Mutter dagegen. »Viel zu nah. Geh doch woanders hin, zum Beispiel nach München.« Warum sagt sie das? Ich nehme ihren Vorschlag dankbar an, erst heute denke ich über ihre Antwort nach. Ist meine Mutter doch weniger fixiert auf mich, als ich vermute? Unterstützt sie meinen eigenen Weg mehr, als mir bewusst ist? Lässt sie mich los, um selbst freier zu sein? Bin ich ihr zu viel? Ich habe sie das alles nie gefragt.

München ist mir vertraut, ich kenne ein paar Menschen in dieser Stadt. Außerdem lebt Omama hier, die Mutter meines Vaters. Sie macht den besten Schweinebraten der Welt und nach dem Essen spielen wir zusammen Scrabble. In ihrer neuen kleinen Wohnung genieße ich das Gefühl, ein Stück Heimat zu haben. Wenn der Lift im 5. Stock anhält, steht Omama schon vor ihrer Wohnungstür, streckt die Hand aus und begrüßt mich mit einem deutlich gesprochenen »Guten Tag«. Sie betont dabei jedes Wort für sich, als ob sie nicht zusammengehörten. Das klingt ein bisschen förmlich, aber es passt zu ihr und ich gebe ihr als Antwort einen flüchtigen Kuss auf die Wange. Omama ist liebevoll, und sie ist bescheiden. Sie fordert nichts, sondern freut sich einfach nur, wenn ich sie besuche. Irgendwann bringe ich Michael mit, meinen Freund, der bald mein Ehemann sein wird. Wir essen und spielen zu dritt, das genießt sie besonders.

Michael und ich wohnen zusammen in einer Münchner Altbauwohnung. Meine Eltern übernehmen einen Teil der Kosten und haben sich dafür ein Zimmer bei uns eingerichtet. Sie können nun kommen, wann sie wollen. Hier, am Josephsplatz, beginnt mein Leben als Ehefrau. Unser Nachbar ist der Kirchturm, die Glocken der Josephskirche ordnen Tag und Nacht und schlagen manchmal so laut, dass man mitten im Gespräch innehalten muss. Von dem geräumigen Flur gehen drei Zimmer ab und eine Wohnküche weit hinten. Während Schlafzimmer und Arbeitszimmer mit dem Billigsten und Nötigsten ausgestattet sind, stehen im größten Raum der Wohnung, dem Wohnzimmer, die Biedermeierbetten meiner Großeltern. In ihnen haben auch meine Eltern geschlafen. Meine Mutter hat die Matratzen mit lindgrünem Samt beziehen lassen und die antiken Betten auf diese Weise zu Schlafsofas umfunktioniert. Ein massiver alter Schrank, den mein Vater in Frankreich gekauft hat, gehört ebenso zur Einrichtung wie ein verzierter kleiner Holztisch aus dem Hause Bonhoeffer. An ihm, so meinen meine Eltern, kann man wunderbar essen, aber Michael und ich sitzen lieber am Küchentisch. Das Zimmer fällt aus dem Rahmen, weil wir sonst keine Antiquitäten in der Wohnung haben. Freunde, die zu uns kommen, wundern sich über die Möblierung. Richtig gemütlich kann man es sich in diesem Wohnzimmer nicht machen, dazu sind die umgebauten Betten nicht bequem genug. Sie sind ja vor allem für die Eltern da, wenn sie bei uns übernachten. Anderen das zu erklären, ist mir jedes Mal etwas unangenehm.

Seit meinem Examen ist mein Studentenwechsel gestrichen, ich arbeite als freie Mitarbeiterin beim Hörfunk. Um meine Nervosität in den Griff zu bekommen und besser schlafen zu können, lerne ich autogenes Training. Ich weiß noch, wie mir vor dem Psychologen plötzlich die Tränen kommen, als er mich fragt, was mich bekümmert: »Unsere Wohnung ist nicht unsere Wohnung.« Ich fühle mich bedrängt, gestehe ich dem Mann, aber wage nicht, darüber mit meinen Eltern zu sprechen. Rede mir ein, gegen ihre Anwesenheit sei doch im Grunde nichts einzuwenden. Mein Vater habe in seiner Heimatstadt wieder einen Platz. Und meine Mutter könne so die Familie zwischen Wuppertal und München besser zusammenhalten.

Mit der Hochzeit habe ich meinen Eltern einen weiteren Sohn in die Familie gebracht. Mein Mann hat seine Mutter als Fünfzehnjähriger verloren, so bleibt meiner Mutter Raum für ihre Fürsorge. In Wuppertal kocht sie sein Lieblingsessen, es gibt Kohlrouladen oder Königsberger Klopse und »Pü«, den handgerührten Kartoffelbrei, den er so schätzt. Mein Vater zeigt ihm die Museen und Galerien im Ruhrgebiet. Sie mögen ihn, aber: »Der Junge muss diskutieren lernen.« In meiner Familie heißt das vor allem: zuhören, abwägen, sauber und kontrolliert argumentieren.

Irgendwann ist es so weit: Im Mai 1981 erwarte ich ein Kind. Ich bin 28 Jahre alt. Voller Vorfreude kaufe ich mir drei weite Umstandskleider, die den Babybauch verbergen. Zwei für die kalte Jahreszeit, aus Flanell mit zartem Blümchenmuster. Und ein leichteres in Lila, für die Zeit um die Geburt. Das muss reichen. Heute staune ich, wie wenig ich damals brauche. Vielleicht überwiegt das Gefühl, in diesem Zustand sowieso nicht besonders attraktiv zu sein. Weder von meinen Großmüttern noch von meiner Mutter kenne ich ein Foto, auf dem ihre

Schwangerschaften sichtbar sind. Wer in anderen Umständen ist, verhüllt sich. Ausladende Hängekleider scheinen für mich normal zu sein. Dreißig Jahre später zeigt meine Tochter wie selbstverständlich ihren schwangeren Bauch. Er hebt sich unter den schmalen T-Shirts ab und sieht Monat für Monat wunderschön aus.

Für die Geburt habe ich mich in einer kleinen Klinik angemeldet, mein Arzt hat dort Belegbetten. Im Untergeschoss befindet sich ein Restaurant, dorthin könnte ich meine Freundinnen einladen, wenn sie mich nach der Geburt besuchen. Die Idee gefällt mir. Meine Mutter ist entsetzt, sie findet mich ahnungslos und unvernünftig. Man entbindet ausschließlich in der Universitätsfrauenklinik und dort auch nur bei dem Chefarzt.

»Du wirst noch an mich denken.« Diesen Satz kenne ich schon. Seit sie von meiner Schwangerschaft weiß, redet sie auf mich ein. Je näher der Termin rückt, desto deutlicher spüre ich ihre Angst um mich und das Kind, desto weniger ertrage ich ihre Unruhe, desto mehr grenze ich mich ab und bleibe in Sachen Klinik bei meiner Entscheidung. Es ist ihre Angst, nicht meine, beruhige ich mich. Und spreche mir Mut zu: Ich bin gesund und werde ein gesundes Kind bekommen. Eine Geburt ist die natürlichste Sache auf der Welt. Warum sollte ich das nicht schaffen? »Auch die Phase, in der eine Frau selbst Mutter wird, gilt noch als eine Phase des Erwachsenwerdens und der Trennung von der Mutter, und oft ist sie es auch.« Den Satz unterstreiche ich mit dickem Filzstift, als ich erneut in dem Mutter-Tochter-Buch von Signe Hammer blättere.

Meine Mutter erwähnt ihre verlorenen Schwangerschaften nur beiläufig. »Ich habe beim Kinderkriegen einiges durchgemacht«, so sagt sie. Welche Verletzungen die Fehl- und Totgeburten hinterlassen, welche Erschütterungen meine Eltern verkraften müssen, darüber wird geschwiegen. Vielleicht verdrängen sie die Erinnerung, um überhaupt weiterleben zu können. Ich wage nicht, nach Einzelheiten zu fragen. Nichtwissen macht frei. Und in der Schwangerschaft will ich schon gar nichts mit dem Thema zu tun haben. Voller Zuversicht freue ich mich auf mein Kind. Dem Schicksal meiner Mutter will ich mit aller Macht entkommen.

Wie erlebt meine Großmutter ihre Schwangerschaften und Geburten? Welche Erfahrungen gibt sie weiter? Mit welchen Bildern wird meine Mutter erwachsen? Fragen, die ich mir heute stelle, Jahrzehnte später. Eine mögliche Antwort finde ich in einem Brief meines Großvaters an meine Mutter zu ihrem siebzehnten Geburtstag. Er schreibt ihr im Jahr 1943 aus dem Gefängnis: »Du trägst heute noch auf Deiner linken Schläfe ein kleines Zeichen der Erinnerung daran, wie schwer Du es Deiner Mutter am 27. Juni 1926 gemacht hast, Dich diesem Erdendasein anzuvertrauen. Von ›schwupp ist man zur Welt gebracht‹ war wirklich keine Rede. Aber während wir anderen in banger Angst und Sorge diese langen Stunden durchlebten und ich die Rekordleistung einer ununterbrochenen Kette von 72 Zigaretten vollbrachte, behielt Mama ihren wundervollen Humor, der sie, glaube ich, noch in keiner Lebenslage verlassen hat (was ja das Zeichen echten Humors ist), und verlangte, kaum erwacht, nach ›etwas zu essen‹. Das war ein Beweis so großer Lebenskraft und solchen Lebenswillens, dass der Sekt, mit dem wir Dich dann begossen haben, nachdem Du gebadet warst (ziemlich scheußlich und verdellt sahst Du aus!), schon wieder schmeckte, auch wenn das Wochenbett kein solches ›Vergnügen‹ war (wir Männer haben gut reden!) wie bei Deinen Brüdern (…).« Wie mögen diese Zeilen auf ein ohnehin beunruhigtes Mädchen gewirkt haben?

Meine Mutter hat es ihrer Mutter »schwer gemacht« und

dem Vater auch. Lange Stunden in »banger Angst und Sorge«
mussten sie durchleben. Noch ungeboren wird ihr die Schuld
an dieser Qual gegeben. Auch wenn es sicher nicht vorwurfsvoll gemeint ist, steht es da doch schwarz auf weiß. Zeile für
Zeile erfährt sie, welche Schinderei die Geburt für eine Frau
sein kann. Mein Großvater findet rühmliche Worte für die
Lebenskraft und den Humor seiner Frau. Seine neugeborene,
vermutlich mit der Zange geholte und nun für ihr Leben gezeichnete Tochter, sein erstes Kind, beschreibt er als »scheußlich und verdellt«, und auch das Wochenbett war »kein solches Vergnügen«. Später, bei den Brüdern, ist es wohl besser
gelaufen.

Wie fühlt sich meine Mutter, als sie diese freimütigen Zeilen ihres geliebten, aber unerreichbaren Vaters liest? Kennt
sie die Geschichte? Wird sie bei ihrer Mutter nachfragen?
Eher nicht. Diese ist selbst gerade kränklich und elend aus
der Haft entlassen worden. Legt meine Mutter die Beschreibung ihrer Geburt also »zum Übrigen«, wie es in der Familie
heißt? Klammert sie sich an die liebevollen Worte, die der
Brief ihres Vaters ja auch enthält: dass sie ein »amüsantes
Knirpschen« war und Väter und Töchter »ein besonders zärtliches Verhältnis zueinander haben«? Was in der Siebzehnjährigen beim Lesen vorgeht, werde ich nie erfahren. Mir selbst
erscheint die Schilderung wie ein düsteres Orakel. Ich kann
die Sorge um meine Schwangerschaft und die bevorstehende
Geburt jetzt besser verstehen. Meine Mutter »scheußlich und
verdellt«, ich ein hübsches »Püppchen«: So kommen wir auf
die Welt. Im Vergleich zu ihr habe ich tatsächlich Glück gehabt.

Ende April 1981. Die Eltern fahren mit dem Auto von Wuppertal nach München, auf dem Rücksitz der Stubenwagen, in dem mein Vater einmal lag. Meine Mutter hat ihn schön herrichten lassen. Ein Original aus den Zwanzigerjahren, das jetzt mit buntem Blümchenstoff neu bezogen ist. Ob wir den Stoff gemeinsam ausgesucht haben? Ich erinnere mich nicht. Der Wagen ist aus Korbgeflecht und hat vier hölzerne Räder. Er rührt uns alle an. Mein Bruder wird ihn für seinen Sohn übernehmen und meine Tochter später für ihre Kinder.

Es sind noch gut vierzehn Tage bis zum errechneten Geburtstermin. Und natürlich, es kann jederzeit losgehen. Mein Mann und ich sind vorbereitet, aber entspannt. Ich genieße die sechs Wochen Mutterschaftsurlaub, die ich vom Bayerischen Rundfunk bezahlt bekomme, und habe mich gerade gemütlich aufs Bett gelegt, als meine Mutter ins Zimmer kommt, sehnsüchtig auf den Stubenwagen blickt und plötzlich tief aufseufzt: »Ach, läge es nur schon drin!« Dieser Satz, der mir jetzt harmlos und sogar verständlich erscheint, ruft in mir schlagartig Panik hervor. Die Angst, von der Sorge meiner Mutter erdrückt zu werden, die Geburt nicht gut zu schaffen, das Gefühl, möglicherweise auf eine Katastrophe zuzusteuern, all das löst Alarm aus. Ich spüre, wie die Furcht, das gleiche Schicksal wie meine Mutter zu erleiden, in meinen Körper kriecht. Stocksteif liege ich auf dem Bett. Ich starre sie an und entgegne ihr: »Ich will aber nicht, dass es schon da ist. Ich will das nicht! Verstehst du?« Meine Stimme ist laut und messerscharf. Ich bin fest entschlossen, mich zur Wehr zu setzen. Ja, ich werde um mich, mein Kind und meine Familie eine Grenze ziehen. Einen Schutzwall.

Meine Mutter nimmt mich nicht ernst. Sie schiebt mein merkwürdiges Verhalten möglicherweise auf die Schwangerschaft. Auf jeden Fall misst sie meinen Worten keine Bedeutung zu. Sie möchte bis zur Geburt in München bleiben und dabei sein, wenn das Baby kommt. Danach könne sie mir eine große Hilfe sein, argumentiert sie. Nein, ich will das nicht! Wie soll ich ihr erklären, dass ich sie und ihre sorgenvolle Miene nicht um mich haben will, jetzt nicht! Dass mich ihre Erfahrungen, ihre Befürchtungen anstecken und beunruhigen. Ich wende mich an meinen Vater. Hat er kein Verständnis dafür, dass ich mit meinem Mann allein sein möchte? Dass der Besuch meiner Eltern nicht für lange geplant war? Er müsse zwar zurückfahren, meint er. Aber meine Mutter könne doch gut in München bleiben. Mein Vater versteht mich nicht. Vielleicht will er mich auch nicht verstehen.

Am nächsten Morgen haben sie ihre Koffer schon gepackt. »Wir fahren jetzt.« Beide sind tief verletzt. Es folgt ein grausamer Abschied. Meine Mutter umarmt mich nicht, sie geht das Treppenhaus vom vierten Stock hinunter, ohne sich nach ihrer hochschwangeren Tochter umzudrehen. Ich kann nicht so schnell folgen, die Treppen sind mir zu viel. Also bleibe ich in der Wohnung und blicke wie versteinert aus dem Fenster. Unten auf der Straße sehe ich, wie meine Mutter ins Auto steigt und mein Vater den Kofferraum schließt. »Bitte komm noch einmal herauf!«, rufe ich ihm zu. Er lehnt ab. Das Auto fährt los.

Entsetzt schauen mein Mann und ich hinterher. Von Befreiung keine Spur. Ich bin starr vor Schock. Um mich zu beruhigen, setze ich mich hin und schreibe mir in einem Brief von der Seele, was sich seit Langem aufgestaut hat: »Liebe Mama, wie konnte es zu einer derartig traurigen Abschiedsszene zwischen Mutter und Tochter kommen? Würdest Du in erster Linie an mich denken, hättest Du meine Haltung akzeptiert und nicht derartig verletzten Stolz zur Schau getragen.« Ich erkläre meiner Mutter, dass ihre »Warteposition« in der Wohnung Michael und mich nervös gemacht und unter starke Spannung gesetzt hat. Ich frage sie, woher sie diesen Anspruch nimmt. »Ich bin zu dem Schluss gekommen, dass Du die Beziehung, die Du mit Deiner Mutter hattest, unverändert auf unser Verhältnis übertragen willst. Das ist nicht möglich. Deine Mutter war für Dich in der Zeit Deiner Schwangerschaften die absolute Hauptperson, so jedenfalls sehe ich es – und die versuchst Du nun auch für mich zu sein. Bezeichnend ist der letzte Satz, den ich von Dir hören musste: Vielleicht wirst Du an mich denken, wenn Du Deine Freude teilen willst und allein bist. Ich bin nicht allein, Mama, denn ich habe meinen Mann. Trotzdem wäre ich glücklich gewesen, meine Freude über das Kind später ungetrübt mit meiner Mutter teilen zu können.« Statt Druck wünsche ich mir »eine Mutter, die zu ihrer Tochter sagt: Ich bin abrufbereit. Wenn Du mich brauchst, komme ich.« Wie um mein Gewissen zu beruhigen, zähle ich auf, wie häufig wir in den letzten Monaten zusammen waren, und erinnere sie an unsere langen Telefongespräche. »Du bist über jedes Detail der Entwicklung meines Kindes informiert, über seine mögliche Größe bis hin zu seiner Lage, aber es reicht Dir immer noch nicht. Du fühlst dich übergangen. Was möchtest Du eigentlich?« Ich werfe ihr Konkurrenzdenken vor: »Gestern Abend beugte ich mich zu Papa, um ihm einen Gutenachtkuss zu geben. Papa bewunderte meine Beweglichkeit, worauf Du Dich sofort in den Vergleich setztest und meintest, auch Du seiest immer besonders beweglich gewesen, das hätte ich von Dir. Warum solche Äußerungen, darum ging es ja gar nicht!« Ähnliche Situationen habe es in der Vergangenheit oft gegeben. Außerdem mache sie meinem Vater Druck. Sie habe ihm nicht erlaubt, meiner Bitte entsprechend noch einmal zu mir zu kommen, werfe ich ihr vor. Ich bezeichne ihr Verhalten als »hart und rücksichtslos, zu diesem besonderen Zeitpunkt«. Meinen Brief schließe ich mit einem Anliegen für die Zukunft: »Ich weiß, dass auch Du als werdende Großmutter in einer Ausnahmesituation bist. Trotzdem hättest Du Dir überlegen können, ob nicht durch Szenen wie vorhin Wunden entstehen, die nur noch schwer heilen können. Du warst noch nie der Mensch, der Fehler eingestehen konnte, der einmal zu einer Schwäche gestanden hat. Der Brief soll die Grundlage sein für eine spätere Auseinandersetzung, vor der wir uns beide nicht drücken sollten.«

Ein Wendepunkt in unserem Verhältnis ist weder dieser Streit noch mein Brief. Über die Gründe für die schreckliche Szene in München sprechen wir nie. Auch nicht darüber, was wir uns gegenseitig bedeuten, wer wir füreinander sind, wo es hapert und wann wir miteinander Glück erleben. Bloß keine direkte Konfrontation. Alles geht so weiter, als ob nichts geschehen wäre.

Dazu passt, dass meine Mutter ihren Antwortbrief nicht an mich richtet, sondern an meinen Mann. Er müsse doch in der Lage sein, meine Überempfindlichkeit aufzufangen, schreibt sie. Als erwachsener Mann hätte er mich in dem guten Verhältnis zu meinen Eltern bestätigen und mir erklären können, dass auch eine Mutter Gefühle hat. Vielleicht habe sie manches etwas unglücklich formuliert. Aber was aus dieser Situation entstanden sei, läge eindeutig bei ihm, Michael. Dass wir sie von uns fernhalten wollten, könne sie nicht verstehen. Ein Schock, der ihr zeige, wie wenig ihre Tochter sie kennt. Aber sie habe schon mehr Schreckliches bewältigt und jeder bestätige, dass genau dies ihre Stärke sei. An der großen Liebe zu mir und der Freude über unser Kind würde der Zwischenfall nie etwas ändern. Elternliebe sei selbstloser als die Liebe von Kindern zu ihren Eltern. Sie hoffe, eine so traurige Erfahrung möge uns erspart bleiben, und frage sich unaufhörlich, womit sie dieses Leid verdient habe.

Ihre schöne Schrift fällt mir erneut ins Auge, als ich den

Brief lese. Die Buchstaben wirken geordnet und klar und viel weicher als ihre Worte. Gibt es ein Richtig oder ein Falsch für das, was Anfang Mai 1981 passierte, frage ich mich heute. Meine Mutter steckt in ihrem Schicksal, in ihrer Geschichte fest. Ich dagegen versuche gerade, mein eigenes Leben in die Hand zu nehmen, und bekomme mein erstes Kind. Erfahrungen und Erwartungen geben wir alle weiter, bewusst oder unbewusst. Die rote Rose, die meine Großmutter ihr zu meiner Geburt aufs Bett legt und die meine Mutter ein Leben lang erwähnt – sicher ein Symbol der Mutterliebe, des Aufatmens, der Erleichterung nach allem, was war. Könnte die Rose darüber hinaus von einer weiblichen Verbundenheit zeugen, die den Mann außen vor lässt, wenn es um Schwangerschaft geht und Geburt? »Da ist die Geschichte von der roten Rose, während ich nie von einer liebevollen Reaktion von Papa hörte, obwohl es sie bestimmt gegeben hat«, kritisiere ich meine Mutter in meinem Brief. Kinderkriegen ist vorrangig Frauensache. Kann meine Mutter gar nicht anders, als mir, ihrer Tochter, in jedem Fall beistehen zu *müssen* – ob ich ihre Hilfe will oder nicht? Eine Geburt bedeutet für sie vor allem Gefahr. So liest sie es im Brief ihres Vaters, so hat sie es selbst erlebt. Größtmögliche Sicherheit erwartet sie folglich vom Professor eines Universitätskrankenhauses. Und von mir, dass ich es ihr gleichtue. Um den Ängsten meiner Mutter zu entkommen, muss ich auf mich und meine eigene Kraft vertrauen. So gesehen ist die kleine Klinik, für die ich mich entscheide, eine »Klitsche«, wie meine Mutter sagt, auch Zeichen einer Befreiung. Meine Tochter geht noch einen Schritt weiter und bekommt ihr erstes Kind ambulant im Geburtshaus. Diese Entscheidung irritiert wiederum mich als ihre Mutter, nur übe ich keinen Druck aus. Drei Generationen, drei verschiedene Geschichten, drei unterschiedliche Wege, um Erfahrungen zu machen und sie später weiterzugeben. Auch meine Tochter hat eine Tochter.

Am 14. Mai bringe ich ein gesundes Mädchen zur Welt. Die Geburt verläuft ohne Probleme, ich bin überwältigt von den körperlichen und seelischen Grenzen, die ich dabei überwinde. Erschöpft und beglückt halte ich dieses winzige Wesen vorsichtig fest, voller Dankbarkeit auch für meinen Mann, bei dem ich mich so aufgehoben fühle. Kurz nach der Geburt informiert Michael meine Mutter. »Ich bin hoffentlich die Erste, die ihr anruft?«, fragt sie ihn. Ja. Das ist sie. Wir beide sprechen nicht miteinander, drei lange Wochen nicht. Ich halte das erstaunlich gut aus.

Auf dem Rückweg von einer Griechenlandreise sehen meine Eltern unsere Tochter zum ersten Mal. Sie ist jetzt drei Wochen alt. Mit dieser Begegnung, in diesem Augenblick ist alles vergessen, was wir vor der Geburt miteinander erlebten. Ich lege Sophie in den Arm meiner Mutter, mein Vater wirkt noch etwas zögerlich. Frieden kehrt ein. Jeder von uns ist ergriffen von dem unfassbaren Glück, das dieser neugeborene winzige Mensch verbreitet.

Die nächsten Jahre stehen ganz im Zeichen unseres kleinen Mädchens. Harmonie und Freude überstrahlen die Vergangenheit. Wir ziehen um in ein kleines Haus mit Garten. Die Biedermeierbetten werden ausrangiert. Dafür bringen wir in dem schmalen Arbeitszimmer unter dem Dach zwei Bettgestelle unter, auf denen meine Eltern und andere Gäste notdürftig schlafen können. Meine Mutter kommt wie selbstverständlich nach München, ich freue mich über ihre Besuche. Sie bringt kostbare Daunendecken mit und viele andere nützliche Sachen. Wir sind jetzt eine kleine Familie und ihre Erfahrung mit Haushalt und Garten ist hilfreich. Sophies ersten Geburtstag feiern wir alle zusammen, mit meinen Eltern, Michaels

Vater, unseren Geschwistern und vielen Freunden mit kleinen Kindern. Ein neuer Lebensabschnitt hat begonnen. Meine Eltern begleiten ihn voller Liebe.

Der Nusskuchen, den es bei uns zu jedem Geburtstag gibt, hat eine lange Tradition. Er gehört zur Familie. Das Rezept kannte schon meine Großmutter, vermutlich von ihrer Mutter. Die Glasur aus Puderzucker muss schneeweiß sein. Sind die Haselnüsse gleichmäßig verteilt, kommen die Geburtstagskerzen darauf, für jedes Jahr eine. Irgendwann wird es eng. Christoph, mein jüngerer Bruder, lebt inzwischen wie ich in München und wird im Mai 1984 fünfundzwanzig Jahre alt. Meine Mutter beschließt, meinen Vater nicht nach New York zu begleiten, sondern zu ihrem Sohn nach München zu fahren und mit uns allen zu feiern. Ich backe den Geburtstagskuchen für meinen Bruder am Abend vorher. Die Rührmaschine mixt gerade lautstark Eier und Zucker zusammen, als das Telefon klingelt. Es ist mein Vater aus New York. Das Wetter sei anstrengend, sagt er. Aber die Verhandlungen seien erfolgreich verlaufen. Seine Stimme klingt etwas müde. In ein paar Stunden wird er zurück nach Düsseldorf fliegen und sich morgens gleich melden, wenn alle zu mir zum Frühstück kommen.

Am nächsten Morgen sitzen wir mit Orangensaft und frischen Brötchen und anderen Köstlichkeiten am Tisch. Die Kerzen auf der Nusstorte brennen. Omama ist dabei, meine Mutter, mein Bruder und meine kleine Familie. Ich erinnere mich, dass weder meine Mutter noch ich etwas essen können. Wir haben plötzlich beide keinen Hunger. Alle erwarten den Anruf meines Vaters, vor allem mein Bruder, der doch Geburtstag hat. Vergeblich. Es wird spät und später, bald ist es schon elf Uhr und noch immer haben wir nichts von ihm gehört. Wir erkundigen uns beim Flughafen Düsseldorf. Die

Maschine aus New York hat Verspätung, heißt es. Wir sind beruhigt. Für eine gute Stunde. Dann ruft mein Bruder bei der Lufthansa an. Um welchen Passagier es sich handele, fragen sie, und bitten um eine Telefonnummer. Es dauert nicht lang, dann klingelt es. Mein Bruder nimmt den Hörer ab. Sein Vater, so wird ihm mitgeteilt, ist tot. Gestorben im Flugzeug, auf der Startbahn von JFK Airport. Ein tödlicher Herzinfarkt, den nicht einmal der Sitznachbar in der First Class bemerkt hat. Die Stewardess hat meinen Vater entdeckt und veranlasst, dass der Start abgebrochen wird. Der auf das Rollfeld herbeigerufene Notarzt konnte nichts mehr tun.

Mein Bruder gibt tonlos weiter, was er soeben erfahren hat. Von diesem Moment an hat mein Gedächtnis Lücken. Wir bringen die fast dreijährige Sophie in den Garten zum Sandkasten. Von dort aus hört sie die aufgeregten Stimmen im Haus, wie sie später erzählt. Ich erinnere, dass Omama, die 84-jährige Mutter meines Vaters, im Sessel zusammensackt und mit bleierner Stimme vor sich hinmurmelt: »Warum nicht ich. Warum nicht ich.« Dass meine Mutter auf das Sofa fällt und wie versteinert wiederholt, sie habe ihn doch gewarnt, er solle sich vorsehen bei diesem Wetter. Den Tod lassen wir nicht zu. Mein Vater ist doch erst 59 Jahre alt. Es kann nicht sein. Er wird gleich hereinkommen, ganz bestimmt.

Das denke ich noch bei seiner Beerdigung zehn Tage später. Vor der Aussegnungshalle erkenne ich plötzlich meinen Vater, wie er im Trenchcoat den Weg auf mich zuläuft. »Da ist er doch!«, möchte ich rufen und reiße mich in letzter Sekunde zusammen. Der Sarg wurde von seinem in New York lebenden engsten Freund und dessen Frau nach München begleitet. Dort soll mein Vater neben seinem Vater beerdigt werden. Mike hat als Letzter mit ihm gesprochen, in der Lounge des Flughafens, nur zwanzig Minuten vor dem Abflug der Maschine. Nur zwanzig Minuten vor seinem Tod. Es ging ihm gut, beteuert Mike. Er freute sich auf zu Hause. Man habe ihm nichts anmerken können.

Fassungslos suche ich nach Erklärungen. Ich überlege mir, dass der Tod meines Vaters zu seinem Leben passt. Er stirbt in seiner Lieblingsstadt New York. Im Sessel eines Flugzeugs. Für ihn, den Vielflieger, ein vertrauter Platz. Solche Gedanken geben mir Halt, irgendwie. Seit ich seine Briefe an meine Mutter kenne, kommt ein dritter Gedanke hinzu: Zum Schluss ist mein Vater allein mit sich – wie er es sich in jungen Jahren manchmal gewünscht hat.

Ein weiterer, ganz schwacher Trost ist, dass mein Vater nicht leiden musste. Es war ein Sekundentod. Für ihn ein Glück, hoffentlich. Für uns eine Katastrophe. Im Nachhinein hat sie sich sogar angedeutet. Jedes Silvester verbringen wir in der Familie zusammen. So kennt es meine Mutter von ihren Eltern. Auch in der Familie Bonhoeffer hatte das familiäre Zusammensein an Silvester Tradition. Der Abend wird ruhig begangen, das vergangene Jahr besinnlich gewürdigt und das neue Jahr freudig, aber ohne viel Lärm begrüßt. So grenzt man sich ab von Leuten, die überzogene Partys feiern und laut knallen oder grölen. Derartige Feste sind meiner Mutter ein Graus und wir halten uns daran. Zum Ritual in unserer Familie gehören Karten, von einer Großtante meiner Mutter bemalt und mit Versen versehen, die in die Zukunft weisen. Dieses Kartenspiel hebt meine Mutter als Kopie sorgfältig in einer grünen Schachtel auf. Seit ich denken kann, wird es am Silvesterabend nach dem Essen herausgeholt und alle sind ein wenig aufgeregt. Obwohl wir wissen, dass Vorhersagen unsinnig sind, ist jeder nervös. Das macht unser Ritual so spannend.

Drei Karten darf jeder ziehen, auch an diesem Silvester 1983. Es gibt schöne Verse wie »Der Ring kehrt in sich selbst zurück, ward unteilbar erfunden, und so die Ehe und das Glück der zwei, die er verbunden.« Dann gibt es Karten, mit denen ich wenig anfangen kann, wie: »Blanker Helm auf stolzem Haupt hat dein wehrlos Herz geraubt.« Und es gibt Karten, vor denen mir graut, die ich auf keinen Fall erwischen möchte. An diesem Abend, in der Nähe von München im Landhaus von Freunden, zieht mein Vater drei dieser schlechten Karten hintereinander. An zwei kann ich mich erinnern: »Auf Schlangenpfad schleicht der Verrat.« Und: »Es kommt Regen und trübe Zeit, halte deinen Schirm bereit.« Die dritte Karte habe ich vergessen, aber ich weiß noch genau, wie danach keiner meinem Vater in die Augen schauen mag. Die Silvesterstimmung ist merkwürdig bedrückend. Nach seinem Tod fünf Monate später möchte ich mit diesem Spiel nie mehr etwas zu tun haben. Als meine Mutter es irgendwann doch noch einmal herausholen will, ist es wie von Zauberhand verschwunden. Wir suchen überall – und können es bis heute nicht finden.

Seit mein Vater gestorben ist, kann ich nicht mehr warten. Ich ertrage nicht, wenn jemand, der mir nah steht, später als verabredet anruft oder nach Hause kommt. Unerreichbarkeit verursacht bei mir schnell Panik. Mit Nachdruck schärfe ich meiner kleinen Tochter ein, dass sie mir unbedingt Bescheid geben muss, wenn sie sich verspätet. Dabei bemühe ich mich, mein nervöses Gehabe mit der Situation beim Tod meines Vaters zu erklären. Zu meinem Glück scheint sie zu verstehen und hält sich daran. Dieses bange Warten auf Nachricht und die unerwartete Endgültigkeit haben sich tief in mir festgefressen. Meine Unruhe hat im Lauf der Zeit etwas nachgelassen, aber frei davon bin ich immer noch nicht.

Fünfunddreißig Jahre lang waren meine Eltern verheiratet. Meine Mutter wird gerade achtundfünfzig Jahre alt, als sie zum zweiten Mal den wichtigsten Mann in ihrem Leben verliert. Abschied nehmen kann sie weder von dem einen noch von dem anderen. Von ihrem Vater nicht. Und nicht von ihrem Ehemann. In seinem Koffer entdeckt sie das Parfum »L'air du temps« von Nina Ricci. Es sollte ein Mitbringsel sein. Jetzt wirkt der gelbe Karton mit den zwei Tauben, die aufeinander zufliegen, wie ein letzter Gruß. Ungeöffnet steht er seitdem auf ihrem Nachttisch, bis zu ihrem Tod, zweiunddreißig Jahre später. Der Anblick rührt mich jedes Mal, wenn ich bei meiner Mutter bin.

Von Freunden, die meine Eltern am Abend, bevor mein Vater nach Amerika flog, besuchten, erfahre ich, dass sie einen kleinen Streit miteinander hatten. Es soll um Kleidung gegangen sein, die meine Mutter in den Koffer meines Vaters gepackt und die er wieder herausgenommen hatte. Vermutlich Belanglosigkeiten, die zu einer gereizten Stimmung führten. Meine Mutter hat nie davon erzählt, ich habe sie auch nie nach ihren letzten Stunden mit meinem Vater gefragt. Heute versuche ich mir vorzustellen, wie sich ein Abschiedskuss anfühlt, der vielleicht zu kurz war und nicht so verzeihend und liebevoll, wie man ihn sich wünscht. Für beide.

Ich kann nicht mehr nachfragen. Doch ich entdecke einen Brief meines Großvaters an meine Großmutter, der mir zu denken gibt. Am 5. April 1943, dem Tag seiner Verhaftung, weiß er noch nicht, dass seine Frau zu Hause in Sacrow zur gleichen Zeit verhaftet wurde. Er schreibt ihr: »Es ging alles so schnell – ich hatte (wie üblich, und jetzt kommen die Selbstvorwürfe) am Vormittag bis gegen 1 ›keine Zeit‹, Dich anzurufen. Ich wollte es tun, wollte Dir sagen, daß ich zu schnell weggegangen bin am Morgen, nervös und gehetzt. Ich habe Dir vielleicht weh getan – aber Du bist mir nicht böse, nein? Die Kinder schliefen noch, es war ja Alarm gewesen in der Nacht, ich habe mich von ihnen nicht verabschiedet, um sie nicht zu stören; hätt ich's doch getan!«

Hätte ich es doch getan. Wäre ich doch wie sonst mit ihm nach New York geflogen: Geht dieser Gedanke auch meiner Mutter durch den Kopf? Hätte sie zärtlicher sein, ihrem Mann etwas zuflüstern sollen? Wie behält sie nun diesen Augenblick in Erinnerung, der ein ungeahnter Abschied für immer ist?

Ihr gemeinsames Alter wollen die Eltern in Bayern verbringen. Oder in der Toskana. Nach Häusern schauen sie immer wieder. Seit ihre Kinder aus dem Haus sind, begleitet meine Mutter meinen Vater auf seinen Reisen. Sie schwärmen von Japan genauso wie von Frankreich oder eben Italien. Um die Unruhe meines Vaters zu bremsen und ihm ein schönes Plätzchen zu bieten, will sie ihm später einen Zeitungskiosk schenken. »Da hast du frische Luft, deine Ruhe und kannst den ganzen Tag über Zeitung lesen.« Immer wieder lachen wir über diesen Kiosk. Der würde wirklich zu ihm passen. Mein Vater reißt zu unserem Ärger ständig die Fenster auf. Und in Ruhe Zeitung zu lesen ist für ihn das Schönste. Mit dem Anruf der Lufthansa platzen alle verrückten Ideen und Zukunftspläne.

Meine Mutter verliert den männlichen Schutz, den sie so bitter benötigt. Und einen Mann, der mit seiner »Weichherzlichkeit« die Herzen anderer Menschen öffnet. Genau das fällt ihr schwer. Eine Freundin meiner Eltern aus Wuppertal schreibt über meinen Vater: »Auch ich habe einen guten, wahren Freund verloren. Sein Wesen, wie großartig, wie besonders. Er liebte das Leben und machte glücklich durch seine Zuneigung, seine Freundlichkeit.« Ohne meinen Vater fehlt meiner Mutter der wohlmeinende Blick auf die Welt. Seine Offenheit, seine Freude, seine Begeisterungsfähigkeit für das Fremde, Unbekannte. Meine Mutter betrachtet andere Menschen zurückhaltend, oft auch abschätzig. Mehr mit dem Kopf als mit dem Herzen. Als ob sie ständig auf der Lauer ist. »Jeder wird von ihr gescannt und zensiert«, bemerkt eine Freundin. Die Familiengeschichte hat sie gelehrt, vorsichtig zu sein. Misstrauisch beäugt sie das Leben und die Menschen, obwohl sie humorvoll ist und lachen kann, bis ihr die Tränen kommen.

Auf die Todesanzeige für meinen Vater antwortet mir eine Freundin aus der Kindheit: »Die Gedanken gehen zurück, als ich mich doch sehr oft bei euch zu Hause fühlen durfte, und es auch wirklich getan habe. Gab es doch zwischen Deinen Eltern eine Ausgewogenheit, einen Frieden, vielleicht auch ein Sich-Arrangiert-Haben, wie ich es in meinem Elternhaus nicht finden konnte. Und war doch deine Mutter eine Mutter, die ihre eigene Selbstständigkeit zum Wohle der Familie in den Hintergrund gestellt hat. Da ist es gewiss schwer, nun das Leben und den Alltag wieder ganz allein in die Hand zu nehmen.« Ich lese solche Zeilen, als ob ich mich vergewissern müsste, wie es damals zu Hause war.

Nach dem Tod meines Vaters und seiner Beerdigung in München fährt mein Bruder mit meiner Mutter zurück nach Wuppertal. Er bleibt bei ihr, so lange und so oft es geht. Aber es hilft ihr nicht. Oder sie kann es nicht zeigen. Ihm nicht und uns allen nicht. Die Rollläden des Hauses bleiben unten, der Garten wird nicht mehr gegossen, in die schönen, gepflegten Räume zieht Unordnung ein. Meine Mutter scheint ins Bodenlose zu fallen. Sie will nicht mehr weiterleben. Mein Bruder und ich rücken in dieser Zeit enger zusammen als früher. Ich bin dankbar, dass er alle Erledigungen übernimmt, die nach einem Todesfall notwendig sind. Und zugleich froh, meine eigene Familie und vor allem meine kleine Tochter zu haben, für die ich in München bleiben muss. Die Normalität meines Alltags rettet mich, weil sie mich hin und wieder ablenkt. Ich weiß noch, dass ich vom Kindergarten komme und plötzlich wie angewurzelt stehen bleibe. Es ist Frühsommer, die Luft duftet würzig und die Vögel in der Baumkrone vor unserem Haus scheinen um die Wette zu singen. Ich atme durch, lausche und lasse mich für einen Moment anstecken von der Lebensfreude, die mich zum Glück nie verlassen hat.

Das Leid meiner Mutter stellt den Tod meines Vaters immer stärker in den Schatten, es verdrängt ihn förmlich. Alles dreht sich ausschließlich um sie. Ihre Trauer wird unser Mittelpunkt. Mein Bruder ruft aufgeregt an und erzählt, dass meine Mutter sich im Bad einschließt, Wasser in die Wanne lässt und den Föhn einschaltet. Unsere Ängste steigern sich ins Unermessliche. Wir müssen uns kümmern, wir dürfen sie nicht aus den Augen lassen. Aber wie? »Ich kann ihr meinen Vater nicht ersetzen. Auch nicht die Rolle übernehmen, die sie zehn Jahre lang für meine Großmutter gespielt hat. Die immer wiederkehrenden Selbstmorddrohungen meiner Mutter nehmen uns die Luft zum Atmen«, schreibe ich Anfang Februar 1985 verzweifelt an eine Freundin. Da ist mein Vater schon ein dreiviertel Jahr tot.

Wie erlebt meine Mutter ihre Mutter, nach dem Krieg, als diese ohne ihren Mann das Leben bewältigen muss? Wie bindet meine Großmutter die Tochter in ihre kummervolle Gedankenwelt, in ihre unvorstellbare Trauer ein? Was erwartet sie in dieser trostlosen Situation von ihr? Wer von beiden hat mehr Lebenskraft zur Verfügung, Mutter oder Tochter? Wer stützt wen in dem unfassbaren Schmerz? Aus Erzählungen meiner Mutter höre ich, dass meine Großmutter vor allem die Selbstständigkeit ihrer Kinder fördert und ihnen Lebensfreude ermöglichen will. Meine Mutter schwärmt von den »Tanzereien« und Faschingsfesten in München kurz nach Kriegsende. Heißt das, meine Großmutter nimmt sich mit ihren Bedürfnissen zurück und hilft ihren Kindern, etwas Leichtigkeit und Zuversicht zu finden? Ist sie nach dem Verlust meines Großvaters selbstloser, vielleicht auch würdevoller als meine Mutter nach dem Tod ihres Mannes? Und dennoch: »Ich glaube, es ist schöner zu wissen, wofür man stirbt, als eigentlich nicht recht zu wissen, wofür man leben soll«, schreibt sie nach dem Krieg an den Freund Otto John.

Wofür soll ich leben? Mit dieser Frage kämpft auch meine Mutter, erbarmungslos gegen sich und uns. »Meine Mutter hat uns die Trauer weggenommen«, erkläre ich später in dem Lebenslauf, den ich für die Beantragung meiner Therapie verfasse. Und weiter: »Wenn ich sie im Wuppertaler Elternhaus nicht erreichte, bekam ich Schweißausbrüche und mobilisierte ihre Freunde.« Zu ihnen gehört vor allem der Freund und Arzt, der die Rückenschmerzen meines Vaters regelmäßig durch Spritzen linderte, ein Neurologe und Psychiater. »Dietrich hat mir damals mit großer Einfühlung erklären können, dass man einen anderen Menschen nicht abhalten, nicht kontrollieren und auch nicht vor sich selbst beschützen kann. Das hat mich ungeheuer entlastet«, schreibe ich nach seinem Tod an seine Frau, die mir bis heute sehr am Herzen ist.

»Ihr seid noch jung, euer Leben geht weiter.« Mit diesen Worten versinkt meine Mutter in Selbstmitleid. Immer wieder. Jahrelang. Ihr Verlust scheint so viel größer und bedeutender zu sein als unser Verlust. Weder mein Bruder noch ich können ihr über den Schmerz hinweghelfen, so fühlt sie. Dazu sind wir zu unreif, zu egoistisch, dafür geht es uns im Vergleich zu ihr zu gut. Das »Dazwischen« mit meinem Vater fehle ihr, klagt sie. »Was meinst du damit?«, frage ich. Erklären kann sie es nicht und möchte es auch nicht. Das »Dazwischen« eben. Etwas, von dem wir keine Ahnung haben. Ich mag das Wort. Es beschreibt für mich etwas Unaussprechliches zwischen zwei Menschen. Eine Form der Energie, die eben einzigartig ist. Warum können wir, Mutter und Tochter, uns wieder einmal nicht austauschen? Vielleicht ist das »Dazwischen« tatsächlich nicht mitteilbar und bleibt ihr Geheimnis. Es gibt so viel zwischen Himmel und Erde, wie mein Vater schreibt.

Die Depression meiner Mutter nimmt mich in Beschlag. Sollte ich viel öfter nach Wuppertal fahren? Würde das helfen? Ich weiß es nicht. Will ich meine kleine, vergnügte Tochter den trüben Stimmungen ihrer Großmama aussetzen? Wie hält sie, wie halte ich das aus? Nein, ich brauche zwischendurch meinen schützenden Alltag, meine Familie, meine Freunde. Ich kann nicht zu häufig und zu lange bei meiner Mutter sein. Lieber rufe ich sie mehrmals täglich an. Frage, wie es ihr geht, und berichte aus meinem Leben, um sie aufzumuntern. Ein Ritual, das ich über dreißig Jahre lang bis zu ihrem Tod fortführe. Aus Angst um sie. Aus Schuldgefühlen. Um ihr gut zuzureden. Um zu hören, dass sie lebt. Manchmal geht sie nicht ans Telefon. Ich versuche es immer wieder, mein Herz pocht, ich kann den Hörer vor Aufregung nur mühsam halten. Um meine Nervosität in den Griff zu bekommen, gehe ich zum Beispiel einkaufen. Doch ich stelle fest: Ablenkung macht keinen Sinn. Ich vergesse, was ich kaufen wollte, und renne zurück zum Telefon. Manchmal habe ich den Verdacht, meine Mutter lässt uns absichtlich im Unklaren. Sie will mit aller Macht ins Zentrum der Aufmerksamkeit. Unsere Gedanken sollen ausschließlich um sie kreisen.

Ob sie ahnt, wie sehr sie mich und meinen Bruder unter Druck setzt? Früher war ich überzeugt davon. Inzwischen bin ich milder. Meine Mutter erscheint mir unfähig, sich nach dem Tod meines Vaters überhaupt in einen anderen Menschen einzufühlen. Sie ist ausschließlich auf sich selbst konzentriert. Fühlt sich jämmerlich, allein und verlassen, wie ein kleines Kind. Oder wie das junge Mädchen, das ahnungslos aus der Schule kommt und ihre Eltern nicht mehr vorfindet, weil sie im Gefängnis sind. Damals, mit sechzehn, musste sie unverzüglich Verantwortung für sich und ihre Brüder übernehmen. Das hat sie emotional überfordert. Vielleicht hat sie noch viel mehr in ihrem Leben überfordert. Jetzt, wo sie sich erneut allein und verlassen fühlt, kann sie sich bedauern, sich gehen lassen. Opfer sein und Mitleid suchen. Ihren Gefühlen, die sie so häufig mit Disziplin unterdrücken musste, freien Lauf lassen. Im Grunde habe sie ein »junges Herz«, sagt meine Mutter oft. Und das stimmt. Sie kann sich freuen wie ein Kind. Urplötzlich versprüht ihr junges Herz dann so viel Leichtigkeit und Witz, dass es alle mitreißt. Aber genauso schnell kann es wieder verhärten, dicht machen. Meine Mutter ist so charmant wie anstrengend. So liebenswert wie schwierig. Nach dem Tod meines Vaters verschließt sie ihr junges Herz für lange Zeit. Sie kapselt sich ab, fühlt sich unverstanden. Genau wie ich. In den Arm nehmen können wir uns nicht. Wir drehen uns miteinander im Kreis, ohne uns zu berühren.

Eineinhalb Jahre später halte ich einen Lichtblick in den Händen. Meine Mutter hat mir zu meinem dreiunddreißigsten Geburtstag eine Karte geschickt. Darauf versucht ein Mann, durch den Raum fliegend, seine Frau im Kopfstand zu küssen, ein Bild von Marc Chagall. Amüsiert schlägt sie vor, Michael sollte es doch einmal so versuchen. Mein Vater und sie hätten an diesem Tag regelmäßig ein Glas auf mich getrunken. Die guten Gedanken und Wünsche mögen mich weit über ihres und das Leben meines Vaters hinaus begleiten. Gesund und vergnügt solle ich bleiben. Sie liebe mich sehr.

Es geht aufwärts! Sie hat ihren Humor zurück. Ich bin erleichtert. Wir werden wieder zusammen lachen, irgendwann.

»Ein Kind ist keine richtige Familie.« Der Satz meiner Mutter begleitet mich, seit Sophie auf der Welt ist. Das ist jetzt schon vier Jahre her. Er ist klar und eindeutig, ihre Stimme klingt entschieden. Sie sagt ihn immer wieder, auch nachdem mein Vater gestorben ist und ihr Gesicht wie versteinert wirkt. Monat für Monat nimmt der Druck, den ich spüre, zu. Ich möchte so unbedingt wieder schwanger werden. Der Arzt meint, mit Sophie hätte ich Glück gehabt. So ganz von allein ginge das kein zweites Mal. Keine richtige Familie. Jedes Mal, wenn ich meine Periode bekomme, springt mich dieser Satz an. Ich weine in dem Sessel, in dem Omama um ihren Sohn geweint hat. Und gleichzeitig denke ich, wie zufrieden und unendlich glücklich mich meine kleine Tochter macht. Soll ich das Schicksal wirklich herausfordern? Soll ich wie meine Mutter den Kampf um ein weiteres Kind aufnehmen und mich verausgaben, Leid ertragen bis zur Erschöpfung, wie sie? Soll ich ihr die Familie bieten, die Großfamilie, diese fröhliche heile Kinderwelt, deren Verlust sie erschüttert hat und den sie nie verwinden konnte? Ist es das? Muss ich alles wieder gutmachen, jetzt?

Ich lasse mich operieren, ohne Erfolg. Kurz darauf begegne ich einem Mann, der aus einer anderen Kultur stammt. Das Fremde, Andersartige, Besondere fasziniert mich. Es zieht mich aus der Familientradition. »Eifersucht und Kontrolle gaben mir damals das Gefühl, geliebt zu werden«, steht zehn Jahre später in meinem Lebenslauf.

Zum nächsten Geburtstag hält mir meine Mutter eine schriftliche Moralpredigt. Ich möge meine späten Irrungen und Wirrungen im kommenden Jahr klären und in den Griff bekommen – für mich und im Gedenken an meinen Vater. Klug solle ich sein und reif und gewachsene und erarbeitete Liebe erhalten und fortentwickeln. Leider falle ein solches

Verantwortungsbewusstsein unserer so verwöhnt aufgewachsenen Generation schwer. Sie meint, ich brauche Zeit. Was sie in ihrer Situation noch brauche und wie viel Zeit ihr bliebe, davon solle in diesem Brief nicht die Rede sein. Es gebe Schmerzen und Nöte, die einem niemand, wirklich niemand abnehmen könne. Dennoch: Mutterliebe sei unzerstörbar. Sie könne mich hinnehmen, aber nicht akzeptieren. Meine Mutter versucht wieder einmal, mich unter Druck zu setzen.

»Liebe Mama«, antworte ich ihr, »ich glaube nicht, dass es Maßstäbe gibt, nach denen ein Mensch ›reif‹ zu sein hat. Es gibt kein Zurück in der Form, dass ich mich für die Art, wie ich bin, grundsätzlich entschuldige. Als Ausdruck Deiner Liebe zu mir wünsche ich mir, dass Du mich so akzeptierst, wie ich im Moment bin, ohne mich herabzusetzen oder andere gegen mich aufzubringen. So wie auch ich lernen möchte, Dich so, wie Du bist, in Liebe zu akzeptieren.«

Meine Mutter droht, mich zu enterben, falls mein Seitensprung, wie sie sagt, andauern sollte, und bietet meinem Mann jede Unterstützung an. Er lehnt ihre Hilfe ab und beweist so seinen vornehmen Charakter. Dafür respektiere ich ihn zutiefst. Damals wie heute.

Kapitel 6

Mein sorgloses Leben und ihr Leid
35–42 Jahre

Der Tod meines Vaters setzt meinem Elternhaus ein Ende. Was übrig bleibt, ist eine weiße Fassade mit einem in die Länge gezogenen Vordach. Dahinter gibt es kaum Platz für Erinnerungen, weil sie das Herz zerreißen. Zimmer sind Resonanzräume ihrer Bewohner. Sie leben und sterben mit ihnen. Auch der große Garten lässt von nun an alle Jahreszeiten teilnahmslos an sich vorüberziehen. Die frisch geschnittenen Tulpen, von Freunden meiner Eltern zur Beerdigung nach München gebracht und auf den Sarg gelegt, waren ein letztes Lebenszeichen aus der Wuppertaler Kindheit.

Wenn ich meine Mutter besuche, ringe ich jedes Mal nach Luft. Ich möchte die Terrassentür öffnen. Hinausgehen in den Garten, wo ich den Himmel sehe und den Birnbaum und das weite Bergische Land. Doch meine Mutter mag nicht. Kaum kann ich sie dazu überreden, in einem der Gartenstühle Platz zu nehmen, die ich aufgeklappt habe. Dunkel gekleidet und mager sitzt sie da und schweigt hinter ihrer Sonnenbrille. Der runde Gartentisch, an dem das Leben stattfand, ist immer noch in winterliche Schutzfolie gepackt und lehnt an einer Holzwand, die mein Vater noch gestrichen hat. Es wird nie mehr eine Teestunde geben und auch kein Butterbrot mit Schnittlauchquark abends am Esstisch. Im Arbeitszimmer meines Vaters, auf der Kommode, auf dem Sofa im Wohnzimmer, überall stapeln sich Akten und lose Papiere, die mein Bruder bei seinen Aufenthalten in Wuppertal mühsam zu ordnen versucht. Auch auf dem hübschen hochbeinigen Schränkchen im Flur lagert Papierzeug. Früher holte sich dort mein Vater abends einen Rotwein und kippte im Gehen ein paar salzige Erdnüsse in den Mund. Jetzt schleichen meine Mutter und ich leise aneinander vorbei, wenn wir uns auf unseren Irrwegen durch das Haus begegnen. Nachts lausche ich, ob ich etwas Verdächtiges aus ihrem Schlafzimmer höre. Und bin dankbar, dass meine kleine Tochter bei mir ist. Sie kann meine Mutter zwar nur für kurze Zeit aufmuntern, aber mich in den langen Tagen meiner Besuche wunderbar beschützen. In manchen Momenten habe ich das Gefühl, meine Mutter beneidet mich um dieses Glück. »Ihr habt euer junges Leben. Ich habe alles verloren.« Schweigend gehe ich ihr aus dem Weg, weil ich nicht weiß, was ich darauf antworten soll.

Es ist, als wolle die Zeit nicht voranschreiten in diesem stillen, einsamen Haus. Sie habe keine Angst, sagt meine Mutter. Im Gegenteil, sie schlafe mit weit geöffneten Fenstern und Balkontüren. »Wenn mir jemand etwas antun will, soll er doch!« Wahrscheinlich meint sie das ehrlich. Ich bin froh, solange sie sich nicht selbst etwas antut, damit droht sie ja. Bin ich von meinen Besuchen bei ihr zurück in München, rufe ich mehrmals täglich an. Meine Gedanken kreisen um sie. Ich male mir aus, was meine Mutter wohl den ganzen Tag macht, so allein und in sich verschlossen. Nähe stellt sie nicht her, zu mir nicht, vermutlich zu niemandem. Vielleicht fühlt sie sich sogar besser, freier, wenn keiner da ist. Dann wird sie zu einer der vielen Plattenaufnahmen greifen, die ihr Bruder Christoph dirigiert, und sich irgendeinen Platz suchen, auf dem kein Papier liegt. Mit Vorliebe hört sie das Requiem von Johannes Brahms. Ich stelle mir auch vor, wie sie nachts auf dem Balkon steht und in die Sterne schaut. Stundenlang. Vielleicht hält sie Zwiesprache mit meinem Vater. Oder mit ihren Eltern. Immer wieder erzählt sie von den Mondspaziergängen, die in ihrer Familie üblich waren. Zu Ostern, aber auch an anderen Abenden, wenn man in der Natur seinen Seelenfrieden suchte. Der Mond übt einen starken Zauber aus auf meine Mutter. In ihrem Nachlass finde ich ein Blatt Papier, auf das sie in ihrer schönen, klaren Schrift ein Gedicht von Emanuel Geibel geschrieben hat: »Wie flüchtig rinnt die Stunde, da in verschwiegner Gluth sich neiget Mund zu Munde, und Herz am Herzen ruht. Der Mond hört auf zu scheinen, kühl geht des Morgens Hauch – kurz Lachen, langes Weinen, das ist der Liebe Brauch. ... So will ich still mich schicken in dieser Tage Leid, die mich von deinen Blicken geschieden, ach, so weit. Und mag die Welt uns trennen hinfort Jahr aus Jahr ein, ich will mich selig nennen, denn einmal warst du mein.«

Ich muss schlucken, als ich das lese. In welchem Moment, in welcher Stimmung hat sie diese Zeilen wohl abgeschrieben? Wie traurig, aber auch wie zärtlich und romantisch ist die Gefühlswelt meiner Mutter. Und wie verborgen. Ich weiß so wenig von ihrem Innenleben. Ihr Herz scheint sich wie hinter dicken Mauern zu verstecken. Vielleicht kann es sich nur öffnen, wenn sie ganz allein ist.

Es bleiben so viele Fragezeichen. Und doch finde ich einen roten Faden. Er zeigt sich über Generationen in dieser eisernen Fähigkeit, Gefühle zu kontrollieren und so gut wie möglich Disziplin zu üben. Man trägt nicht nach außen, was nach innen quält. Im Brief meiner Großmutter an ihren Mann, der an diesem 12. September 1943 im Gefängnis sitzt, beschreibt sie den Abend, an dem sie mit ihren drei Kindern im Garten Kartoffelfeuer macht. Obwohl ihr so gar nicht danach zumute ist, will sie die Familientradition beibehalten. »Ich bin zur Zeit eigentlich nur als stumpfsinnige Maschine verwertbar. Alles, was Affekte auslösen könnte, muß ich mir vom Leibe halten. Und dazu gehört für mich im Grunde alles, was mit Natur und Musik zusammenhängt.«

»Alles, was Affekte auslösen könnte, muss ich mir vom Leibe halten.« Wie gut kann ich diesen Satz plötzlich verstehen. Er öffnet mir den Blick auf meine Mutter. Auf die unbelebte Terrasse, den verwelkten Garten, den Esszimmertisch, der als Papierablage dient. In meiner Anwesenheit versinkt meine Mutter nicht in Schmerz oder Tränen, sondern in starre Gleichgültigkeit. Vielleicht, weil sie mich nicht belasten will. Vielleicht, weil sie die Erinnerung an unser Familienleben sonst endgültig zerbrechen lässt. Meine Großmutter sieht sich »nur als stumpfsinnige Maschine verwertbar«, hat ihre Gefühle eingefroren wie der Frosch im Winterschlaf. Das kann sie. Das rettet sie. Vor den Nazischergen, vor ihrer Familie, vor sich selbst. Hat meine Mutter diese Fähigkeit von ihr? Überlebt man in unserer Familie besser, wenn man sich abkapselt und quälende Situationen mit sich allein austrägt? Ist das auch ein Grund, warum wir nicht zueinanderfinden, meine Mutter und ich, und stattdessen diese befremdliche Distanz einnehmen? Uns nicht umarmen und miteinander weinen können – und so einem möglichen gemeinsamen Glücksmoment keine Chance lassen? Wirke ich manchmal genauso unnahbar wie sie und verstecke mich vor anderen? Was von dieser Eigenschaft habe ich an meine Tochter weitergegeben? Plötzlich tauchen Gedanken auf, die bisher undenkbar waren. Fragen können wichtiger sein als Antworten.

Meine Mutter hat Wuppertal nie als ihr Zuhause empfunden und nur wenige Freundschaften aufgebaut. Sie wird jetzt hin und wieder eingeladen, doch sie fühlt sich ohne Mann unter Ehepaaren unsicher und fehl am Platz. »Die wissen gar nicht, wie das ist, abends allein zurückzukommen und mit niemandem sprechen zu können«, höre ich am Telefon bei jeder Gelegenheit. Mich ärgert ihr Gejammer, ich werfe ihr vor, anspruchsvoll zu sein. Ich will einfach, dass es langsam mit ihr aufwärtsgeht. Alles andere bedroht mich. Heute verstehe ich sie besser. Ich kann mich, seit sie gestorben ist, liebevoller in sie einfühlen. Nachvollziehen, dass sie oft keinen Halt findet. Ihre Brüder Klaus und Christoph leben weit entfernt in Hamburg und sind sehr beschäftigt, mit ihren Berufen wie mit ihren Ehen. Geborgen ist meine Mutter bei ihrer Cousine und deren Mann im nahen Düsseldorf. Sie kümmern sich »rührend«, wie meine Mutter sagt. Cornelie hat ein ähnliches Familienschicksal erlitten, auch ihr Vater, Klaus Bonhoeffer, ein Bruder meiner Großmutter, wurde im Widerstand hingerichtet. Zwischen den Cousinen besteht ein enges Band. »Wir sind wie Schwestern«, sagen sie. Ich bin immer erleichtert und dankbar, wenn ich höre, dass meine Mutter ein Wochenende dort verbringt. Dann weiß ich sie wenigstens in Sicherheit.

Nach zwei, drei Jahren wird das Haus in Wuppertal zu groß. Maria, unsere Hilfe, hat mittlerweile eine neue Stelle und kommt nur gelegentlich vorbei, um meiner Mutter zur Seite zu stehen. Sie räumt mit ihr die Schränke meines Vaters aus und darf einige Anzüge für ihren Schwiegersohn mitnehmen. Auch ihre Abendgarderobe verteilt meine Mutter, bis auf wenige, einzelne Erinnerungsstücke.

Das Haus leert sich. Die Kinder sind weg. Der Ehemann ist tot. Meine Mutter ist gerade sechzig Jahre alt geworden. Was geht in ihr vor, wenn sie zurückblickt, sie, die sich zeitlebens ein unbekümmertes, intaktes Familienleben gewünscht hat? »Eure Mutter ist ein richtiges Familientier«, höre ich meinen Vater schmunzelnd sagen. Er weiß, dass Verbundenheit und

Zusammenstehen, Nähe und Gemeinschaft eine lange Tradition haben. Ihm wird das manchmal zu viel. »Wir alle wurzeln stark in unserer Familie, sehr viel mehr, als das wohl üblicher Weise der Fall ist«, schreibt meine Großmutter über sich und ihre vielen Geschwister in einem Brief an die Schriftstellerin und Historikerin Ricarda Huch. Auch mein Großvater findet bei der Familie Bonhoeffer früh neue Wurzeln. Er selbst kommt aus einer geschiedenen Ehe, sein Vater Ernst von Dohnanyi verlässt die Familie für eine andere Frau, was Anfang des 20. Jahrhunderts ungewöhnlich und wohl eher eine gesellschaftliche Schande ist. Vater und Sohn sehen sich aus diesem Grund fünfundzwanzig lange Jahre nicht wieder. Umso mehr schätzt mein Großvater schon als Junge das warme, offene Haus der künftigen Schwiegereltern. Seiner späteren Frau, meiner Großmutter, die er im Berliner Grunewald-Gymnasium kennengelernt hat, schreibt er am 5. Mai 1938: »Das ist ja der tiefere Sinn des Lebens in der engeren Familie; es genügt mir, daß ich Dich habe – so Gott will, werden wir das später auch von den Kindern sagen können – und daß ich weiß, wie Du mit mir lebst, so wie ich für Dich lebe.«

Für ihren Mann kann meine Mutter nun nicht mehr leben. Aber für ihre Kinder. So fühlt sie. So denkt sie. Und so handelt sie. Sie möchte in unserer Nähe sein und bereitet sich auf ihren Umzug nach München vor, wo mein Bruder und ich wohnen. Ein weiterer Umzug in ihrem Leben. »Wie oft musste ich die Schule wechseln und neue Freundinnen suchen.« Darüber klagt sie häufig. Berlin, Leipzig, Kloster Ettal. In Sacrow, Am Hämphorn, sind ihr zwei mehr oder weniger glückliche Kindheitsjahre gegönnt, in dem Haus am See, gegenüber der Pfaueninsel zwischen Berlin und Potsdam. Dann werden die Eltern verhaftet und die Angst zieht ein. Nach dem Krieg kommen meine Großmutter und ihre drei Kinder als Flüchtlinge in

Windach in Oberbayern unter, bevor sie nach München ziehen. Und jetzt, nach Tübingen und Wuppertal, wird meine Mutter in die Stadt zurückkehren, in der sie vor vierzig Jahren meinem Vater begegnete.

An den Abschied von Wuppertal habe ich keine Erinnerung. Ich finde in meinem Gedächtnis keinen letzten Blick, den ich auf mein Elternhaus werfe. Nicht aus meinem ehemaligen Kinderzimmer ins weite Land hinein, nicht auf die geschwungene Treppe, die den Mittelpunkt des Hauses bildet, nicht auf unseren großen Garten mit der Buchenhecke und dem Birnbaum. Kein letzter Abend, keine letzte Übernachtung, kein letzter Eindruck, den ich mitgenommen habe. Kein Blick zurück. Das Wuppertaler Zuhause birgt jede Menge Erinnerungen, doch eine tiefere Verbindung scheint mir zu fehlen. Weder Stadt noch Haus sind Heimat geworden. »Wir gehören hier nicht hin.« Der Standardsatz meiner Mutter ist auf merkwürdige Weise zu meinem geworden.

Eine großzügige Wohnung am Münchner Herzogpark löst das Haus in Wuppertal ab. Ihren Umzug organisiert meine Mutter weitgehend selbst. Sie scheint wieder alles unter Kontrolle zu haben und demonstriert Disziplin. Man gibt nicht auf, man beißt sich durch. Das ist der Maßstab in unserer Familie. Auch meine Mutter beißt sich jetzt durch. Selbstbeherrschung wird zu ihrer großen Stärke. So hat schon meine Großmutter schwierige Situationen gemeistert, so gehört es sich. Man zeigt sich nach außen kraftvoll und entschlossen, wenn es darauf ankommt. Die zarte, dünnhäutige Seite klingt lediglich in ihren Briefen an – oder eben in einem aufgeschriebenen Gedicht. Kraft übertüncht die Zerbrechlichkeit. Eine weibliche Familieneigenschaft, die manchmal hilfreich sein kann. Ich kenne sie von mir selbst. Und entdecke sie bei meiner Tochter.

Die Strecke zwischen Wuppertal und München ist meiner Mutter vertraut, oft war sie in dem dunkelgrünen Mercedes meines Vaters allein unterwegs. Jetzt, kurz vor dem Umzug, fährt sie noch etwas häufiger hin und her. Jedes Mal erzählt sie stolz, wie gut sie »durchgekommen« ist. Maria hilft mit, wenn meine Mutter den Wagen mit allem, was für sie Bedeutung hat und was sie keinem Fremden anvertrauen möchte, bis unters Dach vollpackt. Dazu gehören die alten Holzkoffer vom Dachboden, die seit Jahren ein Geheimnis bergen und in denen sich, wie sie uns irgendwann erklärt, Dokumente ihrer Eltern aus der Nazizeit befinden. Solche Schätze bringt sie persönlich nach München.

In der neuen Wohnung stellt meine Mutter die Möbel wie früher zusammen. So taucht wieder das Esszimmer auf, wie ich es kenne: Der englische Tisch steht in der Mitte, dazu die Stühle mit ihren aufwendigen Einlegearbeiten. Sie bekommen lediglich einen neuen Bezug aus schwarzem Rosshaar. Der elektrifizierte Lüster mit den gedrehten, spitzen Birnen, die Glasvitrine, in der bemalte Porzellankörbe aus Meißen und Mokkageschirr aus der ungarischen Herend-Manufaktur zur Geltung kommen, die schöne Kommode mit den Restbeständen des Familiensilbers der Bonhoeffers – alles findet genau wie in Wuppertal seinen festgelegten Platz. Sofas, Sessel, Bücher und Bilder geben schon nach wenigen Tagen ein vertrautes Bild ab. Tatsächlich lässt meine Mutter ein neues Zuhause entstehen, das bis ins Detail an Wuppertal erinnert.

Der Zeitpunkt, den sie für ihr neues Leben in München wählt, ist ein guter. Ich freue mich darauf, sie in der Nähe zu haben. Den Störenfried in meiner Ehe und somit auch in unserem Verhältnis gibt es nicht mehr. Ich schreibe Artikel und bin ausgelastet mit Aufträgen für ein Frauenmagazin. Wann ich wohl wieder anfangen würde zu arbeiten, fragte mich Onkel

Klaus, als wir im Taxi von der Beerdigung meines Vaters zu mir nach Hause fuhren. Damals, vor drei Jahren, fand ich die Frage völlig unpassend. Jetzt ist es Zeit.

Sophie malt ihrer Großmama bunte Bilder, meine Mutter liest vor und kauft ihr hübsche Sachen zum Anziehen. Beide sind fröhlich miteinander und bringen sich gegenseitig immer wieder zum Lachen. Die Harmonie zwischen Großmutter und Enkeltochter bildet für mich einen ruhigen Pol. Eine verlässliche Achse, die mich trägt, wenn ich mit mir selbst nicht im Reinen bin. Meine Tochter hat meine Mutter »unglaublich lieb«, wie sie ihr später zum Geburtstag schreibt. »Dir gehört ein riesiger Fleck in meinem Herzen. Wenn ich krank war, bist Du mit 3-Gänge-Menüs zu mir gekommen, und Weihnachten und Ostern bei Dir wird für immer ungeschlagen bleiben.«

Das stimmt. Denn vor wichtigen Festtagen kommt meine Mutter so richtig in Fahrt. Aus ihren Augen strahlt die Vorfreude, sie ist quirlig wie ein Kind und scheint vollkommen in der Organisation aufzugehen. Für Weihnachten und Ostern gibt sie alles. Nach dem Tod meines Vaters war zunächst mir diese Aufgabe zugewachsen. Doch meine Mutter findet mich in Vorbereitungen und Dekoration zu nachlässig und übernimmt wie selbstverständlich die Gestaltung und damit die Kontrolle. Ihre Dramaturgie folgt der Familientradition der Bonhoeffers, so, wie sie es bei ihrer Großmutter Paula erlebt und geliebt hat. Schon zu Advent geht es los mit dem Duft von selbstgemachten »Essle«, Nusshörnchen und Zimtsternen. Gebacken wird nach alten Familienrezepten, die meine Großmutter in ein Buch mit blumigem Stoffeinband geschrieben hat. Meine Mutter legt sich in München wieder eine Hilfe zu, mit der sie den Teig vorbereitet. Zum Ausstechen lädt sie ihre Enkeltochter ein, und auch ihr kleiner Enkelsohn David, der Sohn meines Bruders, darf mitmachen. Bis in die Küche tönen klassische Weihnachtslieder, gesungen von den Wiener Sängerknaben. Meine Mutter klappt den Ofen zu und lauscht andächtig. »Onkel Christoph war als Jungenstimme bei den Thomanern in Leipzig sehr beliebt.«

Wenn sie von früher spricht, scheint sich ihr Gesicht jedes Mal zu verschließen. Es nimmt diese abweisenden Züge an, mit denen meine Mutter wortlos zu verstehen gibt, dass niemand, der »damals« nicht dabei war, Zugang hat zu ihrer Welt. Dass es eine Grenze gibt zwischen ihr und diesen anderen. Gefühle werden nicht geteilt. Was früher war, welche Anspannung in ihrem Elternhaus herrschte, welche Enttäuschungen ihre kindliche Freude erstickten, welchen Schmerz sie schließlich aushalten musste, das alles gehört nur ihr. Damit hat niemand etwas zu tun, ich schon gar nicht. Der bemalte Puppenschrank, den ihr Vater für sie zimmerte und mit dem auch ich als Kind spielte und dann meine Tochter; die Ritterburg der Brüder, die ihre Eltern nachts für die Söhne bauten und sich damit von den Schrecken der Nachrichtenlage ablenkten – von Sachen kann meine Mutter berichten, von Empfindungen nicht. »Mein Vater war handwerklich sehr geschickt«, stellt sie sachlich fest und schaut dabei wehmütig an mir vorbei in die Ferne. Der Satz bleibt in der Luft hängen und ich frage nicht nach, weder nach weiteren noch nach genaueren Erinnerungen. Weil ich nicht hören will, dass ich sowieso keine Ahnung habe und nie etwas von ihrer Familiengeschichte verstehen werde.

Sind die Plätzchen fertig, werden einige wenige an den Adventssonntagen zum Probieren freigegeben. Der größte Teil ist für Weihnachten bestimmt, vor allem für die Geschwister in Hamburg. Anders als wir verbinden ihre Brüder kostbare Erinnerungen mit diesen süßen Sachen, behauptet meine Mutter und schichtet die Kekse für Onkel Klaus und Onkel

Christoph sorgfältig in kleine Kästchen. Zum Adventstee ist der Esstisch mit blank geriebenen Äpfeln und roten Kerzen geschmückt, der schlichte Kranz mit Mandarinen und Nüssen gefüllt, dazu gibt es Stollen und Tee und das Weihnachtsoratorium im Hintergrund. Auf der Kommode im Wohnzimmer liegen in dem dekorativen Porzellanteller mit Bonhoeffer-Wappen lange Listen mit allem, was noch besorgt werden muss. Damit ist meine Mutter aufgewachsen. Schon ihre Großmutter Paula war bekannt für nicht enden wollende Weihnachtslisten, auf denen mehr als hundert Namen gestanden haben sollen. Ihre Tochter Suse, meine Großtante, notiert: »Diese Vorbereitungen waren für meine Mutter eigentlich Lebenselixier – obgleich es zu ihrer Gewohnheit gehörte, ab und zu unter diesen selbstauferlegten Belastungen zu seufzen, wenn sie vor diesem Weihnachtsberg stand. Wir kauften und kauften. Ich will nicht sagen, dass Geld bei ihr keine Rolle spielte; sie überlegte durchaus, wie viel sie ausgeben wollte, und vor allem wollte sie sich nicht neppen lassen. Es war eher so, dass der Preis keine Rolle spielte, wenn ihr etwas gefiel«.

Eigenschaften meiner Urgroßmutter, die mich an meine Mutter erinnern. Auch sie jammert über die langen Geschenkelisten, mit denen sie nun »allein in die Stadt« gehen muss. Dass ich arbeite und wenig Zeit finde, mit ihr gemütlich im Café zu sitzen und anschließend durch die geschmückten Läden zu bummeln, versteht sie nicht. Heute bedauere ich manchmal, dass ich mich ihr entzogen habe. Vielleicht hätten wir uns untergehakt und viel Spaß miteinander gehabt. Zumindest denke ich nach ihrem Tod mit einer gewissen Sehnsucht, wie schön das gewesen wäre. Meine Mutter kauft gern ein und macht anderen gern eine Freude. Mit den Jahren wird sie allerdings vorsichtig. »Du kannst alles umtauschen.« So warnt sie mich, noch bevor ich ein Päckchen geöffnet habe.

Ich fühle mich bedrängt und bin insgeheim verärgert. Mittlerweile kann ich ihre Unsicherheit hinter diesem Satz spüren und mich davon berühren lassen.

Dabei geht gar nicht so viel schief, denn meine Mutter stimmt Geschenke und zu Beschenkende mit Bedacht aufeinander ab. So werden Handschuhe aus feinem Leder an Maria nach Wuppertal geschickt. »Das freut sie«, ist sich meine Mutter sicher. Für ihre neue Zugehfrau gibt es Konfekt. Ihre beiden Enkelkinder verwöhnt sie ganz besonders. Die größten Geschenke vom Christkind stammen jedes Jahr von meiner Mutter. Für uns Erwachsene sucht sie Hemden, Schals oder Pullis aus und Bücher aus den Bestsellerlisten der ›Süddeutschen Zeitung‹ und der ›Frankfurter Allgemeinen‹, in die sie einen Geldschein steckt. Irgendwann fällt ihr das Tragen schwer und auch das Anstehen für die erlesenen Pralinen aus dem Café Hag oder von Elly Seidl in der Münchner Innenstadt. Die Köstlichkeiten sind eine Attraktion auf dem süßen Teller, den sie für jeden von uns liebevoll herrichtet. »Ihr ahnt nicht, wie viel Mühe so ein Teller macht«, lässt sie uns wissen. Aber der Aufwand lohnt sich. Die bunten Pappteller spielen die Hauptrolle an Weihnachten, weil hier nun endlich der Zugriff auf die ersehnten »Essle«, Nusshörnchen und Zimtsterne erfolgen kann. Großmamas Knusperhäuschen mit bunten Streuseln, Pfefferminzplätzchen und einem Überzug aus Marzipan und Schokolade kann der süße Teller meiner Mutter trotzdem nie ersetzen.

Am Heiligen Abend macht es meine Mutter richtig spannend. Für die Kinder, wie sie sagt. Und meint damit sich selbst. Wir singen die vertrauten Lieder unten im Hobbyraum, zum Klavierspiel meines Schwiegervaters, der am Bechstein-Flügel sitzt und streng auf die Auswahlkriterien meiner Mutter achten muss. »Leise rieselt der Schnee« zum Beispiel wird unter keinen Umständen angestimmt. Es ist zu kitschig. Das Lied von der »Weihnachtsbäckerei«, das heute ihre Urenkel mit Vorliebe schmettern, kennen wir erst gar nicht. Lieder wie »Es kommt ein Schiff geladen«, »Maria durch ein Dornwald ging« oder »O du fröhliche« hingegen haben den Segen meiner Mutter. Und natürlich »Oh Tannenbaum«. Das singen wir, sobald wir uns vor dem Baum versammelt haben, der bis zur Zimmerdecke reicht und mit Lametta geschmückt ist. Vorher hat mein Mann die Kerzen aus Bienenwachs angezündet und meine Mutter klingelt dazu eifrig mit dem Glöckchen. Es stammt noch aus ihrer Kindheit und ist ihre ganze Freude. Zu ihrem Bedauern ist sonst kein Weihnachtsschmuck aus der Familie übrig. Nur ein holzgeschnitzter Hirte steht jedes Jahr einsam unter dem Baum. Als einzige Krippenfigur hat er den Krieg überlebt und mahnt an frühere Zeiten, in denen meine Mutter noch in ihrer Großfamilie aufgehoben war.

Die Zahl der Feiernden hat mit den Jahren deutlich abgenommen, die Familien von mir und meinem Bruder sind klein. Omama, die Mutter meines Vaters, wird nur noch wenige Weihnachten dabei sein. Und Johannes wohnt in Italien. Mit den »wunderbaren Weihnachtsfesten von früher« können wir nicht mithalten. Das ist allen klar. Meine Mutter findet sich damit ab, aber ihre Sehnsucht nach einer Zeit, in der sich alle Familienmitglieder bei den Großeltern versammeln, Cousinen und Cousins ausgelassen toben und die Erwachsenen interessante Gespräche führen, klingt immer wieder durch.

Im Unterschied zu Weihnachten gibt es an Ostern keine Geschenke. Den modischen Brauch findet meine Mutter »maßlos übertrieben«. Schokoladeneier und rote Zuckerhasen reichen, sagt sie und reibt sich beim Verstecken vor Begeisterung die Hände. Sie denkt sich die originellsten Plätze aus und lässt sich dabei von niemandem beirren. Kein Möbelstück ist zu schwer, als dass man es nicht von der Wand abrücken und dahinter ein buntes Nest platzieren könnte. Höhepunkt ihres opulenten Osterfrühstücks ist das »Eiertitschen« mit hart gekochten und selbst gefärbten Eiern. Jeder am Tisch weiß, dass meine Mutter ihr eigenes Ei besonders sorgsam prüft, weil sie den Kampf unbedingt gewinnen möchte. Das Ritual bereitet ihr eine diebische Freude. Vor allem, wenn sie zum guten Schluss ihr bruchsicheres Stück wie eine Trophäe in die Höhe halten kann.

Meine Mutter ist nicht gern allein. Lieber kommt sie zu mir. Sie kennt nicht viele Menschen in München und bemüht sich auch nicht um neue Beziehungen. Ein paar wenige Kontakte gibt es noch aus der Zeit mit meinem Vater. Und eine Freundin von früher, von der Fotoschule. Trotzdem liegt ihr nicht viel an derlei Bekanntschaften. Sie scheint sie eher als Zeitvertreib zu betrachten. Echte Anteilnahme zeigt sie selten. Sie lädt auch kaum jemanden zu sich ein außer der Familie, obwohl sie stolz ist, wenn ihre schöne Wohnung bewundert wird. Sie freut sich, wenn man sie nach der Herkunft der Kommode fragt, nach den Silbervasen oder dem Meißener Geschirr mit dem königlichen Zwiebelmuster. Dann ist sie schnell bei ihrer Familiengeschichte. Und bei den politischen Verstrickungen in der Nazizeit, da kennt sie sich genau aus. Gegenüber Unbeteiligten fällt es meiner Mutter sichtlich leichter, über das Vergangene zu sprechen, bei mir winkt sie immer schnell ab. Ich frage wahrscheinlich zu oberflächlich, zu unbequem, ohne ausreichende Würdigung. Manchmal habe ich den Eindruck, sie erzählt in meiner Gegenwart anderen etwas, was im Grunde für mich bestimmt ist. Damit ich endlich mal begreife, wie anständig und couragiert man sich in unserer Familie verhalten hat. Und wie schwer die Zeiten waren, »für uns Kinder«. Meine Mutter sagt nicht oft »ich«, eher »wir« oder

»man«. Nicht »ich musste viel ertragen«, sondern »man hat damals viel durchgemacht«. Auf solche Feinheiten kann ich achten, wenn ich nicht der Adressat ihrer Geschichten bin. Das ist interessant, ich erfahre mehr und das Indirekte zwischen mir und meiner Mutter tut gut. Es fühlt sich leichter an.

Wie und mit wem könnte ich den Freundeskreis meiner Mutter erweitern? Meine Gedanken sind nicht selbstlos, sondern der Not geschuldet, dass sie zu oft bei mir vor der Tür steht. Die Verantwortung, die ich für ihr Wohlergehen nach dem Tod meines Vaters spüre, bedrängt mich immer mehr. Meine Mutter braucht hier in München einfach mehr Menschen. Als ideale Zuhörerin erweist sich die Mutter einer Freundin. Wir bringen die beiden zusammen in der Hoffnung, sie mögen sich verstehen. Unsere Töchter sind befreundet, und tatsächlich, unsere Mütter mögen sich auch. Die Mutter meiner Freundin verehrt Dietrich Bonhoeffer, hat fast alles von ihm gelesen und über die Dohnanyis auch. Gesprächsstoff ist also garantiert, der Plan könnte aufgehen. Sabines Mutter lebt mit ihrer Tochter und deren Familie im selben Haus, aber in einer abgeschlossenen Wohnung. Dort führt sie ihr unabhängiges Leben, lässt kein Konzert, keinen Vortrag, keine Ausstellungseröffnung aus und hat jederzeit etwas vor. Meine Mutter beneidet sie weniger um solche Aktivitäten als um die räumliche Nähe zu ihrer Tochter. Eine Wohnung im selben Haus, das wäre für sie der Idealzustand. Dass Sabine ihre Mutter trotzdem tagelang weder sieht noch hört, kann sie gar nicht glauben.

Unten, neben der Tiefgarage meiner Mutter, gibt es ein Schwimmbad und eine Sauna für die Hausbewohner. Dieser Luxus macht die Besuche bei ihr sehr viel entspannter. Vor dem Eingang hängt eine Tafel, auf der man frühzeitig reservieren kann. Eines Abends lese ich dort »Dohnanyi« statt wie bisher »Bayer«. Ich überprüfe die Klingel draußen am Hauseingang. Auch da finde ich plötzlich den Mädchennamen meiner Mutter wieder. Und sogar auf ihrem Schild an der Wohnungstür steht Bayer-von-Dohnanyi. Ich staune. Und bin verärgert. Sie verrät meinen Vater! Und hält es nicht einmal für nötig, uns darüber zu informieren. Das nehme ich ihr übel. Als ob ihr Mädchenname den Verlust meines Vaters erträglicher machen könnte. Aber: War meine Mutter im Grunde nicht immer eine Dohnanyi – und nie gern eine Frau Bayer? Sie musste den Namen meines Vaters annehmen, das war im Jahr 1949 nicht anders möglich. Ganz sicher hat sie diesen gewöhnlichen Namen nie gemocht, sondern jahrelang nur erduldet. Vielleicht sogar als Kränkung empfunden.

Auf die heimliche Namensänderung spreche ich meine Mutter nie an. Ich drücke mich davor, will keine Missstimmung aufkommen lassen. Ihr Mädchenname steht bald auch auf jedem Formular und jedem amtlichen Brief, den sie erhält. Der Alleingang meiner Mutter befremdet mich und ist doch typisch für sie. Was sie sich in den Kopf setzt, zieht sie durch. Da hat keiner mitzureden. Später, nach ihrem Tod, stellt mein Bruder fest, dass der neue Doppelname nirgendwo offiziell eingetragen ist. Für Bürokratie hatte meine Mutter nie etwas übrig. Der Gang zum Amt war vermutlich unter ihrer Würde. »Intelligent, aber faul.« So hat sich mein Vater einmal liebevoll über seine Frau lustig gemacht. Ich kann mir ein Schmunzeln nicht verkneifen.

Wieder den Namen zu führen, der ihre Herkunft unterstreicht und andere zu Nachfragen anregt, ist vermutlich die Absicht meiner Mutter. Nicht weniger. Aber auch nicht mehr. »Mit diesem Nachnamen könnte sie in jeder Stiftung und für jede Charity-Veranstaltung arbeiten und würde zusammen mit interessanten Leuten eingeladen. Warum macht sie nichts?«

So wird über sie geflüstert. Doch meine Mutter will nicht. Sie lehnt weiter alles Gesellschaftliche ab, lebt zurückgezogen in ihrer Wohnung und konzentriert sich auf mich und meinen Bruder. In der Familie zieht sie, so gut sie kann, die Fäden. Das Netzwerk gibt ihr Sicherheit, auch wenn es manchmal Löcher hat und sich als Illusion erweist. »Familienangelegenheiten machen sie emotional satt«, drückt es viele Jahre später eine vertraute Pflegerin aus.

Ihr Mädchenname ist zurück, es gibt jetzt wieder drei Dohnanyi-Geschwister. Seit sie verwitwet ist, sucht meine Mutter den männlichen Schutz bei ihren Brüdern. Klaus und Christoph werden ihre Stützpfosten. In kurzen Abständen telefoniert sie mit ihnen, offensichtlich vergeht keine Woche ohne gegenseitige Anrufe. »Klaus sagt« wird ein geflügeltes Wort. Und natürlich hat er immer recht. »Bärbel redet nur von ihren Brüdern.« So wird hinter ihrem Rücken häufig gelästert. Wenn einer der beiden in der Leitung ist und ich unerwartet in der Tür stehe, winkt sie energisch ab, ohne ihr Gespräch zu unterbrechen, und fegt mich mit wilden Handbewegungen wie eine lästige Fliege aus dem Zimmer. Angestrengt horcht sie dabei ins Telefon, um ja kein wichtiges Wort zu verpassen. Vor allem nicht von Klaus. Wie Bruder und Schwester ihr Zerwürfnis nach dem Vorfall in Salzburg geglättet, wie sie wieder zusammengefunden haben, ob sie ihm je verziehen hat, ich weiß es nicht. »Da kannst du nicht mitreden«, würde meine Mutter sofort abwiegeln. Mit Christoph lacht sie häufiger, mit Klaus diskutiert sie die Weltpolitik und hat in ihm wohl den wichtigsten Gesprächspartner. Mit beiden Brüdern ist meine Mutter tief verbunden. »Ihr wisst nicht, was wir durchgemacht haben.«

Klaus spannt sie für seine Arbeit ein. Tag und Nacht wühlt meine Mutter in ihrem Hobbyraum in Papieren und Nachlässen der Familie. Briefe, Eintragungen, Kassiber, Notizbücher, Zettel. Monatelang sichtet sie Dokumente aus der Nazizeit oder hängt am Telefon, um »die Dinge«, wie sie sagt, mit ihm zu besprechen. Holzkoffer, die unter alten Decken in Wuppertal auf dem Dachboden standen und um die ich als Kind einen Bogen machen musste, stehen jetzt geöffnet neben dem Bechstein-Flügel und verströmen einen modrigen Geruch. Sie bergen Geheimes, das wusste ich. Nun soll der Inhalt ans Licht, für das Archiv und zur Veröffentlichung. Oft höre ich meine Mutter stöhnen: »Klaus hat ja keine Ahnung, wie schwer das für mich ist.« Manchmal sieht sie tatsächlich grau und müde aus. Andererseits, denke ich, hat sie zu tun. Womit, will ich nicht so genau wissen. Wieder die Familiengeschichte. Ich bin Anfang vierzig und mit meiner Ehe, meiner Tochter, meiner Arbeit und meinen vielen Freundinnen vollauf beschäftigt. Je mehr meine Mutter von mir abgelenkt ist, umso besser. Mein Leben scheint ihr sowieso zu oberflächlich, zu sorglos zu sein im Vergleich zu ihrem. Jetzt hat sie zu tun und weniger Zeit für herablassende Bemerkungen. Sie muss tief in das Leid schauen, das ihr Leben und das ihrer Brüder bestimmte. Ein Leben, an dessen Geschichte und Bedeutung niemand von uns herankommt. Damit das gleich mal klar ist.

Worum es bei der Durchforstung der Holzkoffer hauptsächlich ging, erfahre ich erst Jahre später, in Berlin am 26. Oktober 2003, dem 100. Geburtstag meiner Großmutter. An diesem Tag wird im Bonhoeffer-Haus in Berlin-Charlottenburg mein Großvater Hans von Dohnanyi posthum von der israelischen Gedenkstätte Yad Vashem in Jerusalem mit dem Ehrentitel »Gerechter unter den Völkern« ausgezeichnet. Der Gesandte Israels überreicht der Familie die Urkunde und eine Medaille. »Einem der Gerechtesten in der damaligen unseligen Zeit wurde Gerechtigkeit zuteil«, sagt Ines Henn, zu der Zeit

Vorsitzende des deutschen Yad-Vashem-Komitees. Die Auszeichnung ist die höchste Ehrung, die Israel an Nichtjuden vergibt. Menschen, die während des Holocaust unter Einsatz ihres Lebens und ohne finanzielle Gegenleistung Juden vor dem Tod bewahrten, werden sorgsam ausgewählt und im sogenannten Garten der Gerechten in Jerusalem verewigt. Unter zwanzigtausend Namen sind weniger als vierhundert deutsche. Dorothee Fliess, eine von meinem Großvater gerettete Jüdin, hat den Antrag für ihn gestellt. Immer wieder musste er erneuert werden, bis er viele Jahre später endgültig angenommen wurde. Darin liegt also das Geheimnis: Für ihren Vater, für ihre Eltern kniet meine Mutter jahrelang vor den schweren Holzkoffern. Sie sichtet Dokumente, Briefe, Notizen, Tagebücher aus den Dreißigerjahren und aus der Zeit des Krieges. Unten im Keller atmet sie den Geruch von Staub und Vergangenheit ein und begegnet ihrem Schicksal wieder und wieder. Sie und ihre Brüder kämpfen um die Anerkennung, die dem Vater und der Mutter uneingeschränkt gebührt und die im Nachkriegsdeutschland auf wenig Interesse stößt. Was geschah, soll nicht dem Vergessen anheimfallen. Das empfinden sie als ihren Auftrag, das ist es, was sie antreibt. Während ich das schreibe, bin ich plötzlich sehr stolz auf meine Mutter. Und frage mich, warum ich ihren Anteil am Gedenken an den Widerstand, am gesamten Familiengedächtnis nur so schwer erkennen und schätzen konnte. Mama, es tut mir leid, möchte ich ihr am liebsten zurufen.

Manchmal schreibe ich meine Träume auf. Nicht regelmäßig, nur zwischendurch. Ich blättere in dem kleinen Buch und bin erstaunt, was ich im März 1990 notiert habe. Da steht: »Ich träume, meine Mutter ist tot. Wache auf, bin verstört und verängstigt, dann erleichtert, dass es nur ein Traum war. Gucke auf die Uhr und schlafe nach einiger Zeit wieder ein. Träume wieder, dass meine Mutter gestorben ist. Ich muss mich sofort kümmern und rufe eine Telefonnummer an. Mein Vater meldet sich mit einer kranken, schwachen Stimme. Eine Stimme, wie ich sie noch nie von ihm gehört habe. Er meldet sich mit dem Namen ›Durchleuchter‹. Ich frage ihn, ob Mama wirklich gestorben ist. Er bejaht. Mein Vater ist für mich nicht greifbar, nicht real. Ich bin gar nicht so entsetzt über die Tatsache, dass meine Mutter tot ist, sondern spüre eine fürchterliche Belastung, dass ich von nun an die Einzige bin, die eine heile Familie garantieren muss.« Welche Erwartung, welchen Auftrag muss ich damals auf meinen Schultern gespürt haben, welche Last. Es ist die Zeit, in der ich kein zweites Kind bekomme, als ich diesen Traum träume.

Mein Vater: Warum meldet er sich mit »Durchleuchter«? Wie komme ich darauf? Ich schaue in meinen Lebenslauf, den ich für den Therapieantrag verfasst habe: »Mein Vater war Chefsyndikus eines großen Chemiefaserunternehmens und ständig in der Welt unterwegs. Er war trotzdem nicht der typische, erfolgsorientierte Manager, sondern ein sehr geistiger, belesener, eher in sich gekehrter und zweifelnder Mensch. Bücher, Konzerte, Ausstellungen und vor allem seine geliebten Zeitungen waren ihm immens wichtig. Heute denke ich, dass ihn vor allem sein historisches Interesse mit der Familie meiner Mutter verband und er als junger Mann eine ›bessere Familie‹ suchte. Er kam aus dem braven deutschen Beamtentum, keine braune, aber eben auch keine kritische Haltung der NS-Zeit gegenüber. Für diese ›bessere‹ Familie hat er viel in Kauf genommen. So auch die Anbetungshaltung meiner Mutter ihren beiden Brüdern gegenüber, die es zu mehr Popularität brachten als mein Vater.«

Hat mein Vater seine Situation erkannt, sich selbst und

seine Liebe zu meiner Mutter durchleuchtet? Sieht er und fühlt er mehr, als er seinem weichen, vernarbten Herzen zumuten darf? Hat er erschöpft aufgegeben, damals, auf dem Flugfeld in New York, vor sechs Jahren? »Die Gedanken sind frei …«, das Lieblingslied meiner Großmutter haben wir doch immer in der Familie gesungen.

Meine Mutter vermisst meinen Vater täglich. Da helfen keine Kinder oder Enkelkinder, keine noch so schöne Wohnung in München. Am meisten fehlt ihr eben »das Dazwischen«, wie sie es nennt. Das, was abreißt, wenn einer geht. Etwas davon bleibt, ich bin sicher. Aber es schließt die Lücke nicht. Wie, frage ich mich, erlebt meine Mutter zum Beispiel den Mauerfall am 9. November 1989, ohne den Austausch mit meinem Vater? Sie ist ein durch und durch politischer Mensch. Ich sehe sie Tag und Nacht vor dem Fernseher sitzen, begeistert, bewegt, zu Tränen gerührt, die sie herauslässt, wenn sie allein ist, irgendwo auf dem Balkon oder im Badezimmer. Ihre Brüder haben Frauen, ihre Tochter hat einen Mann, überall, so wird sie empfinden, sind sie zu zweit.

»Ich bin alt, aber meine Bedürfnisse sind jung. Das macht einsam.« So sagt sie oft. Vielleicht auch zu Mike, dem engen jüdischen Freund meines Vaters. Er war in New York bis kurz vor seinem Tod mit ihm zusammen. Mike ist verheiratet, hat eine kluge, sehr kranke Frau und hohe moralische Wertmaßstäbe. Meine Mutter und er telefonieren oft und sehen sich in Abständen. Eines Tages kauft sie sich schöne Kleider, erzählt von ihrer geheimnisvollen fernen Liebe und bucht einen Flug. Meine Mutter hat jetzt wieder einen Mann. Und doch hat sie ihn nicht.

Kapitel 7

Liebe, Konkurrenz und Unverständnis
42–49 Jahre

Von ihrer neuen Liebe berichtet mir meine Mutter auf einer kurzen gemeinsamen Autofahrt. Sie vermittelt die Nachricht eher beiläufig, so als wolle sie der Sache keine zu große Bedeutung beimessen. »Du, ich wollte dir schon länger sagen, dass Mike und ich zusammen sind.« Ich bin am Steuer, sie sitzt neben mir. Wir können uns nicht in die Augen schauen in diesem Moment, und vielleicht ist genau das die Absicht. Ich blicke also weiter stur geradeaus, während die Neuigkeit in mich eindringt. Auf einmal wird aus meiner Mutter eine Frau. Eine wie ich. Eine, die gefallen will und ihre Attraktivität auslotet. Die begehrt und geliebt werden will. Eine, die viel für dieses Bedürfnis gibt, vielleicht zu viel.

Die rote Ampel lässt Raum für Gedanken. Ich kenne Mike schon lange und mag ihn sehr. Er und seine Frau waren meinen Eltern in Freundschaft verbunden. Ich freue mich über dieses erstaunliche Glück und sehe zugleich den Schatten, der es belasten wird. Doch das ist nicht meine Verantwortung, stelle ich fest und überlasse mich dem spontanen Gefühl von Erleichterung. Meine Mutter hat nun wieder ihr eigenes Leben. Ich beginne die Freiheit zu ahnen, die das für mich bedeuten könnte.

Seit dem Tod meines Vaters, der inzwischen einige Jahre zurückliegt, und ihrem Umzug nach München ist meine Mutter aus meinem Alltag nicht wegzudenken. Wachsam kreist sie um unser Haus wie ein Raubvogel um sein Nest. Sie hat sich in meiner kleinen Familie eingenistet und scheint sich ganz und gar zugehörig zu fühlen. Als ob die »Hauslosigkeit« meiner Großmutter, die nach dem Krieg von einem zum anderen zieht und ihren Platz am ehesten bei ihrer Tochter findet, in meiner Mutter neu auflebt.

Wie selbstverständlich nimmt sie an unserem Leben teil, kommt jederzeit mit dem Auto vorbei und zieht ihren Aufenthalt unter Vorwänden in die Länge. Sophie ist noch nicht vom Schwimmen zurück? Natürlich möchte sie von der Enkeltochter hören, wie ihr Tag war und ob sie den neuen Badeanzug trug, den sie von der Großmama bekommen hat. Also wartet meine Mutter eine Weile und bleibt dann zum Abendessen. »Sie lebt dein Leben mit.« So drückt es eine Freundin aus.

»Es kommt vor, dass die Mutter sich so daran gewöhnt hat, zu herrschen, dass sie den Gedanken, die Tochter sich selbst zu überlassen (…) nicht erträgt, oder sie identifiziert sich so übermäßig mit der Tochter, dass deren Erfahrungen ihr das eigene Leben ersetzen.«

Die Zeilen aus dem Buch ›Mütter und Töchter‹ markiere ich, lange bevor ich selbst Mutter werde. Und habe dabei vielleicht vor Augen, wie sehr ich es hasse, wenn ich mit anderen rede und meine Mutter mich voller Stolz dabei beobachtet, die Lippen formt und jedes Wort heimlich mitspricht. Ihre lautlosen Lippenbewegungen verraten sie. Sie macht das ständig, bis zu ihrem Tod. Zum ersten Mal ärgere ich mich über diese Angewohnheit, als ich etwa vierzehn Jahre alt bin und mit meinen Eltern durch Ungarn fahre. Eine Reise zu den Wurzeln der Dohnanyis. Ich soll das Autofenster herunterkurbeln und jemanden auf der Straße in Englisch nach dem Weg fragen. Eine Übung im Erwachsenwerden, vermute ich. Doch meine Mutter verrenkt auf dem Vordersitz förmlich ihren Kopf, um sich nach mir umzudrehen und genau das zu tun: heimlich mitzusprechen. Ich hätte sie am liebsten wütend an den Haaren gepackt, so kontrolliert und unselbstständig empfand ich mich in diesem Moment.

Mit der Tatsache, dass ich kein zweites Kind habe, hat sie sich inzwischen abgefunden. Nur noch gelegentlich kommt sie mit Bedauern auf diesen Umstand zu sprechen und ich lasse sie reden. Wie es in mir aussieht, zeige ich ihr nicht. Dass ich lange Zeit mit den Tränen kämpfte, wenn doch wieder die Periode einsetzte, ahnt sie nicht. »Ein Kind ist keine richtige Familie.« Wie sehr mich dieser Satz getroffen hat, weiß sie auch nicht. Ich verschließe mich vor ihr, so wie sie sich vor mir verschließt. Unser Winterschlaf dauert an.

Über Gefühle sprechen wir nach wie vor nicht. Dafür umso deutlicher über alles, was in einem guten Haushalt zu geschehen hat. Und was man dringend unterlassen sollte. Zum Beispiel, Weißwürste zum Kochen zu bringen, bis sie platzen. Wenn mir so etwas passiert, kennt meine Mutter kein Pardon. Besonders dann nicht, wenn andere dabei sind. Wie könne man nur so »unbedarft« sein und die Hitze auf die höchste Stufe einstellen! »Vollkommen ahnungslos« sei ich zu ihrem Entsetzen. Und wie schade um das gute Essen, auf das sich doch alle gefreut hätten. Meine Freundin schaut peinlich berührt weg. Während ich den dominanten Tonfall oft gar nicht wahrnehme, wirkt er auf andere ziemlich befremdlich. Meine Mutter kann ihre Tonlage allerdings schnell wechseln und mir schon im nächsten Moment das Gefühl geben, ihre Tipps seien hilfreich und letztlich nur in meinem Sinn. Ihre Stimme schwenkt dann um. Sie verliert nicht an Eindringlichkeit, aber sie hört sich plötzlich gütig, fast mütterlich an. Wie um die

Blamage mit den Weißwürsten zu überspielen, versucht sie es umgehend mit weiteren hausfraulichen Empfehlungen. Etwa indem sie die Vorzüge der »Doktorspeise« aufzählt, einer »kinderleichten« Nachspeise, die garantiert Anklang fände. Schon bei ihren Großeltern habe es diesen Nachtisch zu besonderen Anlässen gegeben und die verschiedenen Schichten aus Preiselbeeren, geriebenem Pumpernickel, geraspelter Schokolade und Sahne seien wirklich für jeden machbar, sogar für mich.

»Spürst du nicht ihre ständigen Seitenhiebe?«, fragen Freundinnen. Nein. Ich habe auf Durchzug gestellt. Reibereien mit meiner Mutter empfinde ich inzwischen als mühsam. Sie kosten Kraft, denn sie muss immer recht behalten. Lieber bin ich nach außen die gute Tochter, die ich sein soll. Was in mir vor sich geht, entdecke ich in meinem Traumtagebuch wieder, in einer Eintragung vom Januar 1995: »Meine Mutter will mir bei irgendetwas Hausfraulichem helfen. Ich lehne ab. Sie ist gekränkt und verärgert, bietet immer wieder ihre Hilfe an. Ich lehne trotzdem ab und sage zu ihr: Wenn ich etwas sage, meine ich das auch so. Daran musst du dich gewöhnen.« Der Wunschtraum einer Zweiundvierzigjährigen, der nie in Erfüllung ging und der mich jetzt beim Lesen genau deshalb berührt.

Jeder aus dem Freundeskreis kennt meine Mutter. Sie scheint immer anwesend zu sein, vor allem dann, wenn es etwas zu feiern gibt. An meinem Geburtstag lade ich gern zum Frauenfrühstück ein. Ein Fest, mehr für meine Mutter als für mich, so scheint es. Auf vielen Fotos bildet sie den Mittelpunkt, um sie herum gruppieren sich meine Freundinnen und ich. Keine ist vor ihrer scharfen Beobachtung sicher. Sie bilde sich »ihr eigenes Urteil« über diese so unterschiedlichen Frauen, das betont sie, und sie dürfe doch wohl ihre Meinung äußern. Wie ich darüber denke, sei dann meine Sache, erklärt sie mir. Mag sie eine meiner Freundinnen besonders gern, bietet sie ihr das

»Du« an. Sonst bleibt sie beim »Sie«. Es kann Jahre dauern, bis jemand die Stufe des »Du« erreicht.

Auch an Silvester ist meine Mutter wie selbstverständlich dabei. Oft lade ich ihretwegen unsere Freunde nach Hause ein und sage eine nette Party woanders ab. Ich kann sie doch nicht allein lassen! Nicht an diesem Abend, den schon Generationen vorher gemeinsam in der Familie verbrachten. Mein Urgroßvater Karl Bonhoeffer pflegte die Tradition der sogenannten »Silvesterberichte«, in denen er das Wichtigste des Jahres und dieses besonderen Abends niederschrieb. Noch dazu hatte der Vater meiner Mutter, Hans von Dohnanyi, am 1. Januar Geburtstag. Die Erinnerung an lange Silvesternächte und das Anstoßen auf meinen Großvater zu Neujahr hält meine Mutter durch viele Erzählungen lebendig. Und jedes Mal leuchten dabei ihre Augen. All das zusammen zählt für mich mehr als ein vergnüglicher Abend irgendwo bei anderen Leuten. Mein Mann muss damit leben.

Wenn ich anrufe und Gäste zu Silvester einlade, fragen manche Freunde vorsichtig: »Ist deine Mutter wieder dabei?« Diese Frage habe ich befürchtet. Die ehrliche Antwort macht mich kurz verlegen. Ich muss schlucken und weiß, ich kann den Knoten in mir nur lösen, wenn ich innerlich dastehe wie ein Baum. Standhaft versuche ich, heiter zu wirken. Ich lasse am Telefon keinerlei Zweifel aufkommen, dass die Anwesenheit meiner Mutter für mich absolut in Ordnung ist und sie doch eine amüsante Gesprächspartnerin sei. Ich preise sie regelrecht an und die Freunde zeigen sich einsichtig. Niemand sagt ab wegen ihr. Erleichtert lege ich auf. Und tatsächlich, hübsch gekleidet und eloquent erscheint sie pünktlich auf die Minute und ist in unserer Runde jedes Mal eine interessierte, temperamentvolle und schlagfertige Bereicherung. Unversehens bin ich stolz darauf, diese besondere Mutter zu haben.

Hin und wieder fährt sie über Silvester nach Düsseldorf zu ihrer Cousine. Das Gefühl der Entlastung, das dann Raum in mir gewinnt, kann ich wie mit Händen greifen. Es ist, als ob sich eine weite Ebene von freien Tagen vor mir ausbreitet. Meine Freude über diese Aussicht kann ich kaum verbergen. Und versuche es doch, denn meine Mutter ist in dem Punkt sehr hellhörig und sensibel. Spürt sie, dass man ihre Abwesenheit als befreiend empfinden könnte, ist sie schnell gekränkt und versteckt sich wieder hinter dieser harten, unnahbaren Fassade, die mir im Handumdrehen ein schlechtes Gewissen macht.

Ich bediene ihre Erwartungen nicht immer gern, aber gut. 365 Tage im Jahr melde ich mich zuverlässig bei ihr, sogar dann, wenn wir uns später am Tag noch sehen. Ein Ritual, das sie zufriedenstellen und Nähe erzeugen soll. Es gehört sich für eine gute Tochter, so hat es meine Mutter schon mit ihrer Mutter gehalten. Ich erzähle, wo ich bin, was ich vorhabe, wie es meiner Tochter geht, meinem Mann, meinen Freundinnen, welche Veranstaltung im Job ansteht und was Filou, unser lustiger Hund, gerade angestellt hat. Mal fasse ich mich kurz, mal werde ich ausführlicher. Manchmal habe ich Lust, ihre Nummer zu wählen, oft ist es reines Pflichtgefühl und lässt mich nach dem Gespräch angespannt zurück.

Warum mache ich das? Wofür strenge ich mich an? Bin ich doch mehr angewiesen auf die Anerkennung meiner Mutter, als mir bewusst ist? Fühle ich eine Leere zwischen uns, die ich durch ständige Kontakte zu füllen versuche? Habe ich Sorge, meiner Verantwortung, begründet in der tragischen Familiengeschichte und vorgelebt von meinem Vater, nicht zu genügen?

Trotz aller Bemühungen kommt mir zu Ohren, dass meine Mutter sich hinter meinem Rücken über mich beschwert.

»Von Dorothee höre ich wenig, sie hat ja nie Zeit.« Von solchen Bemerkungen erfahre ich immer wieder durch Freunde und Verwandte. Warum sagt sie so etwas? Warum muss sie so sein? Jedes Mal bin ich empört, verletzt, fühle mich hintergangen. Doch statt sie mit ihrer Doppelzüngigkeit zu konfrontieren, rufe ich wieder bei ihr an, als wäre nichts geschehen. Meinen Ärger fresse ich in mich hinein, Konflikten gehe ich aus dem Weg. Doch der Preis für unsere künstliche Ruhe ist Abschottung. Wir zahlen ihn beide. Mehr Mut zur Ehrlichkeit hätte das Glück von Mutter und Tochter womöglich beflügelt, denke ich heute.

»Sei still, du weißt nicht, wen du vor dir hast.« Der Satz meines Vaters sitzt tief. Meine Mutter scheint tatsächlich wie in einem hauchfeinen Kokon zu stecken, der zerbricht, wenn man ihn zu hart anfasst. Ihre Schutzhülle ist nicht sofort erkennbar, als Kind wachse ich wie selbstverständlich damit auf und verhalte mich entsprechend umsichtig. Später, als ich beginne, um mein Eigenes zu ringen, suche ich die Konfrontation. Ich spüre die eiserne Abwehr und die Unantastbarkeit meiner Mutter, gegen die ich nicht ankomme. Wir haben es schwer miteinander, bis wir nach der Geburt meiner Tochter zu einer Art Normalität zurückfinden. Mit dem Tod meines Vaters ist es schlagartig wieder da, dieses Gefühl, in dem ich groß wurde: dass meine Mutter so viel Schlimmes durchgemacht hat, dass ich kaum Ahnung davon habe und dass sie beschützt werden muss. Nun, da sie ohne meinen Vater und allein ist, fällt mir als Tochter diese Aufgabe zu, ob ich will oder nicht. So empfinde ich es. Für einige Zeit versuche ich, mich in eine eigene und doch fremde Welt zu retten. Meine Zerrissenheit bringt mich wieder dahin zurück, wo ich hingehöre. Zu meiner Familie, zu meiner Mutter.

»Einen Engel bekommen Sie nicht«, soll meine Großmutter

gesagt haben, als mein Vater im Frühjahr 1949 um die Hand meiner Mutter anhielt. Ich habe den Satz genau im Ohr. Mein Vater gibt ihn immer dann zum Besten, wenn meine Mutter flapsige oder respektlose Bemerkungen macht, wozu sie neigt. Er wirkt amüsiert über das Zitat seiner Schwiegermutter und ist scheinbar stolz auf seine Frau. Anwesende bestätigen ihn, indem sie belustigt nicken. Während mich diese Momente eher befremden, scheint meine Mutter die Situation zu genießen. Die »freche Schnauze«, wie es im Familienjargon heißt, wird als Begabung verstanden. Als exklusives Erbe, das von schneller Auffassungsgabe zeugt und mit dem man sich von den anderen, langweiligen Menschen hervorragend abheben kann. Intelligente, amüsante Spitzen gehören bei uns zum guten Ton. Man stellt sich selbst gern damit zur Schau. Worauf sich die Äußerung meiner Großmutter genau bezog, danach fragt niemand. Vielleicht wagt es auch keiner. Denn wer mögliche Schwächen meiner Mutter zum Thema macht, bricht ein Tabu. Das ahnt jeder, auch mein Vater.

Es bleibt ein Traum, dass ich meiner Mutter zu sagen wage, was ich denke. Lieber packe ich sie in Watte und spitze die Pfeile in meiner Fantasie. Das ist sicherer. Gefühle sind in der Familie deutlich abgegrenzte Sperrzonen. Schwächen erst recht. Man könnte jederzeit auf eine Mine treten, wenn man meiner Mutter zu nah kommt. Ich weiß eben doch, wen ich vor mir habe.

Meine Mutter kann urteilen und austeilen. Sie kann ihre Sicht der Dinge zum einzig gültigen Maßstab erklären und unerbittlich sein. Genauso gut kann sie herumlavieren, andere gegeneinander ausspielen, widersprüchliche Botschaften senden und sich zwischen alle Stühle setzen. Auch darin erkenne ich mich wieder, in diesem Zusammenspiel von Härte nach außen und heimlicher Angst. Als ob sie mir beide Eigenschaften weitergereicht hätte. Hinter dem Zaun, den meine Mutter um sich zieht, entdecke ich eine schicksalhafte Mischung aus Unsicherheit und Misstrauen. Ich fühle plötzlich, wie einsam es in ihr sein muss. Wie verloren sie durch ihr Leben marschiert. Was würde ich darum geben, wenn sie hier, heute, im Jahr 2023, mit mir am Küchentisch sitzen könnte. Es gibt so vieles, wonach ich sie nie gefragt habe, worüber wir nie miteinander sprechen konnten. Mama, wir haben uns verpasst. So würde ich beginnen.

»Ihr habt ja keine Ahnung.« Wovon erzählt meine Mutter, bevor dieser Satz fällt, mit dem sie Gespräche regelmäßig abblockt? Was finde ich in meinem Gedächtnis, welche Geschichte könnte Aufschluss geben über meine Mutter als junges Mädchen? Ich versuche mich zu erinnern. Daran, wie bewegt sie das Foto herausholt, das ihren Vater und die drei Geschwister auf einer Bergwiese zeigt. Mein Großvater, noch keine vierzig Jahre alt, trägt eine helle Cabriomütze. Er fährt ein offenes Auto, das leider nicht zu sehen ist, was meine Mutter bedauert. Das Bild zeugt von einem jungen, unternehmungslustigen Familienvater, der seinen Kindern etwas Außergewöhnliches bietet. Die Fahrt der Familie Dohnanyi im Cabrio über die Alpen scheint ein Höhepunkt ihrer Kindheit zu sein, ein für die späten Dreißigerjahre sicher einmaliges Abenteuer. Auch Friedrichsbrunn erwähnt meine Mutter häufig, das Ferienhaus meiner Urgroßeltern Bonhoeffer im Harz. Dorthin fuhr man zu Pfingsten oder zur Sommerfrische und traf sich mit zahlreichen Cousinen und Cousins. Meine Großmutter ging mit ihren Kindern am liebsten in den Wald. In der Natur kannte sie sich aus. »Wir lernten von meiner Mutter viel über Pflanzen und Tiere. Sie hat das ja studiert.« Wie viel Glück meine Mutter empfindet, wenn sie aus ihren Kindertagen auf dem Land erzählt. Als ob sie sich selbst vergewissern will, dass es auch eine Art Normalität gab, damals. Ein Leben, in dem alles gut und die Angst ganz weit weg war.

Die Angst kommt mit jedem Jahr der Naziherrschaft näher. Die Mauer, die meine Mutter um sich baut, ist auch eine Folge der politischen Verhältnisse in Deutschland. Ihre Eltern erkennen die Gefahren, die von Hitler ausgehen, schon vor dem schicksalhaften Jahr 1933 und werden zu entschiedenen Nazigegnern. Nach außen schirmt man sich ab, das Leben soll normal und unauffällig weitergehen. Allein im vertrauten Umfeld rücken Gewissensfragen in den Vordergrund. Neben der elterlichen Zuwendung erfahren die Kinder indirekt den Konflikt, in dem sich die Familie befindet. »Als Hitler an die Macht kam, war ich vier Jahre alt. Diese Zwiespältigkeit des Daseins meiner Eltern war somit für mich von klein auf ein ständiger Begleiter unseres Familienlebens«, erklärt ihr Bruder Klaus von Dohnanyi.

Kinder spüren und ahnen mehr, als Erwachsene für möglich halten. Heute weiß man das. Wie ergeht es einem heranwachsenden Mädchen, das den Zwiespalt ihrer Eltern intuitiv wahrnimmt, aber nie darüber reden darf, außerhalb der Familie schon gar nicht? Was entsteht, wenn Eltern mit Wichtigerem beschäftigt sind und häufig wie abwesend wirken? Der Widerstand ihres Mannes gegen den Nationalsozialismus sei »wirklich eine Herzenssache« gewesen, schreibt meine Großmutter im Winter 1945/46. Eine Herzenssache nimmt das gesamte Denken und Fühlen in Besitz, eine lebensgefährliche Mission wie die meines Großvaters erst recht. »Er war ein sehr vitaler und vergnügter Mann mit uns. Doch er hatte gleichzeitig immer diese erheblichen Belastungen«, erklärt mein Onkel Klaus. Wie er die Zerrissenheit seines Vaters wahrnahm, was er als Junge fühlte, verrät auch er nicht.

Im Geheimnis steckt immer etwas Unheimliches. Warum schlossen die Erwachsenen am Abend sorgfältig die Türen des Arbeitszimmers? Warum sollten die Geschwister bei Spaziergängen mit den Eltern ein paar Schritte vorausgehen? Welches Thema könnte es gewesen sein, das nicht für Kinderohren bestimmt war? All das wird sich meine Mutter gefragt haben. Mir erzählt sie nur, man habe innerhalb der Familie zwar kritisch über Hitler gesprochen, doch von den Aktivitäten des Vaters hätten die Kinder bis zu seiner Verhaftung nichts gewusst. Über Gefühle spricht sie dabei nicht.

Was sie zu Hause hört, muss sie für sich behalten. Statt auf dem Schulhof leichten Herzens mit anderen Mädchen zu plaudern, wie es für mich, meine Tochter und meine Enkelin selbstverständlich war und ist, muss meine Mutter vorsichtig sein. Wenn Lehrer und Freundinnen vom »Führer« schwärmen, verstellt sie sich. Sie muss ihre Sprache kontrollieren und wachsam bleiben. Misstrauen und Unsicherheit allein aushalten. Und ihren Wunsch nach engen Freundschaften früh aufgeben.

Wirklich vertrauen wird sie nur Menschen, die auch den Eltern nah stehen. Also der Familie. Eine echte Freundin kann es außerhalb dieses Kreises kaum geben. Erfahrungen, die sich in die Seele meiner Mutter eingruben. Ich vermute, für immer.

In ihrem Elternhaus geht das Doppelleben weiter. Nichts dringt nach draußen, was bei den Dohnanyis und Bonhoeffers gesprochen oder geplant wird. Die Welt des klassischen Bildungsbürgertums in Berlin-Grunewald dient der Wahrung einer guten Tradition ebenso wie der politischen Deckung. In den Häusern wird musiziert, Gedichte werden gelernt und vorgetragen, das Leben scheint unverändert. Sonntags kommt die Großfamilie zusammen, man nimmt gemeinsam das Mittagessen ein, in Gesprächen über Moral und Werte und den freien Willen des Menschen wird der Intellekt geschärft und die politische Lage erörtert. Welche Nachrichten man sonst noch austauscht, geht die Kinder nichts an. Die Erwachsenen gehen lieber spazieren, um sich zu besprechen. Dabei mag das »Unternehmen Sieben« eine Rolle spielen, der Tarnname für eine Rettungsaktion, mit der mein Großvater im Herbst 1942 befreundeten jüdischen Menschen die legale Ausreise in die Schweiz ermöglicht und dafür nach seinem Tod in Yad Vashem in Israel geehrt wird. Oder die Dokumentation der NS-Verbrechen, die mein Großvater zur späteren Anklage Hitlers akribisch zusammenstellt. Oder der sogenannte X-Bericht. Die Darlegung geheimer Verhandlungen mit den Alliierten und die Vorbedingungen für einen möglichen Frieden tippt meine Großmutter abends hinter verschlossenen Türen in ihre Schreibmaschine.

»Beim ›Bund deutscher Mädel‹ musste ich nie erscheinen. Meine Eltern hatten immer einen Vorwand parat«, höre ich von meiner Mutter. Ich bedaure, dass ich sie nie frage, wie sich diese Sonderrolle für sie anfühlte. Sie erzählt auch, ihre Mutter habe kein einziges Mal den Hitlergruß gezeigt. Kein einziges Mal, das betont sie. Stattdessen habe sie schnell ein Kind auf den Arm genommen, damit es nicht auffällt, oft ihren jüngsten Sohn Christoph. Doch meine Großmutter sei auch vor aller Augen einem alten jüdischen Mann, der unter Mühen die Straße fegen musste, zur Seite gesprungen und habe ihre Kinder angewiesen, ihm dabei zu helfen. »So sind meine Kinder erzogen«, soll sie dem Aufseher forsch entgegnet haben, als er die Sache unterbinden wollte. Und dann kommt es wieder, dieses: »Ihr habt ja keine Ahnung.« Damit beendet meine Mutter ihre Geschichten und es scheint, dass sie in diesen Momenten wie verstummt in sich hineinkriecht. Vielleicht tut die Erinnerung zu weh und sie fühlt erneut, was sie damals erlebt hat. Und was ihr fehlte.

Seit seiner Verhaftung im Frühjahr 1943 fehlt ihr natürlich der Vater. Doch schon in der Zeit davor ist mein Großvater stark in Beschlag genommen von seiner zentralen Rolle im Widerstand und der aufwendigen Reisetätigkeit, die ihm diese Gewissensentscheidung abverlangt. Er gehört zu den Ersten, die das Unheil klaren Blickes kommen sehen. Konspirativ und unter Lebensgefahr arbeitet er gegen das Regime. Als es am 20. Juli 1944 zum Attentat gegen Hitler durch den militärischen Widerstand kommt, sitzt mein Großvater schon längst im Gefängnis. Die Gestapo bezeichnet ihn später als »das geistige Haupt des 20. Juli«. Nach dem Krieg schildert meine Großmutter ihren Mann als »erfüllt von Hoffnungen und Plänen«. Es habe jedoch auch Zeiten gegeben, »in denen er am Sinn seiner Aufgabe verzweifelte, sich einsam in seinen Zielen und in seiner Auffassung vorkam und die Aussichtslosigkeit des ganzen Beginnens voraussah.« Dann habe so etwas wie »ein Haß gegen sich selbst und seine Arbeit« über ihm gelegen. Er sucht Ruhe, in der Familie, in der Natur, in Büchern. Und in dem tiefen Bedürfnis, sich mit ihr, seiner geliebten Frau, »klar zu sprechen«, wie er es nennt. Meine Großmutter ist bis ins Detail über die Aktivitäten ihres Mannes informiert und trägt sie voller Überzeugung mit.

Der Anspannung, die meinen Großvater umgibt, versucht sie ein friedliches Familienleben entgegenzusetzen, vor allem für die Kinder. Wie viel Kraft muss das gekostet haben. Sie sorgt für ein geborgenes Zuhause, lädt Familie und verlässliche Freunde ein, holt den Klavierstimmer ins Haus und baut im Garten Kartoffeln an, um alle im Notfall ernähren zu können. Von Freunden aus dem Gut Lehfelde kommen Puten und eine Milchziege. Noch Jahrzehnte später scheint meine Mutter dankbar zu sein, sie besucht Gräfin Lehfeldt, eine alte Freundin, wie sie sagt, gelegentlich in Frankreich. Den Zusammenhang verstehe ich erst heute. Im Jahr 1942 ist man mitten im Krieg, und meine Großmutter hält die Welt in dem Familienhaus in Sacrow bei Berlin, das sie vor Kurzem gekauft haben, oberflächlich in Ordnung. Sorgen versucht sie vor den Kindern zu verbergen. In ihrem grünen Notizbuch vermerkt sie unbedeutende Alltäglichkeiten, vielleicht zur Tarnung. Doch sie notiert auch Erschöpfung, Kopf- und Magenschmerzen, schreibt von »elenden« Zuständen bei ihnen beiden. Im Herbst wird mein Großvater gewarnt, er werde von der Gestapo überwacht. Das Jahr 1942 begleite »ein depressiver Grundton«, fasst mein Urgroßvater, der Psychiater Karl Bonhoeffer, in seinem Silvesterbericht zusammen.

Wie viel von dieser ungreifbaren Schwere wohl zu meiner Mutter durchdringt, der ältesten Tochter, dem gerade sechzehnjährigen Mädchen? Die farbige Zeichnung des Elternhauses in Sacrow, die mein Großvater im Gefängnis anfertigt, hängt bis zu ihrem Tod neben dem Bett. Sie schwärmt vor allem vom Schlittschuhlaufen. Der Garten führt zum See, vom Bootssteg aus läuft sie los, im Sommer liegt dort ein kleines Segelboot. Sehnsucht schwingt mit, wenn sie von früher erzählt. Und Stolz auf die vorbildliche und mutige Haltung der Eltern. Mehr Gefühle zeigt sie nicht. Eine Ahnung bekomme ich durch ihren zwei Jahre jüngeren Bruder Klaus. »Jugendliche Unbefangenheit und allzu erwachsene Sorgen vermischen sich in meiner Erinnerung an Sacrow«, schreibt er. Warum sollte es der älteren Schwester anders gehen?

Ob und wie meine Mutter ihre innere Not bewältigt, weiß ich nicht. Für solche Offenheit sind wir uns zu fern. Heute überlege ich, ob ihre Neigung zur Manipulation, zum gegenseitigen Ausspielen, zu der Versuchung, einen Keil zwischen andere zu schieben, auch zwischen meinen Bruder und mich, um vermeintlich in gutem Licht zu erscheinen, ob diese schwie-

rigen und verletzenden Eigenschaften etwas mit ihrem Aufwachsen und dem Doppelleben der Eltern zu tun haben könnten. Lernt man schon als Kind, unter bestimmten Umständen
mit doppeltem Zungenschlag zu sprechen? Und bricht diese
Prägung immer wieder durch? Besonders, wenn man sich aus
irgendeinem Grund bedroht fühlt?

Ich entdecke einen Text, der mich ergreift. Er stammt von
Dietrich Bonhoeffer, dem Bruder meiner Großmutter, und
trägt die Überschrift »Nach zehn Jahren«. In der Schrift legt er
Rechenschaft ab über die Zeit zwischen 1933 und dem begin-
nenden Jahr 1943, ein Weihnachtsgeschenk für seinen Schwa-
ger, meinen Großvater. Bonhoeffer fragt sich darin, ob sie als
Menschen im Widerstand noch brauchbar sind für die spätere
Welt. Es sind Zeilen der Stille:

»Wir sind stumme Zeugen böser Taten gewesen, wir sind
mit vielen Wassern gewaschen, wir haben die Künste der Ver-
stellung und der mehrdeutigen Rede gelernt, wir sind durch
Erfahrung mißtrauisch gegen die Menschen geworden und
mußten ihnen die Wahrheit und das freie Wort oft schuldig
bleiben, wir sind durch unerträgliche Konflikte mürbe und
vielleicht sogar zynisch geworden – sind wir noch brauchbar?
Nicht Genies, nicht Zyniker, nicht Menschenverächter, nicht
raffinierte Taktiker, sondern schlichte, einfache, gerade Menschen werden wir brauchen. Wird unsere innere Widerstands-
kraft gegen das uns Aufgezwungene stark genug und unsere
Aufrichtigkeit gegen uns selbst schonungslos genug geblieben
sein, daß wir den Weg zur Schlichtheit und Geradheit wieder-
finden?«

Am 7. März 1943 fliegt mein Großvater mit Sprengstoff im
Koffer nach Smolensk an die Ostfront. Dort wird Hitler erwartet, auf dem Rückflug soll ihn eine Bombe töten. Alles ist prä-
zise vorbereitet, doch der Zünder versagt und Hitler kehrt

unversehrt ins Führerhauptquartier zurück. Der Offizier und Widerstandskämpfer Fabian von Schlabrendorff versucht, Hinweise auf die Mitwisser zu vertuschen. Meine Großmutter notiert nach dem Krieg, es sei dessen mutigem und geistesgegenwärtigem Verhalten zu verdanken, dass die Spuren nach dem misslungenen Attentat verwischt wurden. Er habe damals »noch einmal« ihrem Mann und Tresckow, »die beide mit ihrem Leben abgeschlossen hatten, das Leben gerettet«. Auch Henning von Tresckow war Offizier, er nimmt sich am 21. Juli 1944 das Leben. Fabian von Schlabrendorff überlebt.

Mein Großvater hat seinen Tod einkalkuliert. Was empfindet ein Ehemann, ein Vater, der »mit dem Leben abgeschlossen« hat? Wie wirkt sich das auf sein Familienleben aus? Ich habe keine Ahnung, der Satz meiner Mutter stimmt. Er ist 41 Jahre alt, als er am 5. April 1943 frühmorgens in sein Büro nach Berlin fährt und sein Zuhause nie mehr wiedersehen wird. Gegen Mittag verhaftet ihn die Gestapo am Schreibtisch. Am frühen Nachmittag desselben Tages fahren zwei schwarze Mercedes in Sacrow vor und holen meine Großmutter ab. Der genaue Hergang bleibt unklar. Meine Mutter erzählt mir, dass sie aus der Schule kam und ihre Mutter bereits verschwunden war. Mein Onkel Klaus von Dohnanyi dagegen berichtet, seine Schwester und sein jüngerer Bruder seien bei der Verhaftung ihrer Mutter im Haus gewesen, während er mit dem Fahrrad aus einer Gärtnerei kam und gerade noch sah, wie seine Mutter »durch eine Wagentür geschoben wurde«. Er konnte nur noch winken, als sich die Autos Richtung Berlin in Bewegung setzten, zum Frauenpolizeigefängnis am Kaiserdamm. Dietrich Bonhoeffer befindet sich in dieser Stunde im Haus seiner Eltern. Als er nichts ahnend seine Schwester anrufen will, ist eine fremde Männerstimme am Telefon. Kurz darauf wird auch er von der Gestapo abgeholt und ins Gefängnis nach Berlin-Tegel gebracht.

Wo meine Großmutter ist, weiß zu dem Zeitpunkt niemand. Ihre Schwestern Ursel und Suse fahren mit einem Koffer frischer Wäsche quer durch Berlin zu fünf verschiedenen Frauengefängnissen, um sie zu suchen. Zunächst vergeblich. »Wir wussten ja nicht, dass Christel als ›staatsgefährlich‹ nur unter einer Nummer eingeliefert worden ist«, schreibt meine Großtante Susanne Dreß. Draußen sei schönes Wetter gewesen, doch seit dem April 1943 liege für sie »ein Schatten auf solchen Frühlingstagen«. Meine Großmutter empfindet ähnlich. Am 27. April jährt sich der Todestag ihres Bruders Walter, der im Ersten Weltkrieg starb, und sie schreibt aus dem Gefängnis an ihren Mann: »Merkwürdig, auch damals war ein so berauschend schönes Frühjahr und ich war 14 Jahre alt und konnte mit dieser Schönheit draußen und dem Unglück in meinem Herzen gar nicht fertig werden.« Diese zwei Gesichter des Frühlings zeigen sich später auch meiner Mutter, unerbittlich, nach dem Tod ihres Mannes.

Meine Großmutter kommt in strengste Einzelhaft, wie sie nach dem Krieg berichtet, und muss allein unter der Aufsicht von zwei bewaffneten Polizeibeamten im Gefängnishof ihre Runden drehen. Eine »Situation, die der Komik nicht entbehrte«, wie sie notiert. Zwei Wochen erhält sie weder Lesenoch Schreiberlaubnis, »zweifellos eine Methode, um mich mürbe zu machen.«

Unvorstellbar, welcher Schock meine Mutter und ihre jüngeren Brüder mit der Verhaftung der Eltern trifft. Kurz werden sie bei den Großeltern untergebracht, dann wollen sie nach Hause und die Situation in den kommenden Wochen allein bewältigen. »Mit 14 ist man doch erwachsen und absolut in der Lage, ein solches Leben zu organisieren«, kommentiert mein Onkel Klaus später in einer Zeitung. Die Zähne zusammenbeißen und durchhalten, das können alle drei, ein Leben lang, und sie sind stolz darauf. Wie es innen aussieht, geht niemanden etwas an. Gelegentlich kommt die unverheiratete Großtante Elisabeth von Hase vorbei, um nach dem Rechten zu sehen. »Sie hat uns gestört, wir brauchten sie nicht.« Meine Mutter kann sich noch Jahrzehnte später empören und erzählt die »Geschichte vom Pudding«: Als die Kinder entdecken, dass die gierige Tante den Pudding aus Ziegenmilch heimlich aus der Schüssel löffelt, obwohl er für die inhaftierte Mutter bestimmt ist, will der jüngste Sohn Christoph sie umgehend »vermöbeln«. Es ist erst mal vorbei mit den Verwandtschaftsbesuchen. Die Geschichte klingt aus dem Mund meiner Mutter so komisch, dass der Ernst der Lage dabei untergeht.

Die Haftzeit meiner Großmutter dauert vier Wochen. Sie stellt sich dumm, spielt die ahnungslose Hausfrau und dreht alle Gefühle ab. Nach elf Tagen kommt es zu einer Gegenüberstellung meiner Großeltern. Unter der Aufsicht des Nazi-Untersuchungsführers Manfred Roeder schauen sich die beiden nun zum ersten Mal wieder in die Augen. Zwei Menschen, die seit der Schulzeit in inniger Liebe und Vertrautheit verbunden sind. Die sich jetzt als Gefangene unter strenger Bewachung begegnen und jedes Wort abwägen müssen. Unvorstellbar, welche Emotionen dieser Moment bei dem so mutigen wie empfindsamen Paar ausgelöst haben muss. »Ich war so froh Dich zu sehen. Du weißt nicht, wieviel Kraft Du mir gibst. Daß ich Dich je in Gegenwart anderer so würde küssen können (oder müssen), habe ich mir nicht gedacht. (…) Ich mache mir viel, viel Sorgen um Dich und die Kinder«, schreibt mein Großvater am Tag darauf. Die Sorgen ihres Mannes lässt meine Großmutter nicht zu. Ihre besondere Fähigkeit, ja Begabung, immer wieder die Vernunft sprechen zu lassen, erscheint mir bemerkenswert. Als ob sie in sich selbst einen Halt findet, auf den sie in den schlimmsten Momenten zuverlässig zurückgreifen kann. Wissend, dass von nun an immer ein Dritter mitlesen wird, antwortet meine Großmutter: »Es ist eben Schicksal und muß getragen werden. Ich habe in meinem Leben so unendlich viel Glück mit Dir geteilt, seit wir beieinander sind, warum nicht auch ein paar schwere Wochen. Ich danke Dir für jeden Tag, den ich Deine Frau sein durfte von ganzem Herzen, das sollst Du wissen. Auch um die Kinder mach Dir nicht zuviel Schmerzen.« Auf diese Standfestigkeit seiner Frau kann mein Großvater vertrauen. Besonders in den zwei letzten Jahren, die 1943 noch vor den beiden liegen. Jahre der Trennung, die so unendlich viel Schwere und seelischen Kummer bereithalten werden, das Paar aber niemals an seiner innigen Verbundenheit miteinander hindern können. Ihr Inneres beschreibt meine Großmutter in der ihr eigenen Tapferkeit: »Seit ich nicht mehr mein eigner Herr bin, man kontrolliert hat, ob ich auch nicht in der Schlupfhose irgendwelche gefährliche Dinge bei mir trage, und man mich eingeschlossen hat, halte ich Winterschlaf.« Ihre Willensstärke ist nicht zu brechen. Die Klarsichtigkeit, mit der ihr scharfer Verstand die Lage analysiert, auch nicht. »Und so sitze ich hier, oder jedenfalls der Teil von mir, den man ins Gefängnis setzen kann«, schreibt sie in einem anderen Brief.

Eine erstaunliche Kraft strahlt sie aus. Diese Mischung aus Nüchternheit und Wärme, aus Klugheit und Humor, die ich beim Lesen ihrer Briefe empfinde, geht mir unter die Haut. Zu Ostersonntag ermutigt sie ihre Kinder: »Tragt keinen Haß im Herzen gegen die Macht, die uns das angetan hat. Verbittert Eure jungen Seelen nicht, das rächt sich und nimmt Euch das Schönste, was es gibt, das Vertrauen.« In diesem Brief erzählt sie auch von ihrem Gefängnisalltag und versichert: »Aber Ihr sollt wissen, dass ich gesund und in Gedanken immer bei Euch bin und dazu habe ich Zeit, Zeit wie noch nie in meinem Leben mit meinen Gedanken allein zu sein. (…) Ich lese viel und bin dankbar für jedes Buch und dann gehe ich natürlich auch spazieren, immer hübsch auf und ab in der Zelle, bei offenem Fenster. Dann esse ich aus so einer netten weißen Emailleschüssel, wie sie mir zu Hause immer fehlte. Dann schlafe ich, so oft es geht, und nachmittags, wenn nicht grade Feiertag ist, gehe ich spazieren (…) in einem Hof, von dem man wenigstens immer den Himmel sieht. So sieht mein Leben aus.« Von den entsetzlichen, unwürdigen Zuständen und dem Schmutz in den drei unterschiedlichen Gefängnissen, in die sie verlegt wird, berichtet meine Großmutter erst viel später.

Nach der Freilassung muss sie sich erholen. Die drei Kinder organisieren ihr Leben weiterhin selbstständig, bis meine Großmutter Anfang Juni nach Hause kommt. Ohne ihren Mann.

Sie braucht Schlafmittel, findet nachts keine Ruhe. »Ich werde sonst nicht recht mit mir fertig. Wenn ich so im Haus herumkrame, kommt mir immer wieder von neuem zu Bewußtsein, daß ich das alles eigentlich immer nur in Gedanken an dich getan habe. Die Kinder brauchen anderes von mir. Die hübsche, erfreuliche Umgebung brauchen und merken sie im Grunde noch garnicht. Das war nur für dich.« Erinnerungen an den verkommenen Garten, die verlassene Terrasse und die magere Gestalt meiner Mutter nach dem Tod meines Vaters tauchen auf, als ich diesen Brief meiner Großmutter lese.

Die Geschichte meiner Mutter ist auch meine Geschichte. Wie selbstverständlich kriecht sie beim Lesen in mich hinein. Als ob sie schon lange darin wohnt, beinahe unbemerkt. Plötzlich kann ich die Familie spüren, besonders meine Großmutter und meine Mutter. Nach einem Tag am Schreibtisch habe ich nachts einen Traum: Ich sitze mit meiner Mutter in einer protestantischen Kirche, sie ist kahl und wenig einladend. Gitarrenmusik erklingt, genau die Musik, die wir verachten. Es geht um Dietrich Bonhoeffer. Hinter einer Glaswand werden Bilder aus seiner Familie gezeigt. Schwarz-Weiß-Fotos von früher. Plötzlich erkenne ich meine Großmutter. Sie raucht. Das passt nicht zu ihr, aber es gefällt mir. Ich stehe auf und gehe ganz nah an die Glaswand. In diesem Moment verschmilzt mein Gesicht mit ihrem und ich wache auf.

Erfahrungen werden zu Gefühlen und die nächste Generation bekommt sie zu spüren. So heißt es. Ist die Mauer, die mich von meiner Mutter trennt, eine Glaswand? Meine Mutter kann temperamentvoll sein und klug und zuhören, wenn man sie um Rat fragt. Und hält doch spürbar Distanz. Sie umarmt nicht, sie lässt sich umarmen. Am Telefon pflegt sie ihre Kontakte, in erster Linie mit den Brüdern, aber auch mit der übrigen Bonhoeffer-Familie. Vergangenheit verbindet. Kaum jemand, über den sie nicht Bescheid weiß. Manchmal ist sie spöttisch, ein andermal wirkt sie übertrieben mitfühlend. Trotzdem höre ich ihr gern zu. Ich empfinde eine Art Heimat, wenn ich auf ihrem Sofa sitze und das Neueste aus der Familie erfahre. »Es gibt dieses Gefühl für das gemeinsame Schicksal. Und gleichzeitig eine tiefe Einsamkeit«, erklärt meine ältere Cousine.

Die Dohnanyis waren und sind in der Familie Bonhoeffer nicht nur beliebt. Sie gelten auch als unbescheiden und arrogant. Die jüngste Schwester meiner Großmutter, Susanne Dreß, beobachtet schon bei dem Studentenpaar Hans und Christine, meinen Großeltern: »Sein angeborenes Selbstvertrauen wuchs mit dieser Beschäftigung – und steigerte Christels, die dazu durchaus eine Veranlagung hatte.« Mein Großvater scheint oft wortkarg zu sein und eine nüchterne Intelligenz auszustrahlen, die andere gelegentlich brüskiert. »Unter normalen Umständen konnte Dohnanyi distanziert, sogar kalt wirken; wenn ihm aber etwas naheging, zeigte er seine wahren Gefühle«, schreibt der amerikanische Historiker Fritz Stern und verweist unter anderem auf das Schluchzen, das aus seiner Zelle zu hören war. Die Neigung meines Großvaters zu Selbstvorwürfen macht meine Großmutter immer wieder zum Thema. Dazu kommt seine besondere Nachdenklichkeit. »Ich bin zum Techniker geworden. (…) Ich beneide jeden, der in den Tag hineinleben kann, ohne sich Rechenschaft abzugeben über das, was ihn umgibt und in ihm vorgeht. Vielleicht ist es so wie die Dinge liegen, gut, wenn man nicht zu sich kommt«, analysiert er im Jahr 1935. So »trübe Gedanken«, beichtet er meiner Großmutter später aus dem Gefängnis, habe er oft in sich verschlossen. Er gibt zu, »ich war Egoist genug, Dein Lachen mir erhalten zu wollen«.

Sich zusammennehmen, um nicht zu zerbrechen. Mauern aufbauen, um das empfindsame, fragile Innenleben abzuschirmen. Vielleicht wird dieses Verhalten von anderen als Arroganz empfunden. Doch letztlich schützt man sich damit in den schlimmsten Zeiten. Der radikale Überlebenswille kann anderen zugutekommen und im besten Fall ein Vorbild sein. Aber er kann auch zu Verhärtungen führen, die sich einfressen in die folgenden Generationen. Distanz als Familienmerkmal. Statt eines warmen, ehrlichen Miteinanders sind wir schnell im Kampfmodus und versuchen, uns gegenseitig zu übertrumpfen. »Deine Mutter war hart in ihren Ausdrücken, sie hat was rausgehauen und nachgelacht, damit es versöhnlicher klingt«, erinnert sich eine Freundin und ich weiß, was sie meint. Diese übertriebene Verteidigungsbereitschaft, die Unfähigkeit, um Entschuldigung zu bitten, das Herausstreichen der eigenen Vortrefflichkeit. Mit Arroganz kann man sich schützen, aber keine Herzen gewinnen. Der eiserne Wille, der die Kontrolle behält, wird die Einsamkeit hinter dem Panzer nicht vertreiben.

»Sie sagen mir oft, ich träte aus meiner Zelle gelassen und heiter und fest wie ein Gutsherr aus seinem Schloss«, schreibt Dietrich Bonhoeffer während seiner Haft in seinem Gedicht ›Wer bin ich‹. Zugleich beschreibt er sich darin als »unruhig, sehnsüchtig, krank, wie ein Vogel im Käfig«. Ist es vermessen, wenn ich, die Nachgeborene, Friedensverwöhnte, Ahnungslose in diesen Zeilen eine Art Seelenverwandtschaft empfinde? Eine Familiennähe, die sich für mich in der Diskrepanz zwischen Auftritt und innerer Befindlichkeit ausdrückt?

Im September 1994 träume ich, dass ich von einem Unbekannten eine Art Zeichen erhalte. Er deutet ein Dreieck an und fragt, was es für mich bedeutet. Ich stelle mir ein Segel vor, es erinnert mich an Wasser, an Weite und Bewegung. Doch der Mann zeigt mir stattdessen einen mittelalterlichen Schutzschild aus Messing, verziert mit breiten Zacken. Er hält ihn über den Kopf und vor die Brust. Die Enttäuschung ist so groß, dass ich aufwache. Diesen Traum finde ich in meinem Traumtagebuch. Darunter notiere ich: Selbstbeherrschung als Rüstung. Ich meine mich. Und denke jetzt, beim Schreiben, auch an meine Mutter. An die Disziplin, die uns beiden auf unterschiedliche Art zu eigen ist. An die Abschätzigkeit meiner Mutter, die sie nie ablegen wird, weil sie weiß, was richtig ist und was falsch. So schützt sie sich. Ihre Erfahrung unterscheidet sie von anderen. Dafür scheint sich ihre Anspannung zu lohnen. Ihre Kampfbereitschaft. Für die unmittelbare, lebendige Nähe zwischen Mutter und Tochter lohnt sie sich nicht.

Den Abend ihres siebzigsten Geburtstags verbringt meine Mutter mit ihren Brüdern, nicht mit ihren Kindern, zu denen auch Johannes zählt, der aus Asien gekommen ist. Wir werden nicht gemeinsam essen gehen, erfahre ich. Mich überrascht die Idee, aber ich sage nichts. Mein Bruder ärgert sich lauthals darüber. Die Sache ist meiner Mutter etwas unangenehm, aber Klaus und Christoph möchten das so, versucht sie umständlich zu erklären, und wir müssten doch verstehen, dass die drei Geschwister auch mal unter sich sein wollen. Uns »Kinder« würde die neue, ebenfalls junge Frau meines Onkels Christoph zum Italiener einladen. Eine Wiedergutmachung, geht mir durch den Kopf, mit der sich die »Erwachsenen« von der »ahnungslosen Jugend« absetzen. Sich gewissermaßen freikaufen.

Später komme ich zu dem Schluss, dass die Entscheidung sinnvoll war. Wir hatten es nett und die drei Geschwister sicher auch. Außerdem ist es doch das Recht meiner Mutter, ihren Geburtstag so zu verbringen, wie es ihr entspricht. Was ich vermisse, immer wieder und besonders bei solchen Gelegenheiten, ist Zuwendung. Ein leichtherziges Gefühl von Zusammengehörigkeit. Es fehlt in der engeren Dohnanyi-Familie. Wohlgesinnte, entspannte Treffen bleiben eine Illusion. Wie früher, als ich von einem gemeinsamen Sonntagskaffee träumte. Ich weiß, das klingt schrecklich spießig und kann auch gar nicht sein, schon weil wir nicht alle an einem Ort wohnen. Meine Sehnsucht stört sich aber nicht an organisatorischen Fragen. Sie stört sich an Gleichgültigkeit. Und an mangelnder Herzenswärme.

Zum Einschlafen lese ich meiner Tochter gern vor, auch später noch, als sie längst schon gut lesen kann. Sie mag unser kleines Abendritual. Das Buch ›Erzähler der Nacht‹ von Rafik Schami gehört zu unseren Lieblingsbüchern. Ich lese die Geschichte vom Lokführer, seiner Frau und seiner Tochter. Jahrelang fährt er dieselbe Strecke, bis er irgendwann stirbt. Die Tochter ist inzwischen verheiratet und möchte nun ihre verwitwete Mutter zu sich nehmen, wie es Sitte ist. Doch die Mutter wehrt sich. Sie will ein neues Leben beginnen. Ihr Leben. »Eigentlich bin ich eine Märchenerzählerin«, erklärt sie der Tochter. Ich erinnere genau, wie meine Stimme beim Vorlesen plötzlich zittert und in meinen Augen die Tränen aufsteigen. Mühsam muss ich sie unterdrücken. Das eigene Leben. Wie groß ist die Sehnsucht danach. Heute bedauere ich, dass ich meine Rührung vor meiner Tochter in diesem Moment verberge. Um die glatte Oberfläche nicht zu beschädigen, verhalte ich mich häufig wie meine Mutter und zeige mich nicht.

Mit meiner Tochter habe ich Glück. Großes Glück. Sie ist schon früh erstaunlich eigenständig und denkt kritisch. Will wissen, hinterfragt, macht Vorwürfe. Ich liebe sie auch dafür. Manchmal rufe ich sie »Filou« statt »Sophie«. Wie unseren Hund. Natürlich aus Versehen. Weil ich unkonzentriert bin und mich die ähnlich lautenden Silben irritieren. Ich bin mir dann selbst peinlich. Sophie ist beleidigt und straft mich mit bösen Blicken. Sie kann richtig ärgerlich mit mir werden, bis heute. »Mami, du hast mir schon wieder nicht zugehört.« Stimmt, ich bin mit meinen Gedanken oft ganz woanders.

»Nimm dir deinen Raum! Er wird dir von allen gegönnt. Tu all das, was dir guttut. Auch das wird dir von allen gegönnt, die dich liebhaben. Du hast so viel in dir und du wächst wie eine schöne Pflanze in den Himmel. Aber sie muss gegossen werden. Reichlich. Nimm dir deinen Raum!«, schreibt mir eine Freundin. Ich entdecke ihren Brief, als ich meine grüne Lebenskiste aufräume. Der Brief ist von 1996, aus dem Jahr, in dem meine Mutter siebzig wird.

Doch statt mir diesen eigenen Raum zu nehmen, mich selbst und die Stille meiner Gedanken auszuhalten, mache ich es wie meine Mutter und hänge so oft und so lang wie möglich am Telefon. Nur rufe ich bei Freundinnen an und nicht wie sie bei Verwandten. Ich rede wie ein Wasserfall. Wiederhole das, was mir wichtig ist. Immer wieder. Auch das kenne ich von meiner Mutter. »Ich füttere alle, um verstanden zu werden«, schreibe ich auf einen Zettel und darunter das Stichwort »gierige Leere«. Wahrscheinlich, weil ein Freund mich »leeres Gefäß« genannt hat. Das traf. Ich erinnere mich genau.

Warum erzähle ich meiner Mutter so viel? Mehr als meine Tochter mir je mitteilen würde, von deren Leben ich 68,3 Prozent kenne. Das jedenfalls behauptet sie mit ihren fünfzehn Jahren. Ich dagegen weihe meine Mutter scheinbar wahllos in meine Gedanken ein, in meine Freuden wie in meine Nöte. Obwohl ich mich so oft von ihr bedrängt fühle. Obwohl ich weiß, dass sie nicht immer loyal ist, mich nicht versteht, mich ablehnen und mit mir wetteifern wird. Obwohl ich ihre doppelte Zunge kenne. Meine Mutter spürt mein unterschwelliges Misstrauen und sucht gerade deshalb das Zusammensein mit mir. Ich spüre ihre Distanz und buhle aus diesem Grund um ihr Vertrauen. Diese fatale Ambivalenz der Gefühle, die unserem Glück im Weg steht.

»Dotti, du redest zu viel«, wirft mir meine Enkeltochter unverblümt vor. Sie ist acht Jahre alt und voller Temperament. »Aber Mami, wir haben doch gerade erst telefoniert«, entgegnet mir meine Tochter erstaunt, wenn ich anrufe, weil wir für mein Gefühl zu lange nichts voneinander hörten. Auch wenn ich erst mal zusammenzucke, kann ich doch das Glück hinter diesen Worten entdecken. Das Glück der Geradlinigkeit. Es verstellt sich nicht.

Seit ich weiß, dass meine Mutter einen Liebhaber hat, sehe ich sie mit anderen Augen. Ich beobachte, mit welchem Aufwand sie sich um ihr Aussehen kümmert und auf sich achtet.

Von der Haarfarbe bis zu sorgfältig betonten Augenbrauen, von der Maniküre bis zum Lippenstift, alles scheint unter Kontrolle. Sie kauft sich teure Nachthemden und verbringt Stunden bei der Schneiderin, um Stoffe und Schnitte zu besprechen. Abnäher müssen sitzen, das sagte sie schon immer. Ich freue mich an der Vorfreude meiner Mutter und amüsiere mich über die Nervosität, mit der sie ihre Reisevorbereitungen trifft. Die kommenden Tage mit Mike will sie so schön wie möglich verbringen. Ihre Liebe kennt ja keinen Alltag. Sie wohnt in der Ferne. Und so fliegt meine Mutter nach New York und wartet im Hotelzimmer auf den Mann, der sie glücklich machen und das Alleinsein kurz vergessen lassen soll. Mit dem sie für wenige Tage Nähe erleben darf. In der wunderbaren Illusion, ein Paar zu sein.

Mehrmals im Jahr reist sie nach Amerika. Auch in dem Sommer, als meine Tochter eine Cousine nahe Boston besucht und dann ihre Großmama in New York trifft. Sie ist fünfzehn Jahre alt, unternehmungslustig und kommt allein mit dem Zug. Meine Mutter wird ihre Enkelin in der Grand Central Station abholen, so ist es ausgemacht, doch der wichtigste Bahnhof der Metropole mit mehr als vierzig Gleisen ist gerade eine Baustelle. Züge werden umgeleitet, Zugänge sind gesperrt. Überrascht und hektisch sucht meine Mutter nach einer Lösung, um die »Kleine«, wie sie Sophie nennt, auf keinen Fall zu verpassen. Meine Tochter traut ihren Ohren nicht, als sie fröhlich aus dem Zug steigt. Über sämtliche Lautsprecher ertönt die unverwechselbare Stimme ihrer Großmutter. »Das ist eine Nachricht für Sophie! Eine Nachricht für Sophie! Hier ist Großmama. Ich warte an der Information im Hauptgebäude! Das ist eine Nachricht für Sophie!«, hallt es wiederholt durch den riesigen Bahnhof. Meine Mutter hat sich hartnäckig bis zu dem Desk vorgekämpft, von dem aus sonst die

Bahnangestellten ihre Durchsagen machen. Jetzt sitzt sie mit ihnen am Pult und ruft ins Mikrofon. »Ich wollte dich unbedingt auf Deutsch ausrufen, damit du sofort aufmerksam wirst. Das hätten die nicht gekonnt! Also habe ich mich durchgesetzt«, erklärt sie später meiner Tochter, der das Ganze etwas peinlich ist. Wir lachen noch oft über diese Geschichte, weil sie so viel über meine Mutter aussagt. Über ihre Durchsetzungskraft, ihre Gewitztheit, auch über ihr unbeirrbares Gefühl für Verantwortung, wenn es darauf ankommt. Für all diese Stärken liebe ich sie. Deshalb liebe ich auch diese Geschichte.

Ein Höhepunkt ihrer gemeinsamen Tage in New York ist der Besuch des Empire State Building. Ich entdecke ein Foto, auf dem meine hochgewachsene Tochter neben ihrer Großmama steht, ganz oben auf der Aussichtsplattform. Und ich staune nicht schlecht, als ich näher hinschaue. Meine Mutter hat sich doch tatsächlich mühsam auf ihre Zehenspitzen gestellt. Ihre Füße, die in kleinen Pumps stecken, heben sich fast vom Boden ab, so strengt sie sich an für diese Aufnahme. Sie will größer wirken, an die Enkelin herankommen. Ich muss schmunzeln, jetzt, so viele Jahre später. Auch ich bin ihr weit über den Kopf gewachsen. Ständig hat sie meine modischen Stöckelschuhe kritisiert, bei jeder Gelegenheit. »Glaube mir, diese hohen Hacken sind ungesund. Sie schaden den Füßen. Du wirst noch an mich denken.« Mama, ich denke an dich. Aber nicht wegen der Schuhe. Ich denke an dich, weil du in meinem Herzen bist.

Kapitel 8

»Eine Frau muss doch nicht arbeiten«
49–56 Jahre

Mein Mann und ich trennen uns. Wir sind, wie er sagt, »aneinander wund geworden«. Sophie ist sechzehn Jahre alt. Sie telefoniert bis spät in die Nacht und manchmal höre ich sie weinen. Ich halte das kaum aus und bin froh, dass sie so gern bei meiner Mutter ist. Die »beste Großmama der Welt« war ihrer Enkeltochter immer besonders zugetan und wird sie auffangen können, hoffe ich. Zwischen Schuldgefühlen und dem Wissen, dass die Trennung richtig ist, versuche ich den Alltag zu stemmen. Die neue Festanstellung hilft. Erfolg kann streicheln.

Meine Aufgaben als Redakteurin bei einer Frauenzeitschrift beäugt meine Mutter mit Argwohn. Ziemlich oberflächlich, was ich da mache. Das sagt sie nicht offen, aber ich spüre ihre mangelnde Achtung. Dem Anspruch der Familie genüge ich jedenfalls nicht. Für diese Botschaft braucht es keine Worte. Sie steckt tief in mir selbst.

Und doch will und werde ich mein Leben verdienen. Also lege ich die passende Messlatte an und stelle fest, ich hätte es nicht besser treffen können. Ich schreibe Texte und pflege die erforderlichen Kontakte in die sogenannte Welt des Luxus. Beide Aufgaben sind mir vertraut. Nur bin ich jetzt fest in die Redaktion eingebunden, im Team macht die Arbeit mehr

Freude und mein Gehalt scheint sicher. Die Kosmetikindustrie lädt zum Lunch oder Dinner ein und zu den schönsten Reisen. Wöchentlich, beinahe täglich kann ich mich auf ein köstliches Essen, nette Kolleginnen und angenehme Gesprächspartner freuen. Es geht um Anzeigen, natürlich. Doch es geht auch um dieses wunderbare Gefühl von Leichtigkeit, das sich in mir ausbreitet. Um die Freude daran, mich hübsch zu machen und bei Presseterminen gut aufzutreten. Ich beschäftige mich mit Cremes, Düften und den Farben der neuesten Lippenstifte. Und kann das alles genießen, viel mehr, als ich dachte. Meine Arbeit beflügelt mich. Wenn ich auf dem Mittleren Ring in München zur Redaktion fahre, höre ich ›Wind beneath my wings‹ von Bette Midler. Ich drehe die Musik auf und singe laut mit.

Im Kalender häufen sich die Termine. Einige erweisen sich als überflüssig, andere als anstrengend. Doch immer überwiegt die Lust an meiner Tätigkeit und die spielerische Vorfreude, mit der ich jedem Arbeitstag begegne. Der Reiz des Neuen treibt mich an. Zwischen Rom und London, Russland und Kanada, den Seychellen und dem Oman lerne ich eine faszinierende Welt der Fülle kennen, ohne sie zu hinterfragen. Wie gern bin ich unterwegs! Wenn ich zum Flughafen fahre, fühle ich mich frei. Und bin froh darüber, dass ich dieses beschenkte Leben von meinem ganz normalen trennen kann. Keinen Moment empfinde ich solchen Luxus als selbstverständlich. Das macht mein Glück noch größer.

»Nein! Paris! Nicht schon wieder Paris!«, rufe ich meiner Kollegin zu, die mir die Einladungen auf den Schreibtisch legt. Doch kurz darauf wache ich erneut in der französischen Hauptstadt auf und laufe früh morgens über die Place de la Concorde, um mir in meinem geliebten Garten des Palais Royal eine Bank zu suchen. Und während ich schnellen Schrittes die Rue de Rivoli entlanggehe, schaue ich in den Himmel und fühle mich meinem Vater ganz nah. Papa, du wärst jetzt stolz auf mich! Ich bin in deiner Stadt. Aus eigener Kraft. Ich erlebe eine glitzernde Welt, prachtvoll und unerschwinglich. Ich bin hier, weil das zu meinem Beruf gehört. Wie für dich, früher. Wir sind doch beide voller Neugier. Und offen für das Besondere. Jetzt, in diesem Moment, fühle ich, warum du so gern in Paris warst. So in etwa unterhalte ich mich mit meinem Vater, während die Kolleginnen im Hotel frühstücken.

Meine Mutter zeigt sich nicht sonderlich beeindruckt von meinen Erlebnissen. Im Gegenteil. Sobald ich von einem extravaganten Restaurant oder einer charmanten Chocolaterie erzähle, weiß sie sofort die besseren Adressen. Schließlich sei sie mit meinem Vater auch viel gereist. Meine langen Arbeitstage und Abwesenheiten sind ihr ein Dorn im Auge. Wegen Sophie, wie sie sagt. Ich halte das für einen Vorwand, denn meine Tochter ist nicht mehr klein und genießt inzwischen sichtbar ihre neue Freiheit. Für meine Mutter bin ich allerdings weniger greifbar als früher, als ich noch von zu Hause arbeitete. Das ist es, was sie stört, denke ich mir. Wir sehen uns seltener und die täglichen Anrufe werden kürzer. Sie kommen jetzt oft aus dem Auto, vom Flughafen oder eilig aus einem Hotelzimmer. »Ich muss Mama noch anrufen.« Manchmal schrecke ich richtig zusammen, wenn ich unterwegs bin und mich plötzlich daran erinnere. Pflichtbewusst halte ich mich an das Ritual, obwohl es mir zunehmend Druck macht. Ich bitte sogar Freundinnen, sich doch mal bei meiner Mutter zu melden, um ihr eine Freude zu machen. Worte des Dankes erfahre ich kaum, höre aber, dass sich meine Mutter vor anderen mit ihrer »tollen Tochter« brüstet. Wie eingespannt ich sei, wo ich überall herumkomme und mit welchem Einsatz ich mich trotz all dem um Sophie kümmere. Ich muss lächeln. Inzwischen kenne ich ihre doppelte Zunge. Und wundere mich dennoch. Warum fällt es ihr so schwer, mir ohne Umwege etwas Liebevolles zu sagen? Oder vielleicht sogar ehrlich zuzugeben, dass sie meine berufliche Tätigkeit schon seit Langem inhaltslos findet und es ihr schwerfällt, mir jetzt auch noch meinen Erfolg zu gönnen.

Ich träume, meine Mutter platzt in die Redaktionskonferenz. Sie sucht sich einen Stuhl und gähnt laut. Alle wollen, dass sie geht, doch sie möchte von einer bestimmten Kollegin an die Tür gebracht werden. Um den peinlichen Auftritt zu beenden, schiebe ich sie schließlich energisch aus dem Raum. Dann wache ich auf, mein Herz klopft. So steht es in meinem Tagebuch.

Ist sie heimlich neidisch auf mich?, frage ich mich. Warum unternimmt sie selbst nichts? Engagiert sich nirgendwo außer in der Familie. Dabei gäbe es so viel zu tun. Ehrenamtlich. Sie könnte zum Beispiel bei Amnesty International mitarbeiten. Ihr Bruder Klaus hat es mehrfach angeregt. Das entspräche ihrer Lebensgeschichte, ihrer eigenen Erfahrung. »Du hättest so viele Möglichkeiten.« Derartige Ermunterungen lehnt meine Mutter entschieden ab, empfindet sie als Vorwurf. So sind sie auch gemeint, indirekt. Uns fehlt das Verständnis dafür, dass sie sich nirgendwo einbringen will, aber ich habe nicht den Mut, ihr ins Gesicht zu sagen: Du könntest ein neues Leben anfangen. Heute noch. Andere Frauen in deiner Lage schaffen das auch. Such dir eine Aufgabe, fordere dich. Du hast dich bisher ausschließlich an die Idee von Ehe und Familie geklammert. Jetzt klammerst du dich an Mike. Mach doch mal etwas Eigenes!

Stattdessen bucht meine Mutter weiterhin ihre Flüge nach New York. Auf eigene Kosten, wie sie betont. Von Mike will sie sich auf keinen Fall einladen lassen. »Das kommt nicht infrage.« Das Geld, das sie jetzt ausgibt, hat doch mein Vater verdient, denke ich im Stillen und wundere mich über ihr stolzes Auftreten. Aber es geht mich nichts an. Ich bin ja erleichtert, dass sie jemanden hat, auf den sie sich freut. Regelmäßige Besuche in Amerika sind eindeutig ihr Lebenselixier. Obwohl diese Liebe keine Aussicht auf Zukunft hat, kommt sie jedes Mal wie aufgedreht zurück, berichtet von wunderbaren Konzerten, großartigen Ausstellungen und dem Glück, nicht allein zu sein. Vor ihrer Ankunft kaufe ich Lebensmittel ein und stelle Blumen in die Wohnung, um ihr die Rückkehr zu erleichtern. Manchmal hole ich sie vom Flughafen ab. Schaffe ich es nicht, ist meine Mutter verstimmt. Ihre Anspruchshaltung ärgert mich. »Insgeheim sind wir wütend aufeinander und spitzen die Pfeile. Ich hole sie nicht ab, sie fragt nicht nach meiner Arbeit. Ich strafe, sie straft. Es ist immer dasselbe Spiel«, notiere ich in meinem Tagebuch.

Nach ein paar Jahren wird die Zeitschrift, für die ich tätig bin, eingestellt. Ich bin arbeitslos und habe Geldsorgen, die mir den Schlaf rauben. Fühle mich zerrissen zwischen der Hoffnung, einen neuen Job zu finden, und einem Gefühl, das mich beschämt und einsam macht. So etwas hat es in meiner Familie noch nie gegeben. Als Frau braucht man doch keine feste Anstellung! Nur eine einzige Cousine meiner Mutter »muss« arbeiten. Ihr Mann hat sie sitzen gelassen, heißt es, und sie stand da mit den drei Kindern. Diese Tante arbeitet als Ärztin. Ich kenne sie kaum, aber ich mag das Anpackende, das sie ausstrahlt. Und immerhin, sie hat doch studiert und eine lange Ausbildung hinter sich. Ist sie dafür je wertgeschätzt worden?

Meine Mutter kann sich nicht in eine berufstätige Frau hineindenken. Schon gar nicht in eine arbeitslose. Sie erwartet, dass mein zweiter Mann für mich sorgen wird. Er ist Arzt, das gefällt ihr. Man weiß nie, was beim Älterwerden auf einen zukommt, vertraut sie mir an, und ich kann sie sogar verstehen. In meiner zweiten Ehe hat sie sich so gut eingerichtet wie in meiner ersten, sie besucht uns ganz selbstverständlich, wird bekocht und geht mit uns ins Kino um die Ecke. Geburtstagsfeiern, Weihnachten, Silvester. Meine Mutter ist immer dabei, wie früher.

Die neue Stelle, die mir angeboten wird, passt genau zu meinen Interessen. Der Verlag bringt eine Psychologiezeitschrift heraus, ich werde Mitglied im Gründungsteam. Der inhaltliche Anspruch ist deutlich höher, die Herausforderung, den Anzeigenmarkt für das Magazin zu begeistern, auch. Da ich über gute Kontakte verfüge, fällt mir diese Aufgabe zu. Wieder bin ich viel unterwegs, der Arbeitsdruck steigt. Ich recherchiere und schreibe. Zugleich werbe ich bei möglichen Kunden um Unterstützung. Meine freie Zeit wird knapper, doch die Begeisterung für das Projekt wächst mit jedem Tag. Ich bin stolz auf das Konzept unseres Magazins und die Tatsache, dass ich als Mitverantwortliche das Ganze vorantreiben kann. Nach einigen Jahren übernehme ich die Chefredaktion. »Du musst dein Führungsgen leben«, meint ein Freund. Wie auch immer, ich bin mit vollem Herzen bei der Sache. So sehr, dass ich keinerlei Anstrengung verspüre.

»Du bist doch keine Fachfrau für Psychologie«, kommentiert meine Mutter meine neuen Aufgaben. Das sitzt. Obwohl ich mein Berufsleben wieder gut im Griff habe, verletzt mich ihre Bemerkung tief. Schlagartig fühle ich mich an das Ende der Schulzeit erinnert. Als ich Psychologie studieren wollte und mein Vater entsetzt die Fingerspitzen auf den Esstisch presste und von »Küchenpsychologie« redete. Und meine Mutter auf ihren berühmten Großvater, den Psychiater Karl Bonhoeffer, verwies. Von der Psychoanalyse, die damals in Mode kam, habe er als Wissenschaftler überhaupt nichts gehalten, bekräftigte sie. Aber mein Wunsch hatte sich aufgrund der Noten ja sowieso erledigt.

Mein Interesse daran, was in der Seele eines Menschen vorgeht, lebte auch ohne entsprechendes Studium weiter. Ich las Bücher über Emotionen. Wie sie entstehen, wie sie in uns wirken, wie wir sie beeinflussen können. Bücher über das Unsichtbare. Über die dunklen Kammern in uns, in denen wir Erfahrungen und Wunden, unerlaubte Gefühle und Sehnsüchte ablegen. Bücher über die Beziehungen zwischen Menschen, über das, was sie aneinander bindet und voneinander trennt. Solche Themen konnten mich begeistern, jedes Mal aufs Neue. Ich unterstrich bestimmte Sätze und versuchte mir viel zu merken. Mein Wissen webte ich in Artikel ein, die ich während der Semesterferien für den ›Wuppertaler General Anzeiger‹ schrieb. Wenn ich verliebt war, breitete ich meine Empfindungen in Briefen aus. An den, der mich bitte zurücklieben sollte. »Du hast dich in Gefühlen getummelt«, bemerkte eine Freundin. Da ist etwas dran. Die Beschäftigung mit der Innenwelt übte einen regelrechten Sog auf mich aus. Und jetzt, Jahrzehnte später, lebt mein bislang rein privates Interesse in ganz anderem Kontext wieder auf. Es ist, als hätte es sich durch die Hintertür in mein Berufsleben geschlichen.

Schreiben schafft Distanz. In Bezug auf meine Mutter, aber auch auf mich selbst. Ich erkenne heute, warum mich das Geheimnisvolle der Emotionen oft mehr anzieht als das Offensichtliche der Fakten. Es hat mit einer Auslassung zu tun, einer Leerstelle in meiner Familie. Gefühlen wird bei uns kein Raum gegeben. Man misst ihnen keine Bedeutung bei. Schlimmer noch, das Wort klingt fast wie ein Schimpfwort. Stattdessen wird der Intellekt trainiert, der vermeintliche Gegenspieler. Ein schneller, scharfer Verstand diszipliniert. Darauf kommt es an. Mit ihm kann man die Welt verstehen und erklären. Er bringt einen verlässlich durchs Leben. Ein »guter Kopf« bewahrt vor Untiefen, die beim Blick nach innen auftreten könnten. Solche Gefahr gilt es abzuwenden. Schon deshalb, weil Bedrohungen jeglicher Art in der Familie wohlbekannt sind. Und es nur eine Möglichkeit gibt, sich davor zu schützen: durch präzises, analytisches Denken. »Überlege dir vorher, was du sagen willst.« Oder: »Erst denken, dann reden.« Mit solchen Sätzen bin ich aufgewachsen, sie werden von einer Generation zur nächsten weitergegeben. Deshalb habe ich mich entschlossen, Gefühle ernst zu nehmen. Um mich zu spüren. Um zu entdecken, was das Eigene ausmacht.

Meine verkrustete Familie öffnet mir die Augen. Diese eiserne Disziplin. Dieser Anspruch an Expertise, an Sachlichkeit und Exzellenz. Diese ausschließliche Orientierung an Leistung. Diese Bestimmtheit in der Meinungsäußerung, die als Arroganz auftritt und keinen Widerspruch duldet. Gedankenlosigkeit wird belächelt, Empfindsamkeit als Empfindlichkeit verachtet. Gefühle zu zeigen bedeutet, dass man sich nicht unter Kontrolle hat. Deshalb kommt meine Mutter mit erhobenem Kopf und scheinbar glücklich aus New York zurück, obwohl jede Reise dorthin für sie in einer Enttäuschung endet. In einer persönlichen Niederlage, die sie wortlos in sich verschließt. Ihre Liebe wird nicht in Erfüllung gehen, niemals, meine Mutter weiß das. Intuition lässt sich nicht unterdrücken. Aber man kann sie mit dem Verstand beherrschen. Das hat sie gelernt. Unbeirrbar fliegt sie schon bald wieder nach Amerika. »Aufstehen, Krone richten, weitermachen« steht bei einer Freundin am Kühlschrank und auf einmal muss ich an meine Mutter denken.

Manchmal habe ich das Gefühl, meine Mutter braucht meine Gegenwart deshalb so sehr, weil sie sich ablenken muss.

Von den vielen Kümmernissen, Frustrationen und Traurig-keiten, die in ihr feststecken. Vielleicht auch, um die Vergan-genheit in Schach zu halten. Die Bilder, die sie in sich trägt, sind womöglich zu viele für ein Leben. Für ihr Leben. Wie die unzähligen winzigen Punkte, die, unter Buchstaben gesetzt, eine verschlüsselte Nachricht aus dem Gefängnis ergeben, in das ihr Vater gebracht wurde. Oder umgekehrt die Ausrufe-zeichen nach Grüßen, die ihm anzeigen sollen, wer von der Familie zu Hause ist. Oder das bunte Taschentuch, das ihm signalisiert: alles in Ordnung. Alltägliche Dinge, die nach außen harmlos wirken und im Zusammenhang mit der Verhaftung meines Großvaters lebensgefährlich sind. Wie wird sie diese Bilder los, später? Nie habe ich mit meiner Mutter darüber ge-sprochen. Über »diese Dinge«, wie sie immer sagt.

Im November 1943 liegt mein Großvater mit einer Gesichts-lähmung und Sprach- und Sehstörungen in seiner Zelle im Un-tersuchungsgefängnis Lehrter Straße. Es sind die Folgen einer Gehirnembolie nach einer Venenthrombose im linken Bein. Die Furcht vor Thrombosen bleibt in der Familie gegenwärtig. Meine Mutter hat die Veranlagung geerbt. »Du solltest dich dringend untersuchen lassen, so wie deine Cousinen.« Diese Mahnung wiederholt sie bis zu ihrem Tod. Ich bin da sorglos. Sie kann mich nicht verstehen, nennt mich »unvernünftig«.

Mein kranker Großvater wird vorübergehend in die Charité gebracht, in die große Berliner Klinik. An seinem Bett darf die Familie zu Weihnachten für ein paar Stunden zusammenkom-men. Der vierzehnjährige Christoph berichtet: »Wir waren Weihnachten bei Papa, haben uns dort ein kleines Bäumchen aufgestellt und sogar eine kleine Bescherung gehabt. Lieder konnte ich leider keine spielen, denn Mama hielt es für zu laut. Als wir aber die Schwestern danach fragten, sagten sie, es wäre nicht so schlimm (...). Es war sehr nett, daß wir so zusammen sein konnten.« Die Mutter bleibt über Nacht beim Vater, die Kinder werden in ihr Zuhause nach Sacrow gebracht, wo die Großeltern warten. Mein Urgroßvater Karl Bonhoeffer schreibt an seinen Sohn Dietrich, der ebenfalls in Haft ist: »Wenn auch das Fehlen von Hans und Christel einen tiefen Schatten warf und den kleinen Christoph am Baum zu Tränen brachte (…)«. Ich sehe diesen Jungen, der heute mein Onkel ist, weinen, aber ich sehe auch meine Mutter. Sie ist drei Jahre älter und muss stark sein. Vielleicht schluckt sie ihre Tränen herunter, um niemanden zu belasten. Mit welchen Erinnerungen schmückt sie alljährlich den Baum? Mit Gedanken an die große, glückliche Familie im Hause Bonhoeffer vor 1933, als ihre Großeltern, die vielen Geschwister der Mutter, alle Cousins und Cousinen zusammenkamen? Oder an diesen beklemmenden Weihnachtsabend zehn Jahre später, an dem ihr Vater als kranker Häftling in der Klinik liegt? Oder denkt sie nur an jetzt, an die Gegenwart? Es sind so viele Fragen, die unbeantwortet bleiben. »Du hast ja keine Ahnung.« Meine Mutter hat recht.

Im Frühsommer 1944 bittet mein Großvater in Kassibern um Bakterien. Er will sich mit Diphtherie infizieren, um weiteren Vernehmungen des Militärrichters und Anklägers Manfred Roeder zu entgehen, der ihn unerbittlich demütigt und quält. Mit allen Mitteln versucht er, Aussagen und Geständnisse von meinem Großvater zu erzwingen, es gelingt ihm nicht. Meine Großmutter besorgt die erbetenen Krankheitserreger, vermischt sie mit Joghurt zu einer Mahlzeit. Nach der Einnahme ist er teilweise gelähmt. Am 20. Juli, dem Tag des Attentats auf Hitler, besucht meine Mutter ihren Vater im Seuchenlazarett in Potsdam, zusammen mit meiner Großmutter. Sie reden mit ihm durch das offene Fenster. Mein Großvater weiß wohl, dass der Anschlag bevorsteht. Der Informationsfluss in seinem Netzwerk funktioniert trotz der

Haft gut, dafür sorgt seine Frau. Im Radio wird er abends erfahren, dass Hitler überlebt hat und Claus Graf von Stauffenberg verhaftet ist.

Trotz der Kontaktsperre, die nach dem misslungenen Attentat verhängt wird, gelingt es meiner Großmutter und meiner Mutter am 22. August 1944, ihren Mann und Vater noch einmal zu sprechen. Sie verdanken die Begegnung dem Mut der Krankenschwester Johanna Weber, die sich über das Besuchsverbot hinwegsetzt. Für diese Schwester Hanna, die »im Osten« geblieben ist, packe ich als Kind mit meiner Großmutter Päckchen. Ohne zu wissen, warum und wer sie ist. Aber ich kann spüren, wie sehr sie unserer Familie am Herzen liegt.

Am Nachmittag ebendieses Augusttages erscheint Gestapokommissar Franz Xaver Sonderegger, begleitet von SS-Männern, im Hof des Lazaretts. Die »Sonderkommission 20.7.« der Gestapo hat Hinweise auf frühere Umsturzplanungen meines Großvaters. Ein Krankenwagen soll ihn jetzt in das Krankenrevier des KZ Sachsenhausen transportieren. Mein Großvater, so wird berichtet, kann sich »nicht bewegen, nur schwer hören, wenig sehen und kaum schlucken«. Wie krank er tatsächlich ist, kann nur meine Großmutter wissen. Für den Eindruck, der meiner Mutter ein Leben lang bleiben wird, spielt das keine Rolle. Sonderegger erlaubt, dass Ehefrau und Tochter sich noch verabschieden können, bevor der Krankenwagen mit ihm losfährt. Welches Abschiedsbild lebt in meiner Mutter fort? Wie kommt sie über den Anblick ihres geschundenen Vaters hinweg? Wann verfolgt sie dieser Augenblick, tagsüber, in ihren Träumen? Ich kann sie nicht mehr fragen. Und sie hätte mir vielleicht auch nicht antworten können. »Was man ausspricht, wird plötzlich wahr.« Die Worte eines Freundes habe ich mir gemerkt.

Im September 1944 werden Aufzeichnungen, Protokolle, vorbereitete Reden meines Großvaters und seiner Mitverschwörer im Panzerschrank des Wehrmachtsbunkers in Zossen gefunden. Aus der Haft heraus hatte er vergeblich um ihre Vernichtung gebeten. Mit dem Fund scheint sein Schicksal besiegelt. »Verrat seit 1939«, wird an Hitler berichtet. Als KZ-Häftling kann ihn nun die Familie nicht mehr besuchen, Pakete gehen verloren, Briefe kommen selten an. Anfang Januar 1945 erreicht meinen Großvater doch noch das Weihnachtsgeschenk seiner Kinder, ein von den Söhnen gefertigter Holzkoffer, bemalt mit einem Tannenzweig. Meine Mutter hat Kekse darin verpackt. »Und Du, mein Bärbelchen, hast so gute Sachen gebacken, ganz wie früher, ich knabbere den ganzen Tag«, bedankt sich der Vater. Sie wird ihn nie mehr wiedersehen. Aber später seine und die Briefe ihrer Mutter lesen.

»Ich benutze meine Krankheit als Kampfmittel. Dabei kommt mir zustatten, dass man mich für kränker hält, als ich bin. (…) Nachts bringe ich mir heimlich das Gehen bei. (…) Wenn Du eine Speise rot zudeckst, am besten auch noch einen Tintenklecks auf dem Becher, so weiß ich, dass darin ein anständiger Infekt ist, der mich ins Krankenhaus bringt. Ich scheu keine Krankheit, bin überzeugt, dass ich sie durchstehe«, schreibt mein Großvater in einem Kassiber am 25. Februar 1945 an seine Frau. Er hat noch sechs Wochen zu leben. Und tatsächlich, Anfang März gelingt es meiner Großmutter erneut, ihren Mann mit Krankheitserregern zu versorgen. Wie sie an diese Erreger kommt, woher sie stammen, kann ich nur vermuten. Vielleicht aus der Klinik meines Urgroßvaters, der Arzt ist. Oder von der Krankenschwester Johanna Weber, die meinen Großvater im Potsdamer Seuchenlazarett pflegt und die schon mehrfach ihren Mut bewiesen hat. »Mein über alles geliebtes Herz, mit welchem Herzklopfen ich gestern aus dem Köfferchen einen rotbemützten Becher auftauchen sah, kannst Du Dir kaum vorstellen.« Doch die Erreger sind vertrocknet, sie wirken nicht mehr.

Mein Großvater scheint verzweifelt. Er ist überzeugt, dass einzig und allein eine weitere, lebensgefährliche Infektion ihn noch vor der Todesstrafe retten kann. Meine Großmutter möge bitte keine Angst davor haben. Denn er ist sicher, dass er überleben wird, schon allein für seine Familie. Es geht ihm nur noch um sie, meine Großmutter, und seine drei Kinder. Er muss Zeit gewinnen, mit Hilfe einer neuerlichen Erkrankung. Irgendwie muss alles gut werden.

So schreibt er in einem Kassiber an seine Frau: »Du weißt, wie die Dinge stehen, weißt sicher sogar mehr, als Du mir zugeben willst, weil Du Rücksicht auf mich nehmen willst. Das brauchst Du nicht – ich habe mit allem abgeschlossen, habe so viel gesehen und erlebt hier, dass es nur noch *eines* gibt, was mich umwerfen würde, und das wäre, wenn Dir etwas geschähe. *Das* darf nicht sein, ich bitte jeden Tag meinen Herrgott darum!« Und er bittet meine Großmutter eindringlich, dass die Kinder Stillschweigen bewahren.

Bis zu seinem Ende scheint meinem Großvater wohl die Hoffnung zu bleiben. Sie hat sich nicht erfüllt. Aber es mag sein, dass ihm der Glaube an einen letztlich guten Ausgang seine letzten Tage erträglicher machte. Mit welchen Gefühlen liest man als Tochter einen solchen Brief und die vielen anderen Mitteilungen, die nach dem Krieg auftauchen? Etwa die, die sich in dem Koffer fanden, der zum Zeitpunkt der Hinrichtung ihres Vaters neben seiner Pritsche entdeckt, von seinem Mithäftling Franz Ballhorn in Verwahrung genommen und ihrer Mutter ausgehändigt wurde, als sie nach Kriegsende in Sachsenhausen nach ihrem Mann suchte. Oder den Bericht von Dr. Albrecht Tietze, Oberarzt am Staatskrankenhaus der

Polizei, der ihren schwerkranken Vater aus dem KZ Sachsenhausen noch für kurze Zeit in die Klinik holen kann. Die Zelle »roch stark nach Schweiß und Kot«, heißt es da. Wochenlang war mein Großvater nicht gewaschen worden. »Er starrte vor Dreck«, schreibt der Arzt, der selbst ein Gegner der Nazis ist und sich für jüdische Kollegen eingesetzt hat. Man hatte den Verdacht, dass er die Lähmung nur vortäuschte, und ließ ihn verkommen, um ihn zu brechen. Tietze: »Wir machten uns erst eine Freude daraus, den völlig verwahrlosten Dohnanyi zu baden, zu pflegen und zu verwöhnen. Er genoss es dankbar. Wir verständigten uns sofort durch einen kurzen intensiven Blick und durch freundschaftliche Druck- und Presszeichen mit dem Hörrohr, obwohl wir uns nie gesehen hatten.« Wenig später, am 5. April 1945, kommt der Befehl. Mein Großvater soll am nächsten Morgen sofort zurück nach Sachsenhausen gebracht werden. Hitler wütet. Alle Widerständler sollen hingerichtet werden. Das Standgericht unter dem gnadenlosen Juristen und SS-Standartenführer Walter Huppenkothen urteilt blitzschnell. Tietze benachrichtigt meine Großmutter, sie kommt umgehend in das Krankenhaus. Der Arzt ermöglicht dem Ehepaar eine letzte heimliche Begegnung. Meine Großmutter ahnt, so Tietze, »daß sie ihren Mann nie wiedersehen würde«. Tietze hat für diese Nacht die Flucht vorbereitet, Pistolen besorgt, und er hält seine Wagenschlüssel bereit. Mein Großvater soll ihn anschießen und mit dem Auto fliehen, so sein Plan. »Dohnanyi wollte diesen Weg aber nicht gehen.« Eine gemeinsame Flucht der Männer scheint unmöglich, das Risiko für die Familien zu groß. Dieser Meinung ist auch meine Großmutter. Tietze begleitet sie nach dem Abschied von ihrem Mann zu Freunden. Dann fährt er nach Sacrow, um meine Mutter und ihren Bruder Christoph in Sicherheit zu bringen, falls die Flucht doch noch gelingen sollte.

Klaus ist beim Militär und nicht im Haus. Vor dem Grundstück entdeckt Tietze im Dunklen zwei Männer. Sie gehen auf und ab. Ob es Spaziergänger sind oder bereits die Gestapo? Tietze dreht um, fährt zurück zum Krankenhaus und redet erneut mit meinem Großvater. »Ich forderte ihn noch einmal auf, von der Waffe Gebrauch zu machen, mich zu verletzen und dann zu fliehen. Er lehnte wieder ab, das bedeutete seinen Tod. Ich hatte ihm einige Tage vorher von englischen Fliegern abgeworfene Morphium Tabletten für diesen äußersten Fall der Fälle gegeben und wir trennten uns.«

Am nächsten Morgen wird mein Großvater aus dem Staatskrankenhaus abgeholt und zurück ins KZ gebracht. Das Standgericht verurteilt ihn zum Tod. Verteidiger oder Protokollführer gibt es nicht. Er wird in Sachsenhausen auf einer Trage zum Galgen gebracht – vermutlich am 9. April 1945. Erst kurz zuvor hatte ihm meine Großmutter geschrieben: »Mein geliebter, guter Mann (…). Du weißt, daß ich Tag und Nacht bei Dir bin und mit Dir gemeinsam trage, auch was ich nicht mit Dir erlebe. Dazu gibt mir ein langes und schönes gemeinsames Leben die Kraft. Wenn ich doch einmal bei Dir sitzen und Deine Hand halten und bei Dir ausruhen könnte. Was Du mir in den zwanzig Jahren unserer Ehe gewesen bist, ich weiß nicht, ob Du es weißt. Aber, daß nur Glück und Liebe mein Herz erfüllen und auch in die dunklen Tage das Licht Deiner Liebe strahlen ließen, das danke ich Dir. (…) So drücke ich Dich an mein Herz, voll Liebe und Dankbarkeit. Gott behüte Dich, Deine Christel.«

Ebenfalls am 9. April wird im KZ Flossenbürg Dietrich Bonhoeffer hingerichtet. Meine Großmutter verliert an diesem Tag ihren Ehemann und ihren Bruder. Zwei Wochen später, am 23. April, werden ihr Bruder Klaus Bonhoeffer und ihr Schwager Rüdiger Schleicher, Ehemann ihrer Schwester Ursula, von einem Sonderkommando auf einem Trümmergrundstück in Berlin ermordet und verscharrt. Wenige Tage vor Kriegsende.

Wie viele Tränen weint meine Mutter? Beim Lesen dieser Briefe, aber auch damals, in der Zeit nach Kriegsende. Sucht sie Schutz in den Armen ihrer Mutter? Weint meine Großmutter vor ihren Kindern? Oder kann man bei so viel Leid gar nicht mehr weinen? Wie tröstet eine 19-jährige Tochter ihre erschöpfte Mutter? Und wie eine erschöpfte Mutter ihre 19-jährige Tochter? Ich versuche mich zu erinnern. Wann habe ich meine Mutter in Tränen gesehen? Ich höre noch den Schrei, als sie von Großmamas Tod erfährt. Ich habe ihr versteinertes Gesicht vor Augen bei der Nachricht, dass mein Vater gestorben ist. Aber ich sehe sie nicht weinen. Niemals. Ich kenne meine Mutter nicht mit Tränen. Der Gedanke erschreckt mich. Er fühlt sich so leer an. Habe ich meiner Tochter die Tränen getrocknet? Einige Male, ja. Hat sie mich weinen gesehen? Es ist noch nicht lange her.

Das schöne Haus am See in Sacrow wird von Russen in Beschlag genommen. Nach sieben Wochen Belagerung ist es unbewohnbar. Ende Mai verlässt meine Großmutter endgültig ihr Zuhause, in dem sie so vielen aus der Familie Zuflucht geboten hatte. »So bin ich praktisch ausgebombt, d. h. es fehlt die Reinlichkeit eines Brandes. Am traurigsten bin ich eigentlich über die Behandlung von unseren Büchern, die ›Nix gut‹ und infolgedessen in den Keller geworfen wurden. Aber alles andere tangiert mich eigentlich nicht mehr. Man hat gelernt, vergängliche Güter nicht zu hoch zu schätzen«, schreibt sie. Das Haus ihrer Eltern trifft in den letzten Kriegstagen eine Granate, Karl und Paula Bonhoeffer werden verschüttet. Meine Urgroßeltern überleben, in dem unvorstellbaren Schmerz über alles, was geschehen ist. In der unermesslichen Trauer über vier hingerichtete Söhne und Schwiegersöhne.

Meine Mutter und meine Großmutter suchen unter den Überlebenden des KZ Sachsenhausen weiter nach meinem Großvater. Vergeblich. Mitte September schreibt meine Mutter an ihren Bruder Klaus: »Von Papa ist leider gar keine Spur. Es ist so schrecklich garnichts zu wissen.« Die Hoffnung, dass er wegen seiner zentralen Rolle im deutschen Widerstand nach Moskau verschleppt wurde, zerschlägt sich am Ende dieses Jahres 1945. Meine Großmutter gibt die Todesanzeige auf.

Ich denke an das Schicksal meiner Familie, meiner Großeltern und die letzten Tage meines Großvaters. Und an meine Mutter, deren Wunden ich fast wie am eigenen Leib zu spüren beginne und die mich ihr näherbringen. Heute ist ein grauer Apriltag. In der Ukraine tobt ein furchtbarer Krieg, die Brutalität gleicht der von vor achtzig Jahren. Vergangenheit und Gegenwart kommen sich nahe, gefährlich nahe. Wie zufällig streift mein Blick den Kalender. Es ist der 5. April 2022. Tatsächlich. Exakt das Datum, über das ich gerade schreibe. Am 5. April 1943 werden meine Großeltern verhaftet und ins Gefängnis gesteckt. Am 5. April 1945 findet ihre letzte Begegnung statt. An diesem Tag schreibt meine Großmutter ihren Abschiedsbrief an den geliebten Mann. Ich bekomme Gänsehaut und schalte den Computer aus. Es ist sowieso schon spät. Am Nachthimmel scheinen sich die Wolken zu verziehen, die Luft ist würzig und die Sterne beginnen zu funkeln. Als ob der Frühling in diesem Moment über seinen dunklen Schatten springen möchte.

Weine ich die Tränen meiner Mutter, an diesem 5. April 2022? Oder sind es die meiner Großmutter? Ich weiß es nicht. Ein Krieg ist nicht vorbei, wenn Frieden ist. Schreckensbilder,

Ängste, Trauer und Verzweiflung bleiben. Traumatische Erfahrungen verfolgen die Menschen und leben in ihnen weiter. Sie vererben sich in die nächsten Generationen.

»Wir sind die Träger einer Geschlechterfolge, ihrer Gene und ihrer Traumata; und gleichzeitig entscheiden wir selbst über unser Leben, unser Schicksal«, schreibt Isabelle M. Mansuy, Professorin für Neuroepigenetik an der Universität Zürich, in ihrem Buch ›Wir können unsere Gene steuern‹. Ich trage die Geschichte meiner Mutter in mir. Obwohl sie nicht meine eigene ist, wohnt sie direkt unter meiner Haut. Das spüre ich. Ich bin meine Familiengeschichte. Ausgerechnet ich, die möglichst wenig damit zu tun haben wollte. Jahre nach dem Tod meiner Mutter kann ich jetzt über diese, über ihre Geschichte weinen.

Ihre Erfahrungen vermischen sich mit meinen, ohne dass ich je darüber nachgedacht hätte. Zum Beispiel, wenn ich auf der Überfahrt nach Sizilien einen Mann in Handschellen sehe, begleitet von Polizisten. Auf die anderen Fahrgäste scheint er keinen besonderen Eindruck zu machen, doch mir wird richtig schlecht beim Anblick des Gefangenen und die Schiffsreise gerät für mich zur Tortur. Oder wenn, wie kürzlich, vor meinen Augen jemand festgenommen wird, als ich gerade im Auto vorbeifahre. Ich spüre noch den Schlag in die Magengrube, den mir dieser Moment versetzt. Bilder von Verhaftungen nehme ich mit in den Schlaf. Dort tauchen sie wieder auf und können die Nacht zum Tag machen.

Aber nicht nur ihre Wunden, auch die Energie, die meine Mutter einsetzt, um »die Dinge« zu bewältigen, erreichen mich beim Schreiben. Ich kann ihre Liebe zum Leben spüren. Ihr feuriges Temperament. Dieses »explosive Gemisch« aus Disziplin, Humor und jungen Bedürfnissen, das ihren Motor antreibt, wie ich in meiner Rede zu ihrem achtzigsten Geburtstag feststelle. »Kein Tag beginnt ohne Morgengymnastik, und keiner endet, ohne dass Du waghalsig auf eine hohe Leiter gestiegen bist, um ein Kellerfenster zu schließen.« Je älter sie wird, desto mehr muss sie sich ihre Kraft beweisen. Ich kenne das inzwischen so gut von mir selbst. Auch ihr Bedürfnis nach Frohsinn und Leichtigkeit, das immer wieder aus ihr herausbricht. Meine Mutter ist keine Abenteurerin. Das Unbekannte reizt sie nicht. Lieber setzt sie sich einen überschaubaren Rahmen und stillt ihren Lebenshunger – wie in New York – mit vorsichtiger Neugier. In einem konventionellen Umfeld, am Arm eines Mannes, der sie für kurze Zeit beschützt. Als ob sie den Mangel ausgleichen wollte, den sie seit dem Verlust meines Vaters empfindet. Als ob sie eine Rechnung mit dem Leben offen hätte.

Die Lust auf Komfort, auf elegante Hotels und Restaurants, auf Kultur und schöne Dinge: Ich kann sie nachfühlen. Offiziell fliegt meine Mutter für die Liebe nach Amerika. Vielleicht begibt sie sich auf kleine Fluchten. Vor dem, was sie erlebt hat, vor dem, was ihr fehlt. Auf kleine Fluchten vor sich selbst. Bin ich nicht auch geflohen, wenn ich unterwegs war? Vor Schieflagen in meinem Leben, die ich nicht wahrhaben wollte. Vor Belastungen, denen ich mich nicht gewachsen fühlte. Ein langes, zartes Püppchen sei ich gewesen, schreibt meine Mutter zu meinem fünfzigsten Geburtstag. Jetzt sei aus mir eine starke Frau geworden, die dem Leben stets die guten Seiten abgewinnen und andere mit dieser Kraft anstecken könne. Es ist der liebevollste, der schönste Brief, den ich von meiner Mutter besitze. Sie hofft, so schreibt sie am Ende, mir in Zukunft möglichst wenig Sorgen zu bereiten.

Kapitel 9

»Eine Tochter gehört an die Seite ihrer Mutter«
56–63 Jahre

Was für mich meine grüne Kiste ist, in die ich über Jahre
Briefe, Fotos und Dinge werfe, die in meinem Leben gerade
keinen Platz haben, ist für meine Mutter ein hellgrauer,
schlichter Einbauschrank im Gastzimmer ihrer Münchner
Wohnung. Neben abgelegten Kleidern, alten Stickereien aus
Ungarn und Stapeln von ungeöffneten Medikamenten finden
sich dort auch jede Menge Ordner aus Pappe. Ihre Farben sind
verblichen, sie stammen noch aus dem Büro meines Vaters.
Einige Ordner sind leer, andere voller Papier und mit einem
Gummiband verschlossen. Sie enthalten Zeitungsausschnitte,
alle möglichen Artikel über die Brüder Klaus und Christoph.
Seit Jahrzehnten werden sie von meiner Mutter gesammelt.
Gedruckte Fotos mit kurzen Bildunterschriften, ausführliche
Interviews, lange Aufsätze von Klaus und Kritiken zu Konzer-
ten von Christoph. Das Ausmaß ist beachtlich. Wie viel Platz
die Geschwister im Leben meiner Mutter doch einnehmen!
Im ersten Moment amüsiere ich mich, wenn sie die silberne
Teekanne auf den Glastisch stellt und wieder mal einen dieser
Artikel neben meine Tasse legt. »Hervorragend, was Klaus da
geschrieben hat. Das solltest du mal lesen.« Kaum höre ich die
Belehrung in ihrer Stimme, bin ich schlecht gelaunt. Denn ich
will jetzt nichts lesen, nicht in diesem Moment und nicht unter

ihrer Beobachtung. Ich verschiebe die Lektüre nachdrücklich auf »irgendwann«.

Was nichts daran ändert, dass meine Mutter weiter mit Vorliebe ihre Brüder zitiert. Etwa, als meine Redaktion von München nach Hamburg verlegt wird und ich von nun an zwei Wochen im Monat dort arbeiten werde. »Dann bist du nur noch unterwegs, das strengt an.« Meiner Mutter passt der Gedanke nicht. Sie holt sich Unterstützung von ihrem Bruder. »Klaus sagt, wenn man eine wirklich gute Journalistin ist, kann man auch von hier aus für ›Die Zeit‹ schreiben.« Damit zieht sie ihre letzte Karte um meinen Verbleib in München. »Weißt du, wie viel Geld man da für einen Artikel bekommt?«, frage ich zurück. Natürlich hat sie keine Ahnung. »Davon kann ich nicht leben. Außerdem freue ich mich auf Hamburg.« Ich koste meine Überlegenheit aus. Diese Anmaßung in ihren Worten. Und, sollte sie Onkel Klaus richtig zitiert haben, auch in seinen. Unser kurzer Disput verstärkt meine Abneigung gegen die Überheblichkeit in der Familie.

Sie zeigt sich auch an dem Tag, als mein Onkel Christoph ein Konzert in Salzburg dirigiert. Meine Mutter ist bereits angereist, sie wohnt im selben Hotel wie ihr Bruder. Ich komme mit meiner Freundin, die sie gut kennt, aus München nach und frage am Telefon, ob wir uns kurz in ihrem Hotelzimmer frisch machen können. Meine Mutter erschrickt hörbar, die Idee ist ihr höchst unangenehm. »Seid ihr nicht angezogen für das Konzert?« Sie lehnt ab mit dem Argument, selbst noch nicht fertig zu sein. Warum ist sie so kompliziert, so unnahbar? Ich kenne eine Dame im Alter meiner Mutter, die liegt mit ihren erwachsenen Töchtern auf dem Hotelbett und sie erzählen sich Geschichten. Es sind diese Momente von Nähe, die ich mir mit ihr wünsche. Sie könnten unser Glück sein, wer weiß.

Meine Freundin und ich wechseln also die Kleidung hinter dem Auto, auf dem Parkplatz eines Klosters. Wir haben so viel Spaß dabei, dass alles andere unwichtig scheint. Doch auf der nächtlichen Rückfahrt meint sie: »Deine Mutter wirkte in Gegenwart ihres Bruders so verunsichert. Sie hatte ständig Sorge, dass wir uns nicht anständig benehmen. Damit sie gut dasteht, Dorothee.« Meine Freundin hat recht. Auch ich habe das so empfunden. Nach dem Konzert, bei der Audienz im Dirigentenzimmer, hat meine Mutter mich so angestrengt wie früher betrachtet und bei jedem Satz, den ich sagte, meine Lippenbewegungen mitgemacht. So als müsse sie mich Wort für Wort kontrollieren. Ich bin über fünfzig Jahre alt.

Meine Mutter und ihre Brüder. »Sie hatte das Gefühl, ihre Brüder beschützt zu haben, als die Mutter ins Gefängnis kam«, meint die Krankengymnastin, der meine Mutter sich im Alter öffnete. Dazu die Bewunderung, die sie ihnen entgegenbringt. Dieses Schwärmen. Für den brillanten Geist des Politikers, für die einzigartige Begabung des Dirigenten. Natürlich ist sie stolz auf deren erfolgreiche Lebenswege, wer könnte es nicht verstehen. Doch das allein kann es nicht sein. Meine Mutter denkt elitär, aber nicht hierarchisch. Woher also rührt ihre Anspannung, ihr unruhiger Blick, jedes Mal, wenn sie den Brüdern in meinem Beisein, im Beisein ihrer engsten Familie begegnet? Diese Sorge, dass wir irgendwelche Erwartungen nicht erfüllen. Mein Vater ließ sich von den dominanten Schwägern nicht einschüchtern. Sie mochten ihn gelegentlich aufregen und anstrengen. Doch sein Intellekt war jeder Diskussion gewachsen, er war schnell im Thema und wich nicht aus, ich erinnere mich genau. War meine Mutter in solchen Momenten stolz auf ihren Mann? Fühlte er sich von seiner Frau bestärkt? Oder hielt sie heimlich zu ihren Brüdern? »Dein Vater spielte für die Familie keine große Rolle«, erinnert sich eine Cousine. Wo steht meine Mutter, wenn es darauf ankommt? Ich kenne die Antwort und fürchte sie. In Gegenwart ihrer Brüder ist sie immer nervös. Auch mit mir. Ihre Angst, ich könne etwas Unangebrachtes, »Törichtes« von mir geben, einen Gedanken, der nicht »durchdacht« ist und dem Anspruch der Onkel nicht genügt, diese Angst offenbart sich im konzentrierten, leisen Mitsprechen meiner Worte.

Am regelmäßigen Austausch untereinander gemessen, scheint die Verbindung der drei Geschwister eng. Neben den gemeinsamen Erinnerungen ist es vielleicht die Art, wie meine Mutter zuhört, auf Politisches und Persönliches eingeht und ihre eigenen Ansichten äußert. Denn trotz ihrer Bewunderung kann die große Schwester mit den jüngeren Brüdern kritisch sein und sie auch mal zur Räson rufen. Davon erzählt sie und bemerkt, das habe sie schon als junges Mädchen getan. Dabei schmunzelt sie triumphierend. Am Telefon klingt meine Mutter selbstbewusst und meinungsstark, oft höre ich sie lachen, besonders mit ihrem Bruder Christoph.

Aus Anlass seines achtzigsten Geburtstags dirigiert er ein Konzert in der Hamburger Laeiszhalle. Bei der Nachfeier stehen beide Dohnanyi-Brüder im Blitzlichtgewitter der Presse, während sich meine Mutter unbemerkt unter die Gäste mischt. Bis mein zweiter Ehemann sie plötzlich an der Hand nimmt und durch die Menge nach vorn zieht. Dorthin, wo sich die Kameras um ihre Brüder drängen. Alexanders Entschlossenheit imponiert mir noch heute. Irritiert rücken beide Männer zur Seite und nehmen schließlich ihre Schwester in die Mitte. Souverän tritt meine Mutter vor die Fotografen. Ich spüre, wie sehr sie diese Wertschätzung genießt, und bin stolz auf sie.

Immer geht es um Anerkennung. Ein Schlüsselwort auch

innerhalb unserer engeren Familie, wo sie nur wenigen zuteil-wird. Eher neigen wir untereinander zu ironischen, herablassenden Bemerkungen und spitzer Kritik. Etwa, wenn jemand dem geistigen Anspruch nicht genügt. Oder eine Leistung als nichts Besonderes empfunden wird. Wir können nichts stehen lassen, müssen alles kommentieren. Wir beurteilen und verurteilen, schätzen gering oder schätzen wert, haben zu allem und jedem eine Meinung. So entstehen Härte und ein ewiges Ringen um Bedeutung.

Das Bedürfnis nach Wahrnehmung in meiner Familie hat viele Facetten. Manche kann ich heute besser verstehen als früher. Etwa das Anliegen meines Onkels Klaus, seine Mutter gut vierzig Jahre nach ihrem Tod umbetten zu lassen. Ihr unauffälliges Grab war bisher in Köln, neben ihrer Schwiegertochter Renée, der Mutter von Johannes. Jetzt wird meine Großmutter zum Dorotheenstädtischen Friedhof nach Berlin gebracht und in der Nähe der Gedenktafel beigesetzt, die an die Opfer des Widerstands erinnert, für die es kein Grab gibt. Auf der Tafel stehen neben anderen die Namen ihres Mannes Hans von Dohnanyi, ihrer Brüder Dietrich und Klaus Bonhoeffer und ihres Schwagers Rüdiger Schleicher. Außer den Geschwistern erfährt von der Umbettung kaum jemand. Mein Cousin Johannes, der Sohn von Klaus, bemerkt, dass seine Mutter nun allein liegen müsse. Als mir viel später von der neuen Grabstätte erzählt wird, spricht meine Mutter von einer »längst überfälligen Entscheidung«. Auf ein Gespräch darüber, ob man Tote ruhen lassen sollte oder nicht, will sie sich nicht einlassen. Mich stört an der Umbettung meiner Großmutter nicht die Tatsache an sich. Mich stört das Geheimnis, das daraus gemacht wird. Die Heimlichkeit. Wäre es nicht eine Gelegenheit gewesen, die Familie zu versammeln und gemeinsam Erinnerungen zu teilen? Warum geht so etwas bei uns nicht?

Als ob meine Großmutter nur ihren drei Kindern gehört. Und alle anderen keine Ahnung haben.

An ihr Grab in Köln erinnere ich mich dunkel. Ich war mit meiner Mutter gelegentlich dort, es erschien mir traurig und verlassen. Jetzt liegt Großmama bei so bedeutenden Persönlichkeiten wie den Philosophen Hegel und Fichte, den Schriftstellern Heinrich Mann und Bertolt Brecht sowie Helene Weigel. Der Friedhof zählt zu den viel besuchten Berliner Sehenswürdigkeiten. Er ist des Sehens würdig. Das Grab meiner Großmutter ist es nun auch. Mit der Umbettung ist für mich die Wertschätzung ihrer ungewöhnlichen Persönlichkeit verbunden.

Wie lange meine Familie, neben vielen anderen Familien aus dem Widerstand, auf Anerkennung warten musste! Für einen Großteil der Deutschen waren Menschen wie meine Großeltern nach dem Krieg keine Helden, sondern Verräter am Vaterland. Sie wollten weder vom Widerstand gegen Hitler noch von seinen Verbrechen etwas gewusst haben. »Das Vermächtnis des 20. Juli war für sie eine Zumutung«, schreibt die Wochenzeitung ›Die Zeit‹ zum 75. Jahrestag des 20. Juli 1944. »Sie stellten sich taub oder machten die Verschwörer verächtlich. So ist die Geschichte des Widerstands stets die einer winzigen Minderheit – und handelt sogleich auch immer von der großen Mehrheit, die mitmachte, schwieg, sich duckte.«

Im Nachkriegsdeutschland wird nicht nur weiter weggeschaut, sondern sogar aktiv entlastet. Überzeugte Nazis, wie etwa die beiden grausamen Richter, die meinen Großvater auf dem Gewissen haben, kommen unbehelligt davon.

Der Ankläger und Untersuchungsführer Manfred Roeder, der ihn bei den Vernehmungen hemmungslos quält und doch nichts aus ihm herausbringt, dient sich in amerikanischer Kriegsgefangenschaft als Informant an. Im Sommer 1948 entlässt man ihn. Als er gleich darauf in Untersuchungshaft kommt, unter anderem wegen schwerer Körperverletzung, verteidigt er sich. Er habe als deutscher Richter lediglich seine Pflicht getan und fühle sich unschuldig. Es dauert ein halbes Jahr, dann ist Roeder frei und kann sich in Ruhe auf sein Landgut zurückziehen. Ein Jahrzehnt später engagiert er sich in der hessischen Ortschaft Glashütten, wo er in den Gemeindevorstand gewählt wird. Von seiner Pension als Generalrichter während der Nazizeit lebt Roeder bis zu seinem Tod im Jahr 1971. Er bleibt »uneinsichtig und unverbesserlich bis zum Schluss«, so der Historiker Fritz Stern.

Der Nazirichter Walter Huppenkothen entgeht ebenfalls einer gerechten Strafe. Sein Standgericht verurteilte meinen Großvater im KZ Sachsenhausen blitzschnell und ohne Verfahren zum Tod. Aber auch er dient sich während seiner Kriegsgefangenschaft den Amerikanern an und verspricht Informationen. Nach seiner Entlassung, Ende 1949, wird er wegen Beihilfe zum Mord angeklagt, jedoch im Jahr 1956 vom Bundesgerichtshof endgültig freigesprochen. In der Begründung heißt es, das Standgericht sei ordnungsgemäß errichtet gewesen. Huppenkothen habe nach damals geltendem Recht geurteilt. Damit ist der Mann rehabilitiert. Als Wirtschaftsjurist und Versicherungsangestellter arbeitet er unbehindert bis zu seinem Tod im Jahr 1979.

»Für dieses Urteil (...) muß man sich schämen«, sagte der Präsident des Bundesgerichtshofes, Günter Hirsch, anlässlich des 100. Geburtstags meines Großvaters über die »ungesühnt gelassenen Justizmorde«. »Die Folgen dieses Urteils waren verheerend. Kein einziger Richter, kein Staatsanwalt wurde in der Bundesrepublik wegen der tausendfachen Justizverbrechen im Dritten Reich verurteilt. (...) Dieses Versagen der Nachkriegsjustiz ist ein dunkles Kapitel der deutschen Justizgeschichte und wird dies bleiben. (...) Daß die deutsche Justiz in den 50er und 60er Jahren, wie fast alle gesellschaftlichen und politischen Kräfte, nicht bereit war, sich ihrer Vergangenheit zu stellen, ist eine geschichtliche Tatsache, aber auch Mahnung für uns Richter heute.«

Die Mahnung des Präsidenten richtete sich nicht nur an die Justiz. Sie betraf alle Bereiche des Lebens im Nachkriegsdeutschland, in das sich die früheren Nazis mühelos integrierten. Ich entdecke einen Brief des Schuldirektors meines altsprachlichen Gymnasiums in Wuppertal vom Juli 1964. Es ist die Antwort an meinen Vater, der sich wohl über einen Lehrer und dessen Unterrichtsstunde zum 20. Juli beschwert hatte. Johannes und ich, zwölf und elf Jahre alt, müssen meinen Eltern davon berichtet haben. Ich kann mich nicht mehr daran erinnern. Der Direktor versucht, dem Latein- und Geschichtslehrer beizustehen. Dieser habe darauf hingewiesen, dass die Verschwörer aus edelsten Motiven handelten. Vom geschichtlichen Standpunkt, so der Direktor, sei nichts an dem Lehrer auszusetzen. Bei Johannes und mir müsse ein Missverständnis vorliegen, wie es bei einem Klassengespräch über »unbekannte Stoffe« leicht entstehen könne. Der Direktor schließt seinen Brief an meinen Vater mit verbindlichen Empfehlungen an die Frau Gemahlin.

Wie liest sich so ein Brief für meine Mutter? Der Einsatz ihres Vaters, ihrer ganzen Familie gegen den übelsten Diktator der Geschichte wird noch zwanzig Jahre später als »unbekannter Stoff« bezeichnet. Widerstandskämpfer heißen Landesverräter. Welche Instanz gibt ihnen die Würde zurück? Wer kann ermessen, was der Verlust dieser Menschen bedeutet, die sich gegen das NS-Regime stellten und dabei ihr Leben opferten? Ich verstehe immer besser, warum meine Mutter sich in den Familienkreis zurückzieht. Ich kann mich inzwischen in ihr

Misstrauen einfühlen. »Man soll sich nicht in bittere Stimmungen bringen lassen. Ich gewöhne mich daran, mit der Ruhe eines Naturforschers festzustellen (...) daß die species Mensch unter den Lebewesen nicht allzu hoch einzuschätzen ist. Ich stelle das fest und lege es zum übrigen«, schreibt mein Großvater am 5. Mai 1938. Er ist 36 Jahre alt und draußen duftet es nach Frühling.

Noch bis zum 1. September 1998 gilt er amtlich als Landesverräter. Das Todesurteil gegen ihn wegen Hoch- und Landesverrats wird erst an dem Tag für ungültig erklärt, als das »Gesetz zur Aufhebung nationalsozialistischer Unrechtsurteile in der Strafrechtspflege« in Kraft tritt, 53 Jahre nach seiner Hinrichtung. Die Familie muss jahrzehntelang ohne Anerkennung auskommen. Zunächst auch ohne Geld. Meine Großmutter Christine von Dohnanyi, ihre Schwester Ursula Schleicher und ihre Schwägerin Emmi Bonhoeffer bekommen als Witwen der Widerstandskämpfer nur minimale finanzielle Unterstützung. »Überlebende Mitglieder des Widerstands gegen das Naziregime und Hinterbliebene ermordeter Widerstandskämpfer wurden häufig schlechter und unwürdiger behandelt als überlebende NS-Funktionäre, die ziemlich gut zurechtkamen«, stellt der Historiker Fritz Stern fest.

Jeder Mangel an Wertschätzung hat Folgen. Bei uns könnte er das Bedürfnis gefördert haben, aus der Menge hervorzuragen. Eine Art Familientreibstoff, der sich in besonderer Leistungsbereitschaft sowie in gelegentlichem Hochmut bis heute zeigt. In dem Gefühl, anders zu sein als die anderen. Besser. Begabter. In der Verachtung alles Mittelmäßigen. Und bei manchen in der Angst vor dem Versagen.

»Ich habe so viel vom Leben mitbekommen, mir kann keiner mehr etwas anhaben«, behauptet meine Mutter, wenn sie enttäuscht ist und ein Defizit empfindet, etwa an Anerkennung, Respekt oder Liebe. Sobald ihr etwas zu viel, zu nah und vor allem zu unangenehm wird, scheint es an ihr abzuprallen. Als ob Kränkungen oder Niederlagen irgendwann »zum Übrigen« kommen. Statt lange beleidigt zu sein, zeigt sie sich bald wieder stark und unschlagbar. Doch ihre oft zur Schau gestellte Dominanz ist brüchig. Sonst müsste meine Mutter nicht so beschützt werden. Schon mein Vater hat seine Frau in Watte gepackt. Nach seinem Tod habe ich mir die Samthandschuhe angezogen, bis auf wenige Ausnahmen. Ihre schnelle Verstimmung verfolgt mich. Diese Dünnhäutigkeit, wenn sie Gefahr läuft, nicht gesehen oder, noch schlimmer, abgewertet zu werden. »Ich will nicht das dritte Rad am Wagen sein.« Diesen Satz höre ich oft von meiner Mutter. Etwa, wenn sie überlegt, ihre verheirateten Brüder zu besuchen, in Hamburg, in Amerika, irgendwo. »Die sind zu zweit, und ich bin allein. Wie sich das anfühlt, davon haben die keine Ahnung.« Ich hinterfrage das nicht. Spreche sie auch nicht auf Mike an. Ich spüre ihre Verwundbarkeit, als wäre sie meine eigene. »Hinter ihrem gekonnten Auftreten lässt sie nur selten einen Blick auf die verletzlichen, schützenswerten Bereiche ihres Selbstwertgefühls zu«, lese ich im Konzept einer Autorin. Am Schreibtisch, mitten in der Arbeit, überfällt mich plötzlich der Gedanke: Das könnte ich sein. Oder auch meine Mutter.

Wir beide reiben uns nur noch selten aneinander. Mit der Zeit werden wir toleranter. Nur mein eher misstrauisches Verhältnis zu Deutschland, das mich wie viele in meiner Generation von Jugend an begleitet, will meine Mutter nicht gelten lassen. »Das ist Quatsch«, sagt sie. Weder sie noch ihre Brüder teilen die Gesellschaft in Nazis und Nichtnazis auf. Mehr als ich bemüht sich meine Mutter um Verständnis. Nicht jeder habe über »die Dinge« Bescheid wissen können. Ihr Verstand, die vernünftige Einsicht überwiegt. »Doch man darf nicht vergessen, dass die Unfreiheit, die ich erlebt habe, auf ein ganzes Leben gesehen, eine relativ kurze, prägende Zeit war – zwölf Jahre«, sagt sie in ihrem Interview. Ihre Worte erscheinen mir wie vorgestanzt und mit aller Vorsicht gewählt. Damit sich bloß kein Fehler einschleicht und keine Emotion. Meine Mutter bemüht sich deutlich um einen versöhnlichen Rückblick auf diese schweren Jahre, trotz des Verlustes ihres Vaters. Eine so freie Gesellschaft wie heute hätte er sich damals gewünscht. Für die habe er gekämpft und mit dem Leben bezahlt.

»Wo sind Sie zuhause?«, fragt mich bei unserem ersten Treffen der Mann, für den ich meine Ehe beende, der die Liebe meines Lebens ist und mein dritter Ehemann wird. »Auf meiner Yogamatte«, antworte ich wahrheitsgemäß. Ich bin gerade 60 Jahre alt geworden, lebe wochenweise in Hamburg und München und arbeite wie der Teufel. Kurz nach dieser Begegnung ziehe ich endgültig um nach Hamburg. Meine Mutter mag Hubertus. Sie sieht ihn als meinen Beschützer, aber sie kann ihn nicht einordnen. »Was machen Sie eigentlich wirklich?« Diese Frage will sie sich doch nicht verkneifen. Die Morgensonne scheint herrlich ins Esszimmer, als wir zu dritt frühstücken. Jedes Mal fordert meine Mutter mich auf, die Vorhänge zu schließen, um die Bilder vor dem Licht zu schützen. Jedes Mal lehne ich ab. »Du wirst noch an mich denken«, murmelt sie verärgert. Irgendwann gibt sie auf. Es ist ein jahrelanges Spiel zwischen Mutter und Tochter, zwischen hell und dunkel. Doch diesmal schlägt sie hinter meinem Rücken zu. Als ich kurz in der Küche bin, flüstert sie meinem Mann zu: »Dorothee hat keine Ahnung von Kunst. Im Unterschied zu meinem Sohn.« Hubertus weist meine Mutter in ihre Schranken. Er gibt ihr deutlich zu verstehen, dass er heimliche Bemerkungen wie diese nicht schätzt. Meine Mutter versucht es nie wieder. Seit mein Vater nicht mehr lebt, spielt sie mich und meinen Bruder häufig gegeneinander aus. Zum Nachteil der Geschwisterbeziehung.

Für meinen Mann ist meine Mutter »der widersprüchlichste Mensch«, den er je getroffen hat. Tatsächlich wird sie mit dem Älterwerden immer zögerlicher und findet zu keinem Entschluss. Nie fühlt sich etwas richtig an. Das war vor wenigen Jahren noch anders. Zum Beispiel, als der Nachbar seine alte Ulme fällen lassen wollte, in der zur großen Freude meiner Mutter unendlich viele Vogelfamilien und andere Tiere wohnten. »Ich hole die Polizei, ich hole die Polizei!«, zeterte sie wie ein Rohrspatz vom Balkon herunter. Ohne zu zögern, suchte sie Unterstützung beim Bund für Umwelt und Naturschutz und schließlich bei der Polizei. Motorsägen mussten abgestellt, Kranfahrzeuge entfernt und Straßensperren aufgehoben werden. »Der Baum mitsamt den Vogelnestern steht immer noch gerade, genau wie du.« Als ich in meiner Rede zu ihrem achtzigsten Geburtstag den Vorfall bis ins Detail schilderte, biegen sich die Gäste vor Lachen.

Jetzt, etliche Jahre später, lässt ihre Energie nach, jeden Tag ein bisschen mehr. Meine Mutter ist weit über achtzig. Im Kopf bleibt sie glasklar. Körperlich wirkt sie zart und zerbrechlich, diverse Krankheiten haben ihr zugesetzt. Vielleicht erwartet sie Mitleid, aber sie zeigt es nicht, bewahrt sich ihre Disziplin und ihren Humor. Noch immer blitzt ihr der Schalk aus den Augen, selbst im hohen Alter kann sie Tränen lachen. Oft ist sie wütend auf das Älterwerden und beschimpft ihre Gliedmaßen einzeln. »Du saublödes Bein« oder »Du mistiges Gestell«. So macht sie sich Luft, während sie mit dem verhassten Stock in der Gegend herumfuchtelt. »Da hilft der ganze Silberknauf nichts«, beschwert sie sich. Krankheit ist eine Kränkung, die man nicht verstecken kann.

Ich versuche, so oft wie möglich in München zu sein. Gut,

dass ein Teil der Redaktion dageblieben ist und ich auch dort einen Arbeitsplatz habe. Ich wohne bei meiner Mutter im Gastzimmer. Manchmal bin ich fast so müde wie sie. Die Verantwortung im Job frisst mich auf, ebenso das viele Hin und Her zwischen den Städten. Ich bin inzwischen zweifache Großmutter, liebe meinen Mann, meine Tochter, meine Enkelkinder und natürlich meine Mutter. Dass ich sie in ihren letzten Jahren näher als früher erlebe, macht mich froh. Wir teilen eine Zeit miteinander, deren Ende ich kommen sehe und die mir deshalb so kostbar ist. Solange meine Mutter kann, setzt sie schon das Teewasser auf und wartet an der Haustür, sobald ich vom Taxi aus anrufe. Sie platzt fast vor Freude, wenn ich auf der Treppe bin. Wir geben uns keinen Kuss, aber umarmen uns. Das heißt, ich umarme sie. Als ich durch die dünne Bluse ihre Knochen fühle, bekomme ich einen richtigen Schreck. Es ist, als verliere sie ihren Schutz.

Einmal trete ich exakt in dem Moment ins Wohnzimmer, als meine Mutter bleich wird und vor meinen Augen aus ihrem Sessel fällt. Ich hebe sie hoch und ziehe sie aufs Sofa. »Mama!«, schreie ich verzweifelt. »Mama! Wach auf!« Ich massiere sie vorsichtig, plötzlich öffnet sie die Augen und sieht mich ganz erstaunt an. Sie hat einen Herzinfarkt erlitten. Die Brüder schalten sich voller Sorge ein. Schließlich lassen sie ihre Schwester im Krankenwagen zu einem Spezialisten nach Hamburg bringen.

Dort stehe ich nach der Operation am Bett meiner schlafenden Mutter und überlege, wie es mit ihrer Betreuung, meiner vielen Arbeit und allem anderen weitergehen soll. Ich frage den Spezialisten um Rat, einen Mann meines Alters. Er sieht mich mahnend an: »Es geht jetzt nicht um Ihre Arbeit. Eine Tochter gehört an die Seite ihrer Mutter.«

Als er weg ist, öffnet meine Mutter plötzlich die Augen. Aus ihren schmalen Schlitzen funkelt es böse. »Wie redet der mit dir! Dem werde ich was husten!« Und schon fallen die Augen wieder zu.

Später, auf dem Fahrrad, habe ich starken Gegenwind. Vielleicht laufen mir auch deshalb die Tränen.

Kapitel 10

Nach dem Winterschlaf
63–70 Jahre

»Übrigens, Mike ist gestorben.« Ohne eine Miene zu verziehen, legt meine Mutter die Kekse ordentlich in die Schachtel zurück. Ihre Stimme klingt sachlich, nahezu ungerührt. Mit den Teetassen in der Hand bleibe ich im Wohnzimmer stehen und starre sie an, ungläubig, betroffen. Ihre Tonlage erinnert mich an den Moment im Auto, vor fast zwanzig Jahren. Damals hatte sie mir wie nebenbei von ihrer Liebe erzählt. Seitdem traf sie sich mit dem engsten Freund meines Vaters, mal hier, mal dort, doch meist telefonierten sie miteinander. Ein gemeinsames Leben kam nie infrage. Mike war nicht frei und setzte der Verbindung deshalb Schranken. Die Werte, die er vertrat, sind meiner Mutter seit ihrer Kindheit vertraut: »Bei mir und meinen Brüdern Klaus und Christoph formte sich durch die Erziehung meiner Eltern schon früh eine sehr klare Wertehaltung, nicht allein in Bezug auf Freiheit, sondern auch auf Verantwortung, Anstand, Ehrlichkeit und Moral.«

Ob ihr Kopf jederzeit stärker war als ihr Herz? Ob sie sich abgefunden hat mit der Situation und trotzdem von Liebe erfüllt blieb? Oder oft traurig war, verzweifelt und wütend und sich allein fühlte? »Ich kann ihn verstehen«, antwortet sie einmal, als ich sie nach Zukunftsplänen frage. Mehr gibt sie nicht preis. Um ungestört an einer Illusion festzuhalten, die ihr den

Seelenfrieden sichert, spricht sie nicht über Gefühle, mit mir nicht und vermutlich auch mit sonst niemandem.

Man breitet seine Gefühle nicht vor anderen aus. Dieses ungeschriebene Gesetz bringt Generationen zum Schweigen. Die Unnahbarkeit, die daraus erwächst, hat mich oft einsam sein lassen – und zugleich provoziert. Nur um in Kontakt zu kommen, bohrte ich Pfeile in fremde Wunden. »Du bist zu direkt«, mahnte meine Mutter. »Man sollte sein Herz nie auf der Zunge tragen.« Solche Sätze gab sie mir mit. Vielleicht ist die Unnahbarkeit zwischen uns aber auch ein Segen. Sie mag Mutter und Tochter voreinander geschützt haben.

Und tatsächlich: Schweigen hat nicht nur Schattenseiten. Mein Blick darauf verändert sich mit dem Älterwerden und, ganz sicher, durch die Beschäftigung mit meiner Familiengeschichte. Die Fähigkeit, Gefühle in sich auszuhalten, kann ein wertvoller Anker sein. Eine Rettung für das Eigene. Emotionale Disziplin als eine Haltung, die Halt gibt. Mit der man Rückschläge besser überwindet, weil man seine Kraft nicht nach außen verschwendet, sondern in sich sammelt. Selbstbeherrschung muss nicht zwangsläufig zu einer konventionellen Fassade verkommen. Sie kann das Leben auch erleichtern.

Nun ist ihre Liebe tot. Wieder einmal. Ihr Vater. Ihr Ehemann. Jetzt Mike. Die wichtigsten Männer scheinen meine Mutter zu verlassen, ohne dass sie Abschied nehmen kann. Sie ist inzwischen alt, geht auf die neunzig zu, doch immer noch ausgestattet mit diesem jungen, bedürftigen Herzen. Wohin geht sie bloß mit ihrem ganzen Kummer? »Leg's zum Übrigen«, höre ich meine Großmutter sagen, jedes Mal, wenn ein Unglück passiert, und sogar dann, wenn nur ein Kakaobecher umfällt. Es scheint der einzige Weg zu sein, mit »den Dingen« fertig zu werden. Egal, wie schwer sie wiegen. Als meine Mutter mir die Nachricht von Mikes Tod mitteilt, bin ich sicher, es ist auch ihr Weg.

»Sie muss große Schmerzen gehabt haben, aber sie war enorm diszipliniert. Über das Alter hat sie nie gejammert, sondern nur geflucht«, erzählt mir Christa, die Physiotherapeutin. Ihr konnte meine Mutter in den letzten Jahren das Herz öffnen. »Verdammte Scheiße«, soll sie mit blitzenden Augen laut gerufen haben. »Das tat ihr gut«, so Christa. War der Fluch raus, habe meine Mutter über sich und ihren Zustand durchaus lachen können. Ein Zeichen ihres Humors, der sie nie verlässt, obwohl die Kräfte deutlich weniger werden. Jahrelang hat sie Wasserkästen und Winterreifen noch selbst aus dem Auto gehievt. Bis sie Ende siebzig ist und die vielen Krankheiten kommen und die kaputten Gelenke. Bevor ihr »verflixtes Fahrgestell« sie Jahr für Jahr mehr in die Knie zwingt. Tatsächlich wird sie zusehends kleiner. Wie wir alle. »Mami, du schrumpfst!«, stellt meine Tochter unverblümt fest. »Verdammte Scheiße!«, antworte ich.

In den letzten Jahren ihres Lebens kann meine Mutter ihren Gefühlen also doch noch Luft machen. Die Physiotherapeutin wird, wie ich erst später erfahre, zu einer Vertrauensperson. »Die Vergangenheit war sehr präsent in ihr. Darüber war es leicht, an sie heranzukommen«, erklärt Christa. Ich bin erstaunt. Bei mir hat meine Mutter immer abgewunken. Wovon hat sie erzählt? »Die verlorenen Schwangerschaften waren ein zentrales Thema.« Zeitlebens seien ihr diese sehr nah gegangen: Wie wäre ihr Leben verlaufen und was wäre aus den Kindern geworden, wenn sie die Babys gesund zur Welt gebracht hätte? »Deine Mutter hat sich viele Fragen gestellt. Sie war traurig, aber nicht negativ.« Warum sie nie mit mir darüber gesprochen hat, will ich wissen. »Sie wollte dich nicht belasten.«

Das hat sie trotzdem, denke ich. Ich habe ihre Schwere, ihre

Ängste, ihre besorgte Übergriffigkeit deutlich zu spüren bekommen. Ganz besonders vor der Geburt meiner Tochter. Beschweigen nützt nichts. Traumata werden an die nächste Generation weitergegeben, das weiß man heute. Wir bleiben in unserer Familiengeschichte verstrickt, ob wir uns mit ihr auseinandersetzen oder nicht. In allen Aspekten, den traurigen und schwachen, den selbstbewussten und starken.

Wie von allein wandert meine Aufmerksamkeit zu der weiblichen Familienkette, deren Teil ich bin. Zu meiner Urgroßmutter Paula Bonhoeffer und zu meiner Großmutter. Zu meiner Mutter, meiner Tochter, meiner Enkeltochter. Es gibt ein Merkmal, eine Eigenheit, die sich durch die Generationen zieht und uns miteinander verknüpft. Ich entdecke eine Art Kraftlinie. Plötzlich kann ich sie deutlich wahrnehmen. Sie bindet mich ein, irgendwo in der Mitte. Die Zugehörigkeit zu den sensiblen, charakterstarken Frauen in meiner Familie berührt mich.

So lese ich über meine Urgroßmutter: »Sie feierte gern und ließ sich auch gerne feiern. Sie hatte die große, gnadenvolle Gabe, ganz im Augenblick leben zu können, ohne dabei zu verdrängen oder zu vergessen. Das Leben war so, dass hell und dunkel nebeneinanderstanden, und sie konnte beides mit offenem Herzen bewältigen.« Das schreibt meine Großtante Suse, die jüngste Schwester meiner Großmutter, über ihre Mutter nach dem Krieg. Es mag schwärmerisch klingen und vielleicht nicht ganz realistisch sein. Tatsache ist, dass meine Urgroßmutter im März 1948 die Familie zu ihrer goldenen Hochzeit einlädt. Knapp drei Jahre, nachdem sie zwei Söhne und zwei Schwiegersöhne verloren hat. Hingerichtet durch die Nazis. Die Familie ist zerstört, aber nicht zerbrochen. Ihr Fundament ist noch sichtbar. Meine Großmutter, die inzwischen in München wohnt, fährt mit ihren Kindern zu diesem Anlass nach

Berlin. Nach dem Abendessen, so lese ich in den Aufzeichnungen ihrer Schwester, werden die Teppiche zusammengerollt und Tische zur Seite gestellt. »Der Plattenspieler ließ einen Walzer ertönen – mein Vater erhob sich und verbeugte sich vor meiner Mutter und sie begannen zu tanzen. Die Enkel strahlten, die uralt gewordenen Gesichter meiner Eltern lächelten sich an und ihre sehr schmalen aufrechten Körper bewegten sich beschwingt und würdig. Wir hatten uns alle spontan erhoben wie bei einer heiligen Handlung.«

Was weiß ich über meine Urgroßmutter? Paula Bonhoeffer ist Mittelpunkt und Motor ihrer großen Familie und Chefin vieler Angestellter in ihrem Haus im Grunewald. Als studierte Lehrerin unterrichtet sie ihre acht Kinder zunächst selbst, organisiert Feste jeglicher Art und fährt in die Innenstadt von Berlin, ins Kaufhaus des Westens. Dort nimmt sie mit Vorliebe ein gutes zweites Frühstück ein. »Wir Töchter gingen gerne mit ihr einkaufen und auch als Christel und Sabine schon verheiratet waren, kamen sie mit – oder wir trafen uns wenigstens beim Frühstück.« Immer gab es »etwas Salziges und etwas Süßes. Nusstörtchen oder Petit Fours liebte sie sehr«, berichtet ihre jüngste Tochter.

In jeder Abteilung des eleganten Kaufhauses kennt man meine Urgroßmutter, aufschwätzen lässt sie sich nichts. Als ihr beim Kauf einer Badewanne die Maße doch etwas klein erscheinen, bittet sie den Verkäufer kurzerhand, sich probeweise hineinzulegen. »Das tat der auch – mit Jackett und Schlips. (...) Wir lachten uns scheckig, was meine Mutter herzlos fand.« Meine Urgroßmutter besitzt im KaDeWe ein »Sammelbuch« und zahlt »mit Scheck«. Wie unabhängig und modern sich das liest. Eine Ehe auf Augenhöhe.

Ein halbes Jahr nach der Goldenen Hochzeit erkrankt mein Urgroßvater Karl Bonhoeffer. Er ist achtzig Jahre alt. Meine

Großmutter kommt erneut aus München angereist. Am 4. Dezember 1948 stirbt er, der angesehene Psychiater und Direktor der Nervenklinik der Charité in Berlin. Drei Jahre später folgt ihm meine Urgroßmutter im Alter von 75 Jahren.

Nach dem Tod ihres Mannes soll sie gesagt haben: »Ich habe mir ja immer gewünscht, dass ihm der Schmerz der Trennung erspart bliebe; muss ich da nicht dankbar sein?« Was für eine starke Haltung! Meine Urgroßmutter.

Meine Gedanken wandern zu meiner Großmutter, ihrer Tochter. Ich denke an die unbeugsame Willenskraft, mit der sie nach ihrer Verhaftung im April 1943 Abstand hält zu sich selbst und zu den Leuten, die sie quälen und erniedrigen wollen. Kein Wort zu viel kommt über ihre Lippen. Sie täuscht die Ahnungslose vor und ist doch bestens über alle Pläne des Widerstands gegen Hitler informiert. Ich lese von dem unermüdlichen Zuspruch, mit dem sie ihrem oft verzweifelten Mann bis zum Schluss Halt und Rat gibt und ihn bestätigt. »Du solltest aber endlich aufhören, dir um uns alle Sorgen zu machen. Ich kann dich garnicht recht begreifen. (…) Wenn ich dir doch mal tüchtig die Haare raufen und einen ordentlichen Kuß geben könnte«, schreibt sie ins Gefängnis. »Wem willst du eigentlich den Gefallen tun, dir so blöde Gedanken zu machen?« Ja, die Briefe mussten durch die Zensur. Sie waren auch für Dritte bestimmt. Und dennoch.

Woher nimmt meine Großmutter diese Stärke, ihrem Mann im Gefängnis unablässig Lebensmut zu machen? Ihre innere Stabilität scheint ausgeprägter zu sein als die meines Großvaters. Bei einer Gegenüberstellung wenige Tage nach der Verhaftung sieht sich das Ehepaar unter Beobachtung des Nazirichters und Untersuchungsführers Manfred Roeder wieder. Seinen Schwiegereltern Bonhoeffer berichtet mein Großvater danach, ihre Tochter habe »etwas schmal« ausgesehen. Doch sie trage die Situation mit wundervollem Gleichmut und beneidenswertem Humor. Besser als er selbst, der sich für ihr Leid verantwortlich fühle. »Ich habe mit Schwerem ohne meine Frau noch nie fertig werden müssen. Jetzt muß ich es – aber ob ich es kann?« Mein Großvater ist 41 Jahre alt. Ihren 40. Geburtstag wird seine Frau ohne ihn feiern müssen.

Nach der Haftentlassung muss sie sich erholen. Doch ohne sich zu schonen, baut sie eine Versorgungskette auf, um ihren Ehemann gefühlsmäßig wie praktisch aufzufangen. Neue Wäsche, naturwissenschaftliche Bücher, frische Lebensmittel und Blumensträuße kommen regelmäßig bei ihm in der Zelle an. Sie überlegt, womit er sich die schwere Zeit vertreiben könnte. Ermuntert ihn, Schachaufgaben zu lösen. Oder das Brettspiel »Go« zu lernen, das in der Familie so beliebt ist. Meiner Mutter, die als Botin unterwegs ist, gibt sie Block und Malkasten mit. So kann mein Großvater im Gefängnis sein ungewöhnliches zeichnerisches Talent entdecken. »Heb mir aber was von deinen Kunstwerken auf, damit ich was zum Lachen oder Bewundern habe. Ich bin zu beidem bereit«, merkt meine Großmutter ironisch an. Ihr leicht bissiger Humor, diese Stärke, die daraus zu wachsen scheint und von der sie vielleicht mehr besitzt als ihr Mann, diese Kraft klingt immer wieder durch, auch in dem Brief aus dem Februar 1944: »Beruhige Dich, ich lebe so vernünftig, daß ich mir selbst langweilig werde. Das genügt doch? Daß ich dabei blühe und gedeihe, kann keiner verlangen!«

Verzweiflung, Schuldgefühle und düstere Ahnungen über sein bevorstehendes Ende verfolgen meinen Großvater in seiner Zelle. Seine Frau erscheint ihm stark und tapfer genug, um solche trüben Stimmungen mit ihm zu teilen. Den »harmlos Heiteren« muss er vor ihr nicht spielen. »Ich glaube es wäre ein Unrecht. Du hast ein starkes Herz, und Du wirst, denke ich, lieber *mit* mir als *neben* mir leben wollen. Oder ist das alles nur sehr egoistisch? Ich jedenfalls werde wunderbar gestärkt, in dem Gefühl, daß Du nun besser um mich weißt.«

Diese Zeilen schreibt er meiner Großmutter am 2. Februar 1945, wenige Wochen vor seiner Hinrichtung und auf den Tag genau zwanzig Jahre vor ihrem Tod am 2. Februar 1965. So lange reicht ihre Kraft. Für das, was sie durchstehen muss, sind zwei Jahrzehnte viel.

Ihr Sohn Klaus bewundert noch heute die »äußere Gelassenheit«, die seine Mutter ausstrahlte. »Sie war der ruhende Mittelpunkt für all die vielen Menschen im Haus während der letzten Phase des Krieges. Eine zarte, starke Frau.« Abend für Abend erscheinen Familienmitglieder bei den Dohnanyis in Sacrow. Meine Großmutter hat das Haus für »Schlafbedürftige« ausgestattet, mit Klappbetten und Luftmatratzen. An den Abenden, notiert ihre Schwester Suse, habe man oft ganz ruhig im Kreis der Familie gesessen. Selbst wenn die Sirene ging, sei niemand in den Keller gerannt. »Die Ruhelose wusste die Hetze aus ihren Räumen zu bannen. Es schien, als gäbe es nichts zu tun«, weiß auch Eberhard Bethge, der engste Freund ihres Bruders Dietrich Bonhoeffer.

Um ihren Kindern nach dem Krieg eine Zukunft zu ermöglichen, fasst meine Großmutter einen mutigen Entschluss. Sie verlässt Berlin und zieht nach München. Als Einzige aus der Familie. »Die Hauptsache ist, dass mit Euch das richtige geschieht«, schreibt sie an ihren Sohn Klaus. Dem Freund Otto John gesteht sie ihre Nöte offen ein. Die Entscheidung sei ein neuer, schwerer Druck auf ihrem Herzen, wegen ihrer alten Eltern und der Schwestern. Doch sie wisse gar nicht, ob sie seit »der Nacht vom 5. zum 6. April überhaupt noch ein Herz habe«. Es ist die Nacht, in der sie sich von ihrem Mann verabschieden muss. Für immer.

Ob man sogar das eigene Herz »zum Übrigen« legen kann? Meine Großmutter versucht es. Damit sie nach außen der Fels bleiben kann, den ihre Kinder jetzt und in Zukunft brauchen.

Meine Mutter wird ihr »zerklüftetes Innenleben«, wie meine Großmutter ihren Zustand Eberhard Bethge gegenüber beschreibt, diese Kraft nach außen, diese mentale Stärke, hinter der sich ein müdes, zerbrochenes Herz verbirgt, ein Leben lang gespürt haben.

Vielleicht könne sie ja »zur Biologie zurückkehren« und das Studium noch mit dem »alten Kopf« abschließen, überlegt sie. Als Einzige der vier Schwestern hat sie Abitur gemacht und ein Studium begonnen, das sie aufgibt, als sie heiratet. In den Augen ihrer jüngsten Schwester war sie schon als Mädchen »fast stolz darauf, nichts von Nähen und häuslichen Arbeiten zu verstehen und als halber Junge zu gelten. Sie war sehr schlagfertig und fix in ihren Reaktionen, außerdem von einer nicht zu überbietenden Sicherheit.«

Von dem »männlichen Selbständigkeitsdrang« meiner Großmutter spricht auch Eberhard Bethge. Schon als Studentin beklagte sie sich, ihrem Bruder Dietrich den Haushalt führen zu müssen. Später beschreibt sie ihrem Mann den Alltag in Sacrow mit den Worten: »Nähen, stopfen, einmachen, lauter so schöne Sachen. Was ist eine Frau doch im Grunde langweilig, wenn man mal so sein Dasein rekapitulieren soll!« Doch Eberhard Bethge, der bei seiner Trauerrede mit den Tränen kämpft, sieht meine Großmutter anders. »Wenn sie hereinkam, wich alles Langweilige.« Er erwähnt ihren »gerechten und unbestechlichen Zorn«, dem sie gelegentlich Luft machte. Nicht nur gegenüber den Nazis. Schon früh soll meine Großmutter das »enfant terrible« der Familie gewesen sein.

Die so starke wie zarte Persönlichkeit meiner Großmama kann ich als Kind nicht erfassen. Generationen verpassen sich.

Wie berührend, dass ich ihr wenigstens jetzt, beim Schreiben, ein wenig auf die Spur komme. Ihre Kraft entdecken kann, mit der sie so eigenständig und belastbar erscheint. Sie, die stets hinter ihrem Mann zurücksteht und ihn doch liebend und verlässlich durch sein Leben trägt. Ihm Zuversicht und Halt gibt, in jedem Augenblick. Ob sie selbst genug davon bekommen hat? Ich weiß es nicht. Aber ich kann fühlen, dass sie ihre Kraft weitergegeben hat.

Die Stärke meiner Großmutter führt mich zu ihrer Tochter, meiner Mutter. In ihr setzt sich unsere weibliche Kraftlinie fort. Denn auch ihr fehlt es nicht an Dynamik. Ja, meine Mutter ist oft anstrengend und schwierig. Fordert viel und toleriert wenig. Hält an den eigenen Vorstellungen fest, als wären sie das Maß aller Dinge. Sie trägt insgeheim schwer und verteilt ihre Bürden unterschwellig an mich wie an andere. Aber langweilig, temperamentlos, zurückhaltend? Nein, das kann man ihr nicht nachsagen.

Ich sehe das Bild vor mir, ein kleines Mädchen mit Lockenkopf und trotzigem Blick. In einem grünen Lederrahmen steht es bei meinem Vater auf dem Schreibtisch. Zum fünfzigsten Geburtstag meiner Mutter schmückt es die Einladungskarte. Jetzt lese ich, was meine Großtante Suse vom Besuch bei ihrer Schwester Christel schildert. »Die älteste Tochter, Bärbel, war damals fast zwei Jahre alt, ein langhaarig gelocktes, sehr sicheres, munteres Persönchen. Ich fand sie hauptsächlich komisch, weil sie so etwas bewusst Vernünftiges an sich hatte, was mir wie dauerndes Rollenspiel vorkam. Sie ahmte ihre Mutter nach. Mit den Händen auf dem Rücken wandelte sie eilig durchs Zimmer und redete vor sich hin. ›Meine Tasche wo? Meine Schlüssel wo?‹« Meine schwangere Großmutter stellt sich schlafend, um einen Moment Ruhe zu haben. Meine Mutter, die keine Antwort bekommt, tippt sie daraufhin mit dem Finger an. Und stellt ungerührt fest: »Tot.«

Die Anekdote kursiert später in der Familie und macht vor allem meinem Vater großen Spaß. Unvermittelt erwacht sie noch einmal zum Leben, als ich den Osterbrief meiner Großmutter lese. Aus dem Frauengefängnis schreibt sie ihren Kindern: »Und denkt Euch, ich suche nie etwas; jetzt wo ich soviel Zeit habe, daß ich es ganz nett fände, mal richtig nach dem Beutel oder dem Schlüsselbund zu suchen. Alles ist immer gleich da, denn es liegt entweder auf dem Tisch oder im Koffer. Das möchte ich zu Hause auch einführen.« Es ist also alles wahr! Die Geschichte stimmt. Es gibt einen roten Faden – bis hin zum Humor, der zu den Stärken gehört, die meine Großmutter weiterleben lassen. Dieser trockene Witz, den ich auch als einen Wesenszug meiner Mutter erkenne. Besser noch: als überlebenswichtig anerkenne.

Welche Kräfte mobilisiert meine Mutter, um die vielen Niederlagen und Schmerzen zu unterdrücken, um sich auf die heile Welt zu konzentrieren, die sie um jeden Preis wieder aufbauen will. Für sich selbst, für ihren Mann, für ihre Kinder, sicher auch für ihre heimatlose Mutter, der sie weit mehr als ein Gastzimmer in unserem Haus zur Verfügung stellt. Sie schenkt ihr besorgte Aufmerksamkeit und liebevolle Zuwendung. Damit es nach den schrecklichen Ereignissen der Vergangenheit noch einen Funken Lebensfreude für sie geben möge. »Deine Großmutter hat viel verlangt, darüber hat sich deine Mutter manchmal beschwert«, erfahre ich von einer Freundin aus der Wuppertaler Zeit. Ob sie das Glück ihrer Mutter ist? Und umgekehrt: Ob sie von ihr die Wärme bekommt, die sie braucht? Ob sich die versehrten Herzen von Mutter und Tochter begegnen?

Bleiben Herzen vielleicht deshalb jung und stark, weil sie

die Schmerzen, die das Schicksal ihnen bereitet, irgendwann nicht mehr zulassen? Immerhin: Meine alte Urgroßmutter findet die Kraft, mit ihrem Mann einen Walzer zu tanzen. Meine erschöpfte Großmutter bleibt trotz allem der Fels für ihre Familie. Meine von Verlusten gebeutelte Mutter baut so energisch wie egoistisch an einer häuslichen Idylle, die es nie mehr geben wird. Und von der wir doch alle profitiert haben. Es sind robuste Herzen, die ich in unserer weiblichen Familienkette vorfinde.

»Deine Mutter konnte wie ein junges Mädchen kichern. Mit Handwerkern hat sie regelrecht geflirtet. Wenn ihr etwas nicht passte, verdrehte sie kokett die Augen«, beobachtet Christa. Die Physiotherapeutin liebt die fröhlichen Farben an ihr und ihren »wachen Geist«. »Sie hätte in die Politik gehen können.« Häufig sitzt meine Mutter wie eine Furie vor der ›Tagesschau‹ und regt sich auf über das, was sie da sehen muss. Bis zu ihren letzten Tagen. Vor allem das Wiedererstarken der Nazis findet sie »eine Schande!«. Lautstark ruft sie aus ihrem Sessel in Richtung Fernseher: »Denen müsste man eine schallern. Jedem Einzelnen!« Wenn die Sache nicht so ernst wäre, hätte ich mich über ihr temperamentvolles Engagement amüsiert.

Gleichzeitig ist ihr junges, sprühendes Herz oft allein und reagiert sensibel auf Zurückweisung. Etwa, wenn eine gleichaltrige Bekannte aus der Nachbarschaft ihre Einladungen jedes Mal mit einer Ausrede absagt. Vermutlich, weil das Gespräch auf die Nazizeit kommen könnte und sie sich der Familiengeschichte nicht gewachsen fühlt. Jahrelang überspielt meine Mutter diese Kränkung. »Wir sind anders als die anderen«, wird sie sich gesagt haben. Schicksal kann einsam machen. Damit muss man sich abfinden.

Allein fühlt sich meine Mutter auch, weil sich ihre wenigen

Freundinnen dem Alter widerstandslos ergeben. Sich fügen, wo sie noch rebelliert. »Mit der ist nichts mehr los.« Meine Mutter kann hart urteilen. Doch hinter der Abschätzigkeit ihrer Bemerkungen klingt zunehmend die Traurigkeit durch. Hat ein junges Herz im Alter mehr zu leiden? Es könnte sein.

Vier Jahre vor ihrem Tod schenkt sie mir ein Buch mit dem Titel: ›Lebenskünstlerinnen unter sich‹. Es zeichnet die Wege von starken, ungewöhnlichen Frauen nach und soll eine Liebeserklärung an die Gelassenheit sein. An die Brüche des Lebens, die uns weiterbringen, nicht an die Perfektion. Das Geschenk meiner Mutter überrascht mich. Gelassenheit ist weder ihre noch meine Stärke. Sie stellt ihre verschiedenfarbigen Augen scharf und ballt die Hände mit dem Daumen nach innen zu Fäusten. Ich mache die gleichen Fäuste wie sie und schiebe dazu mein Kinn nach vorn. Diese angespannte Härte, zu der wir fähig sind, obwohl wir uns beide nach lebendiger Wärme sehnen. Zaghaft überlege ich, ob wir nicht trotzdem Lebenskünstlerinnen sind. Mutter und Tochter. Jede auf ihre Art.

Das letzte Geschenk, das ich von meiner Mutter bekomme, ist wieder ein Buch. Es heißt ›Der Tanz ums Ich‹ und handelt von den ›Risiken und Nebenwirkungen der Psychologie‹, so der Untertitel. Ausgesucht für mich zu Weihnachten, mithilfe ihrer Nichte, wie meine Mutter erklärt. Ich empfinde das Geschenk als Kränkung. Das Buch lasse ich wortlos in ihrer Wohnung liegen, ungelesen, und hoffe, meine Mutter entdeckt es irgendwann. Den Mut, sie darauf anzusprechen, habe ich erst jetzt, nach ihrem Tod.

Mama, rufe ich ihr zu, warum hast du mir ausgerechnet dieses letzte Geschenk gemacht? Warum? Hast du nicht gespürt, dass deine Tochter sich selbst oft fremd war und nicht wusste, was sie fühlen sollte, wer sie wirklich war, und deshalb auf die

Suche ging? Warst du dir auch manchmal fremd? War ich dir fremd? Oder hast du neben der Disziplin, dieser Härte, die uns verbindet, viel mehr von mir gewusst, als ich ahnte? Ich habe dein Familienschicksal immer als übermächtig empfunden. Als Hindernis auf meinem eigenen Weg. Ich dachte, da passe ich nicht hinein. Erst jetzt, viel später, fühle ich mich freier. Möchte mehr von dir verstehen. Dich mit anderen Augen entdecken. Deine und meine Fassade einreißen. Für so vieles gab es bei uns keine Worte. Und wenn, fühlte ich mich von ihnen erdrückt. Seit ich erwachsen bin, habe ich versucht, die dunkle Wolke über uns loszuwerden. Es war nicht immer leicht. Aber es ist mir ganz gut gelungen. Darauf bin ich stolz. Vielleicht ist es die Aufgabe meiner Generation. Auf jeden Fall ist es meine Stärke.

Wen sieht, wen sah meine Mutter in mir, frage ich mich. Ein »Püppchen«, wie sie mich häufig nannte? Mir hat der Kosename nie besonders gefallen. Ich fand, er machte mich klein. Jetzt, wo ich ihn nie wieder hören werde, fehlt er mir. Ich vermisse den Schutz, den ich damit verbinde. Beschützt eine Mutter ihr »Püppchen« nicht ein Leben lang? Aus dem »Püppchen« sei eine starke, positive Frau geworden, schrieb sie mir vor vielen Jahren. Mama, das ist nicht von allein passiert. Das hat Mühe gemacht. Aber ich danke dir. Und ich wünschte so sehr, du könntest mir das in diesem Moment noch einmal sagen. Heute, am 27. Juni, an deinem Geburtstag. Vor sechs Jahren haben wir ihn zum letzten Mal gefeiert. Du sollst wissen: Ich bleibe gern dein Püppchen. Dein starkes Püppchen. So wie du meine schwierige und geliebte Mutter bleibst. Zart und stark. Wie alle in unserer weiblichen Familienkette.

Auch meine Tochter. Ich nenne sie oft »Große Tochter«. Als wäre sie eine Häuptlingsfrau. Sie betritt den Raum und erfüllt ihn mit ihrer Persönlichkeit, obwohl sie bescheiden ist und sich nicht wichtig nimmt. Zu wenig, denke ich manchmal. Ihre Ausstrahlung entsteht aus der besonderen Spannung von Präsenz und Zurückhaltung. Beides trägt sie in sich. Stark wie ein Fels und zart im Herzen hält sie zusammen, was ihr wertvoll erscheint: vor allem ihre eigene Familie, ihr kleines Kleeblatt. Auf dem Handy meines Schwiegersohns Lenz erscheint der Name »Königin«, wenn seine Frau anruft. Eine schöne, kluge, kritische und eigensinnige Königin, die »die Dinge« hinterfragt, bis hin zu ihrer Mutter und sich selbst. Die sich für Schwächere einsetzt, auch im Beruf, mit Loyalität und unbestechlichem Sinn für Gerechtigkeit. »Wenn ich im Film eine Widerstandskämpferin besetzen müsste, würde ich Sophie nehmen«, behauptet mein Mann. Auch in ihrem schwarzen Humor, ihrer Schlagfertigkeit sehe ich die Familienkette vor mir. Mit ihrer Großmama fühlt sie sich innig verbunden. Die Barockperle, die sie von ihr bekam, trägt sie bis heute an ihrem Hals. Die Familiengeschichte interessiert sie, aber sie belastet sie nicht. Meine Tochter ist einen guten Schritt weiter als ich. Eine Generation freier. Nie würde sie ihre Mutter aus schlechtem Gewissen oder Pflichtgefühl anrufen. Die Mami kommt schon klar. Das traut sie mir zu. Sie spürt, wenn ich sie wirklich brauche. Dann ist sie auf der Stelle da, mit einem Drink und klugem Rat. Das habe ich erfahren, darauf kann ich mich verlassen. Mehr geht nicht, beruhige ich mich, wenn die Sehnsucht nach ihr wehtut. Oder mein Bedürfnis überhandnimmt, die »Große Tochter« ein Leben lang beschützen zu wollen. Sie kann sich selbst recht gut behüten. Um gemeinsam durchs KaDeWe zu bummeln wie meine Urgroßmutter mit ihren Töchtern, würde uns die Geduld fehlen. Viel mehr, denke ich dankbar, fehlt uns beiden nicht.

Mit dem jüngsten Glied der weiblichen Familienkette geht, was mit meiner Tochter nicht geht: Meine fast zehnjährige

Enkeltochter Josefine ist die Königin des Shoppens. Sie weiß genau, was ihr gefällt und was sie braucht. Bis hin zu dem Knödel mit Soße, den sie sich als Fünfjährige heimlich in der Gasthausküche bestellt und bereits gefuttert hat, noch bevor wir alle am Tisch sitzen. Ihr sicherer Instinkt für eigene Bedürfnisse zeigt schon früh, dass sie sich vom Leben nicht unterkriegen lässt. Josefines weibliche Vorfahren hätten einen Heidenspaß an dieser starken kleinen Person. »Mädchen sind so kompliziert«, seufzt ihr älterer Bruder Caspar, wenn seine Schwester Krach mit einer Freundin hat. Obwohl ihr solcher Ärger schwer ans Herz geht, mag sie ungern darüber reden. Lieber behält Josefine ihre Gefühle für sich und löst die Probleme selbst. Das sagt sie laut. Ein starkes Zeichen am vorläufigen Ende unserer weiblichen Kette.

Die Geburten ihrer beiden Urenkel Caspar und Josefine erfüllten meine Mutter mit fast kindlicher Freude. Am liebsten wäre sie jedes Mal aufgesprungen und hätte in die Hände geklatscht, so begeistert ist sie. Und so jung. Keine Spur von Nervosität oder übergriffigen Ratschlägen. Vor meiner Tochter hat meine Mutter eindeutig mehr Respekt als vor mir. »Glückliche Fotos von glücklichen Urenkeln zeigen Dir die wunderbare Stärke einer Lebenskette, die von Dir ausgeht. Als Urmama«, schreibe ich auf eine Karte, mit der ich meine Mutter nach einem Krankenhausaufenthalt in ihrer Wohnung begrüße. Das zärtliche Wesen ihres Urenkels Caspar mag sie an ihren Mann, meinen Vater, erinnern. An dessen frühe Briefe, in denen er die Weite beschreibt und den Wind und den Himmel mit seinen Sternen. Auch Caspar liebt schon als kleiner Junge die Ruhe eines nächtlichen Spazierganges. Leider erfährt meine Mutter nicht mehr von seiner bisher größten, fast philosophischen Frage an das Leben. Genauer, an das Leben der Grillen: Woher weiß das Grillenweibchen, dass der so verführerisch zirpende Mann wirklich sie meint … und nicht eine andere? Ich stelle mir die Freude und das Lachen in den Augen meiner Mutter vor, wenn wir ihr davon erzählen könnten.

Die Verbindung meiner Mutter zu ihrer Urenkelin ist unergründlich. Josefine schreit als Baby laut und oft. Keiner kann sie beruhigen. Doch kaum spricht meine Mutter auf sie ein, ist sie still. Mehr noch, sie fängt an zu lachen! Und meine Mutter lacht zurück. Alle wundern sich. Für meine Mutter sind diese Momente das höchste der Gefühle. »Wir verstehen uns eben«, sagt sie überglücklich und blinzelt meiner Enkeltochter fast verschwörerisch zu. Und insgeheim frage ich mich, ob die Sache mit der Wiedergeburt tatsächlich nur Unsinn ist. »Ich will nicht, dass Urmama tot ist!« Jahre später stampft die vierjährige Josefine wütend mit den Füßen auf das Pflaster, als wir an das Grab meiner Mutter gehen. Sie hat ein Glücksschwein dabei und stellt es auf den Grabstein.

Die Kräfte meiner Mutter nehmen ab, immer schneller. Die Pflegerinnen helfen, wo sie können. Ich komme so oft wie möglich aus Hamburg, um bei ihr zu sein. Bevor ich die Haustür aufschließe, atme ich noch einmal tief durch. Ihr Körper ist ein großes Leid, an ihm wird sie zerbrechen. Ihr hellwacher Verstand weiß um diesen Zustand. Meine Mutter mag nicht mehr, das spüre ich. »Du hast so eine schöne Wohnung und so einen herrlichen Ausblick. Schau, wie der Frühling kommt. Freu dich doch an dem frischen Grün in den Bäumen.« So versuche ich, sie aufzumuntern. Weil ich heimlich Angst um sie habe. Angst, sie bald zu verlieren. »Ja, ja«, antwortet meine Mutter gleichgültig auf meine Versuche. Als ob sie noch einmal sagen wollte: »Du hast ja keine Ahnung.«

Zum neunzigsten Geburtstag kommt die ganze Familie in ihrer Wohnung zusammen. Mein Bruder und ich mit unseren Familien, Johannes mit seiner Frau, ihre Brüder sind da, Vettern und Cousinen, eine Nichte, einige wenige Freunde. Meine Enkel haben ihrer Urmama eine kunterbunte riesige Papierkrone gebastelt, die sich meine Mutter belustigt und stolz auf den Kopf setzt. Sie scheint den Tag zu genießen. Ich bin erleichtert, denn sie hat sich die vielen Besucher nicht zugetraut. Jetzt ist alles gut gelaufen und meine Mutter ist müde, aber nicht »erschossen«, wie sie immer sagt. Am Abend, nachdem alle Gäste gegangen sind, verlangt sie dennoch, dass ich mit der Pflegerin sämtliche Spuren des Festes beseitige. Auch die Krone soll weg. »Leg sie in den Schrank«, sagt sie herrisch. Ich verstehe meine Mutter nicht, auf der Kommode hätte sie doch einen dekorativen Platz, protestiere ich. Aber nein, ich muss mich ihren Anweisungen fügen. Sie scheint alle Erinnerungen löschen zu wollen. Denn der neunzigste Geburtstag ist ihr heimliches Abschiedsfest. Ihr Abschied vom Leben.

Noch einmal, zwei Wochen später, bin ich bei ihr in München, sitze morgens an ihrem Bett, wir trinken Tee. Und plötzlich reden wir, sprechen über uns beide. Ich habe das Bedürfnis, meiner Mutter zu versichern, dass ich mit ihr und mir im Reinen bin. Dass wir es manchmal schwer miteinander hatten und doch viel öfter gut zueinander waren. »Ich habe für dich getan, was ich konnte, Mama. Was mir möglich war.« Meine Mutter nimmt meine Hand. »Das weiß ich, mein Kind.«

Am Nachmittag holt mein Mann mich ab. Ich beuge mich zu meiner Mutter herunter und gebe ihr einen Kuss. Auf dem Weg zur Tür fühle ich, wie sie mir nachschaut. Als ich noch einmal stehen bleibe und ihr zuwinke, hat sie den Kopf leicht zu mir gedreht. Es ist ein anderer Abschied, diesmal. Ihr Blick sagt nicht wie so oft: Warum musst du jetzt schon gehen? Ihr letzter Blick ist ohne Vorwurf, ohne Bitterkeit. Weich und nachdenklich sieht sie mich an. Und scheint dabei doch wie in sich gekehrt.

Weit entfernt hüte ich meine Enkelkinder auf einem Bauernhof bei Hitzacker, als meine Mutter zwei Wochen später stirbt. Vielleicht wollte sie allein sein, denke ich mir. Und ich sollte mich in dieser Stunde um die Kleinen kümmern, um die Zukunft. Vielleicht ist das ein Zeichen, vielleicht macht das alles Sinn. Bei ihrer Beerdigung prasselt der Regen nieder. Noch heftiger als bei der Beerdigung meines Vaters. Ihr Bruder Klaus berührt den Sarg seiner Schwester, als wolle er sie streicheln.

Schon wenige Stunden nach ihrem Tod hat sich die Wohnung meiner Mutter verändert. Sie erscheint leblos. Wie eine unwirkliche Ansammlung von Mobiliar. Die Atmosphäre ist tot, obwohl sich nichts verändert hat. Ohne meine Mutter ist alle Energie aus den Räumen gewichen. Irgendetwas muss hier doch noch leben! Ich irre durch die Zimmer und öffne den Schrank, in dem ihre Mäntel hängen. Versuche, wenigstens den Geruch meiner Mutter einzuatmen. Ich weiß, auch der wird irgendwann vergehen. Die Wohnung hat ihren Mittelpunkt verloren. Wir, ihre Familie, haben ohne meine Mutter unseren Mittelpunkt verloren. Kein Zuhause-Gefühl mehr. Keine Zusammenkünfte. Stattdessen Leere.

Die Familienbande, die meine Mutter hinterlässt, sind nicht stark, sondern instabil. Geschlossenheit gehört der Vergangenheit an. Es kann dem Frieden dienen, sich nicht zu treffen.

Wann ist ein Leben in sich rund? Wenn man neunzig Jahre alt wird, nicht mehr kann und nicht mehr will. Wenn man sich dagegen entscheidet, leise und in Würde. Ohne es anderen zu schwer zu machen. Wie stark meine schwache Mutter ist, zeigt sie am Ende noch einmal in aller Deutlichkeit.

In meiner grünen Kiste, die so viele Briefe und Erinnerungen zutage fördert, in der ich auch auf das Foto von mir und meiner Mutter stoße, das schließlich zu diesem Buch führt, in dieser grünen Kiste finde ich ein Blatt Papier, einen beschriebenen Zettel mit der Überschrift »Lebensplan«. Er stammt aus einem Seminar, an dem ich als Studentin teilnahm, auf der Suche nach dem, was mein Eigenes ausmacht. Ich kann mich kaum mehr erinnern, deshalb erstaunt mich Punkt eins besonders: »Im Süden leben« steht dort in meiner Handschrift. Jetzt, nach dem Tod meiner Mutter, ist aus dem alten Plan tatsächlich ein Stück weit neue Wirklichkeit geworden.

»Ab mit euch in die Wärme.« Der Gedanke kommt mir, als ich die Teller mit Zwiebelmuster, einen Teil des Familiensilbers, zwei Sessel und Lampen meiner Mutter für unser Ferienhaus im Süden packe. Noch nie habe ich mich an »den Dingen« so gefreut wie jetzt. Auch ein alter, ziemlich geschundener Holzkoffer kommt mit. Er stand in Wuppertal auf unserem Dachboden. Adressiert ist er an Frau von Dohnanyi und trägt die Nummer 520, darunter steht Berlin-Eichkamp. Ab Herbst 1933 bewohnten meine Großeltern ein kleines Haus mit Garten in der Siedlung Eichkamp am Rand des Grunewaldviertels. Meiner Großmutter gefiel »die schöne Abgeschiedenheit von Welt und Familie«. Und nun steht der Koffer in einem Dorfhaus, tatsächlich in der Abgeschiedenheit von Welt und Familie. Wie bewegend! Ein Silberlöffel, in den der Name »Hans« eingraviert ist, hat in meiner Küchenschublade einen besonderen Platz. Kaum ein Tag, an dem ich mich nicht vergewissere, dass er noch da ist. Auch die alten, extra breiten Eislöffel liegen dort griffbereit und erinnern meinen Neffen David, als er sie bei mir entdeckt, voller Rührung an seine Großmama. »Du wirst noch an mich denken!«, mahnte meine Mutter, wenn sie mir, der Ahnungslosen, die Besonderheiten dieser Eislöffel, der Weingläser oder einer mundgeblasenen Karaffe nahebringen wollte. Ja, Mama, ich denke gerade hier so sehr an dich. Ich habe dich immer dabei, mehr, als du dir vorstellen kannst. Sogar, als ich meinen Schal verliere. Im Traum verrätst du mir, er sei in der Kammer. Am nächsten Morgen will ich ihn wie selbstverständlich dort herausholen und muss mich kurz schütteln.

Ein weiterer Traum verfolgt mich nach dem Tod meiner Mutter. Auf dem Fensterbrett der Küche in Wuppertal steht ein Wetterhäuschen, in dem zwei winzige Meerschweinchen wohnen. Meine Mutter meint, sie sei eine Weile nicht zu Hause und müsse sich von den Tieren verabschieden. Lachend hüpft sie auf einem Bein hin und her. Dann klatscht sie in die Hände und singt dazu eine Melodie. Das sei ihr Abschiedsgesang, ruft sie vergnügt. Sie fordert mich auf, mitzumachen. Ich komme nicht in ihren Rhythmus, klatsche falsch und kann auch nicht auf einem Bein hüpfen. Obwohl ich mir fürchterliche Mühe gebe, verpatze ich die Nummer. Schweißnass wache ich auf und stelle umgehend Musik an.

Unser Winterschlaf ist vorbei, Mama. Traurigkeit verschließt die Menschen. Jetzt darf die Leichtigkeit kommen. Der Tanz, der Gesang, die Freude. Du machst es gerade vor. Heute, gut sechs Jahre nach deinem Tod, fühle ich mich dir näher als früher. Manchmal spüre ich, dass du mir zublinzelst. Verschmitzt, ermutigend. Auch jetzt, beim Schreiben. Während ich versuche, dich und mich zu verstehen. Mit dem Buch habe ich mir ein Geschenk gemacht. Zwei Jahre mehr mit meiner Mutter. Es ist ein Geschenk an uns beide.

Soll ich ihre Stimme auf meinem Telefon löschen?

Epilog

Auf dem Dorotheenstädtischen Friedhof in Berlin gehen mein Mann und ich voraus. Hinter uns erzählt meine Tochter ihren Kindern die Familiengeschichte. Mit einfachen, klaren Worten. Es geht also weiter, denke ich. Und spüre so etwas wie erregte Freude. Jetzt bin ich frei. Befreit. Ich kann fühlen, wie sehr Menschen und Schicksale in mir lebendig sind. Erlebe mich zum ersten Mal als Glied einer langen Familienkette. Verbunden durch meine Mutter, verbunden mit meiner Tochter. Verbunden mit der Generation davor und mit der Generation danach, die es ohne meine Mutter nicht gäbe. Ich danke ihr dafür. Auch mit meiner Liebeserklärung an eine schwierige Mutter.

Mein Dank gilt

Hubertus, meinem einzigartigen Mann und ersten Leser, der mich zweieinhalb Jahre unverdrossen und voller Liebe bestärkt und verstanden hat.

Sophie, meiner geliebten Tochter, ohne deren warmherzige Ermunterung und kluge Aufmerksamkeit ich nicht weitergeschrieben hätte.

Meiner leidenschaftlichen Agentin, die mit Herz und Verstand felsenfest an meiner Seite war.

Meinem wunderbaren Verlag, für den Glauben an mich und die unermüdliche Unterstützung, von der ersten Stunde an.

Den Freundinnen und Freunden, die mitgelesen und deren Erinnerungen und Gedanken mich bereichert haben. Ihr wart der Wind unter meinen Flügeln.

Edda, für kostbare Stunden in Aumühle. Sie hätte das Buch so gern noch gelesen.

Zitatnachweis

Für die Zitate von Hans und Christine von Dohnanyi sowie von Susanne Dreß (geb. Bonhoeffer) wurden folgende Werke zugrunde gelegt:

Aus dem Leben der Familie Bonhoeffer. Die Aufzeichnungen von Dietrich Bonhoeffers jüngster Schwester Susanne Dreß. Herausgegeben, eingeleitet und kommentiert von Jutta Koslowski. Gütersloher Verlagshaus, Gütersloh 2018.

Die Ausgabe enthält die Lebenserinnerungen von Susanne Dreß in einer sprachlich überarbeiteten Fassung, inhaltlich ist der Text unverändert.

Hans von Dohnanyi: Verschwörer gegen Hitler. »Mir hat Gott keinen Panzer ums Herz gegeben«. Briefe aus Militärgefängnis und Gestapohaft 1943–1945. Herausgegeben von Winfried Meyer. Deutsche Verlags-Anstalt, München 2015.

Der Herausgeber hat sämtliche Briefe transkribiert und behutsam der neuen Rechtschreibung angepasst.

Marikje Smid: Hans von Dohnanyi – Christine Bonhoeffer. Eine Ehe im Widerstand gegen Hitler. Gütersloher Verlagshaus, Gütersloh 2002.

Marijke Smid griff in ihrer umfangreichen Biografie u. a. auf die Quellen aus dem Nachlass von Hans und Christine von Dohnanyi zurück, der im Bundesarchiv Berlin liegt. Der Nachlass umfasst: persönliche Dokumente, Notizbücher und Taschenkalender, Schriftwechsel, Prozessunterlagen u. v. m.

Geleitwort

»Es war einfach der zwangsläufige Gang eines anständigen Menschen.« Zitat Hans von Dohnanyi in einer Rede von Winfried Meyer, im März 2002 anlässlich eines Festakts zum 100. Geburtstag von Hans von Dohnanyi. In: Beiträge zum Widerstand 1933–1945. Erinnerung an Hans von Dohnanyi. Gedenkstätte Deutscher Widerstand, Berlin 2003. S. 31.

Kapitel 1

»Hast Du mal einen Frosch im Winter im Wasser gesehen? (...).« Christine von Dohnanyi, Brief an Hans von Dohnanyi, 27. April 1943, in: Smid, S. 359.

Kapitel 2

»Christel wollte unbedingt mal schwarz sein (...).« Susanne Dreß, S. 309 f.

»... beiße Dich durch, wenn es Dir noch so schwer fällt.« Hans von Dohnanyi, Brief an Klaus von Dohnanyi, 23. Juni 1943, in: Dohnanyi: Briefe, S. 144.

»Es klaffen ihre Kindheit und ihr Alter. (...).« Eberhard Bethge, Trauerrede; Abschrift im Besitz der Autorin.

Kapitel 3

»Heut sind es 2 Jahre (…).« Christine von Dohnanyi, Brief an Hans von Dohnanyi, 5. April 1945, in: Dohnanyi: Briefe, S. 304.

»Keinem Mann, wenn er so ist, wie ich ihn mir vorstelle (…).« Hans von Dohnanyi, Brief an Christine von Dohnanyi, 26. April 1943, in: Ebd., S. 71.

»Tut alles, um der Mutter das Leben zu erleichtern (…).« Hans von Dohnanyi, Brief an Barbara, Klaus und Christoph von Dohnanyi, 21. April 1943, in: Ebd., S. 52.

»Welches Bild hat sie uns hinterlassen (…).« Eberhard Bethge, Trauerrede.

Kapitel 4

»Dem Dietrich hier eine Häuslichkeit zu schaffen (…).« Christine Bonhoeffer, Brief an Hans von Dohnanyi, 1. Mai 1923, in: Smid, S. 56.

»Ich kenne hier eben nur einen Studenten (…).« Christine Bonhoeffer, Brief an Hans von Dohnanyi, 29. Juni 1926, in: Ebd., S. 54.

»Du bist viel weiser als ich (…).« Hans von Dohnanyi, Brief an Christine von Dohnanyi, 29. April 1943, in: Dohnanyi: Briefe, S. 74.

»Jeder Austausch zwischen Mutter und Tochter (…).« Signe Hammer: Töchter und Mütter. Über die Schwierigkeit einer Beziehung. Fischer, Frankfurt / Main 1977, S. 13.

»Als ich mich von ihr trennte (…).« Susanne Dreß, S. 539.

»Mein liebes kleines Mädelchen (…).« Hans von Dohnanyi, Brief an Barbara von Dohnanyi, 20. Juni 1943, in: Dohnanyi: Briefe, S. 151 und 153.

»Das Gefühl von Unfreiheit (…).« Barbara von Dohnanyi-Bayer, Interview, in: Fluter, Heft 15, Ausgabe vom 20.6.2005.

»Bärbelchen war da! (…).« Hans von Dohnanyi, Brief an Barbara von Dohnanyi, 15. Mai 1943, in: Dohnanyi: Briefe, S. 101 f.

»An die Angst vor Verfolgung (…).« Barbara von Dohnanyi-Bayer, Interview, in: Fluter, Heft 15.

»Bärbel schreibt, sie schläft bei Dir. (…).« Hans von Dohnanyi, Brief an Christine von Dohnanyi, 14. Juli 1943, in: Dohnanyi: Briefe, S. 173.

»Ich bin wie ein kleines Kind. (…).« Hans von Dohnanyi, Brief an Christine von Dohnanyi, 24. April 1943, in: Ebd., S. 62.

»Denk an uns (…).« Christine von Dohnanyi, Brief an Hans von Dohnanyi, 14. Mai 1943, in: Smid, S. 377.

»Laß Dir Dein Herz nicht mit sehnsüchtigen Gedanken beschweren. (…).« Christine von Dohnanyi, Brief an Hans von Dohnanyi, 1. Mai 1943, in: Ebd.

»Die Fünfzigerjahre (…).« Barbara von Dohnanyi-Bayer, Interview, in: Fluter, Heft 15.

»Es war einfach der zwangsläufige Gang eines anständigen Menschen.« Zitat Hans von Dohnanyi in Rede von Winfried Meyer.

Kapitel 5

»Auch die Phase (…).« Signe Hammer, S. 196.

»Du trägst heute noch auf (…).« Hans von Dohnanyi, Brief an Barbara von Dohnanyi, 20. Juni 1943, in: Dohnanyi: Briefe, S. 152 f.

»Es ging alles so schnell (…).« Hans von Dohnanyi, Brief an Christine von Dohnanyi, 5. April 1943, in: Smid, S. 353 f.

»Ich glaube, es ist schöner (…).« Christine von Dohnanyi, Brief an Otto John, September 1945, in: Elisabeth Stifton / Fritz Stern: Keine gewöhnlichen Männer. Dietrich Bonhoeffer und Hans von Dohnanyi im Widerstand gegen Hitler. C.H.Beck, München 2013, S. 144.

Kapitel 6

»Ich bin zur Zeit (…).« Christine von Dohnanyi, Brief an Hans von Dohnanyi, 12. September 1943, in: Smid, S. 400 f.

»Wir alle wurzeln stark (…).« Christine von Dohnanyi, Brief an Ricarda Huch, 12. Dezember 1946, in: Ebd., S. 21.

»Das ist ja der tiefere Sinn des Lebens (…).« Hans von Dohnanyi, Brief an Christine von Dohnanyi, 5. Mai 1938, in: Ebd., S. 189.

»Diese Vorbereitungen waren für meine Mutter (…).« Susanne Dreß, S. 161 f.

Kapitel 7

»Es kommt vor (…).« Signe Hammer, S. 133.

»Als Hitler an die Macht kam (…).« Klaus von Dohnanyi, in: Christoph Irion: Eng an der Seite seines Henkers. Artikel zum 100. Geburtstag von Hans von Dohnanyi. In: Hamburger Abendblatt, Hamburg, 29.12.2001.

»wirklich eine Herzenssache« – Christine von Dohnanyi, Einige persönliche Bemerkungen, in: Smid, S. 244.

»Er war ein sehr vitaler (…).« Klaus von Dohnanyi, in: Hamburger Abendblatt.

»das geistige Haupt des 20. Juli« – Dr. Albrecht von Tietze, Aufzeichnung über das Gespräch mit Franz Xaver Sonderegger am 6. April 1945, in: Smid, S. 6.

»erfüllt von Hoffnungen und Plänen (…).« Christine von Dohnanyi, Einige persönliche Bemerkungen, in: Ebd., S. 244.

»ein Haß gegen sich selbst und seine Arbeit«; »klar zu sprechen« – in: Ebd.

»elenden« – Christine von Dohnanyi, Grünes Notizbuch, in: Ebd., S. 307.

»ein depressiver Grundton« – Karl Bonhoeffer, Silvesterberichte, in: Ebd.

»Jugendliche Unbefangenheit und allzu erwachsene Sorgen (…).« Klaus von Dohnanyi, in: Jens Arndt (Hrsg.): Sacrow. Das verwundete Paradies. L&H Verlag, Berlin 2021, S. 82.

»Wir sind stumme Zeugen böser Taten gewesen (…).« Dietrich Bonhoeffer: Widerstand und Ergebung. Briefe und Aufzeichnungen aus der Haft (Band 8). Gütersloher Verlagshaus, Gütersloh 1998, S. 38.

»noch einmal (…) die beide mit ihrem Leben abgeschlossen hatten, das Leben gerettet« – Christine von Dohnanyi, Bericht, in: Smid, S. 327.

»durch eine Wagentür geschoben wurde« – Klaus von Dohnanyi, in: Arndt, S. 80.

»Wir wussten ja nicht (…).« Susanne Dreß, S. 568 f.

»Merkwürdig, auch damals (…).« Christine von Dohnanyi, Brief an Hans von Dohnanyi, 27. April 1943, in: Smid, S. 359.

»Situation, die der Komik nicht entbehrte (…).« Christine von Dohnanyi, Prozessbericht, in: Ebd., S. 345.

»Mit 14 ist man doch erwachsen (…).« Klaus von Dohnanyi: »Ich bewundere diesen Mut«. Interview, in: taz, Berlin, 27.10.2015.

»Ich war so froh Dich zu sehen. (…).« Hans von Dohnanyi, Brief an Christine von Dohnanyi, 17. April 1943, in: Smid, S. 353.

»Es ist eben Schicksal (…).« Christine von Dohnanyi, Brief an Hans von Dohnanyi, o. J., in: Ebd., S. 352.

»Seit ich nicht mehr mein eigner Herr bin (…).« Christine von Dohnanyi, Brief an Hans von Dohnanyi, 27. April 1943, in: Ebd., S. 359.

»Und so sitze ich hier (…).« Christine von Dohnanyi, Brief an Hans von Dohnanyi, 20. April 1943, in: Ebd., S. 355.

»Tragt keinen Haß (…).« Christine von Dohnanyi, Brief an Barbara, Klaus und Christoph von Dohnanyi, 25. April 1943, in: Ebd., S. 358.

»Aber Ihr sollt wissen (…).« Ebd., S. 346.

»Ich werde sonst nicht recht mit mir fertig. (…).« Christine von Dohnanyi, Brief an Hans von Dohnanyi, 4. Juni 1943, in: Ebd., S. 397.

»Sein angeborenes Selbstvertrauen (…).« Susanne Dreß, S. 39 f.

»Unter normalen Umständen (…).« Stifton / Stern, S. 127.

»Ich bin zum Techniker geworden. (…).« Hans von Dohnanyi, Brief an Christine von Dohnanyi, 26. Oktober 1935, in: Smid, S. 158.

»trübe Gedanken (…) ich war Egoist genug (…).« Hans von Dohnanyi, Brief an Christine von Dohnanyi, 11. April 1943, in: Ebd., S. 354.

»Sie sagen mir oft (…).« Dietrich Bonhoeffer: Wer bin ich? Gütersloher Verlagshaus, Gütersloh 2017.

»Wir waren Weihnachten bei Papa (…).« Christoph von Dohnányi, Brief an Dietrich Bonhoeffer, 28. Dezember 1943, in:
Smid, S. 405.

»Wenn auch das Fehlen von Hans und Christel (…).« Karl
Bonhoeffer, Brief an Dietrich Bonhoeffer, 25. Dezember
1943, in: Ebd., S. 406.

»nicht bewegen (…).« Christine von Dohnanyi, Prozessbericht,
in: Ebd., S. 418.

»Und Du, mein Bärbelchen (…).« Hans von Dohnanyi, Brief
an Christine, Barbara, Klaus und Christoph von Dohnanyi,
3. Januar 1945, in: Dohnanyi: Briefe, S. 267.

»Ich benutze meine Krankheit (…).« Hans von Dohnanyi, Kassiber an Christine von Dohnanyi, o. D. (25. und 27. Februar
1945), in: Ebd., S. 282 f.

»Mein über alles geliebtes Herz (…).« Hans von Dohnanyi,
Kassiber an Christine von Dohnanyi, 8. März 1945, in: Ebd.,
S. 292.

»Du weißt, wie (…).« Ebd., S. 294 f.

»roch stark nach Schweiß und Kot. (…).« Bericht Dr. Albrecht
Tietze, in: Winfried Meyer (Hrsg.): Verschwörer im KZ.
Hans von Dohnanyi und die Häftlinge des 20. Juli 1944 im
KZ Sachsenhausen. Edition Hentrich, Berlin 1999 (Schrif-
tenreihe der Stiftung Brandenburgische Gedenkstätten),
S. 216.

»daß sie ihren Mann nie wiedersehen würde« – Bericht Dr. Albrecht Tietze, o. J. (September 1945), in: Smid, S. 452.

»Dohnanyi wollte diesen Weg aber nicht gehen.« Bericht
Dr. Albrecht Tietze, in: Ebd., S. 453.

»Ich forderte ihn noch einmal auf (…).« Bericht Dr. Albrecht
Tietze, in: Ebd.

»Mein geliebter, guter Mann (...).« Christine von Dohnanyi, Brief an Hans von Dohnanyi, 5. April 1945, in: Ebd., S. 464.

»So bin ich praktisch ausgebombt (...).« Christine von Dohnanyi, Brief an Klaus von Dohnanyi, o. J. (August 1945), in: Ebd., S. 466.

»Von Papa ist leider gar keine Spur. (...).« Barbara von Dohnanyi, Brief an Klaus von Dohnanyi, 17. September 1945, in: Ebd., S. 467.

»Wir sind die Träger einer Geschlechterfolge (...).« Isabelle M. Mansuy: Wir können unsere Gene steuern. Berlin Verlag, Berlin 2019, S. 175 f.

Kapitel 9

»Das Vermächtnis des 20. Juli (...).« Christian Staas: »Umkämpfte Helden«. Artikel zum 75. Jahrestag des 20. Juli 1944. In: Die Zeit, Hamburg, 18.7.2019.

»uneinsichtig und unverbesserlich bis zum Schluss« – Stifton / Stern, S. 159.

»Für dieses Urteil (...) muß man sich schämen. (...).« Ansprache des Präsidenten des Bundesgerichtshofes Prof. Dr. Günter Hirsch beim Festakt aus Anlass des 100. Geburtstags von Hans von Dohnanyi, Karlsruhe, 8. März 2002.

»Man soll sich nicht in bittere Stimmungen (...).« Hans von Dohnanyi, Brief an Christine von Dohnanyi, 5. Mai 1938, in: Smid, S. 188 f.

»Überlebende Mitglieder des Widerstands (...).« Stifton / Stern, S. 149.

»Doch man darf nicht vergessen (...).« Barbara von Dohnanyi-Bayer, Interview, in: Fluter, Heft 15.

»Bei mir und meinen Brüdern (…).« Barbara von Dohnanyi-Bayer, Interview, in: Fluter, Heft 15.

»Sie feierte gern (…).« Susanne Dreß, S. 704 f.

»Der Plattenspieler ließ einen Walzer ertönen (…).« Ebd., S. 749.

»Sammelbuch«; »mit Scheck« Ebd., S. 434.

»Wir Töchter gingen gerne (…).« Ebd., S. 435.

»etwas Salziges und (…)« Ebd., S. 434.

»Das tat der auch – mit Jackett (…).« Ebd., S. 435.

»Ich habe mir ja immer gewünscht (…).« Ebd., S. 771.

»Du solltest aber endlich aufhören (…).« Christine von Dohnanyi, Brief an Hans von Dohnanyi, 8. Mai 1943, in: Smid, S. 379.

»Wem willst du eigentlich den Gefallen tun (…)?« Christine von Dohnanyi, Brief an Hans von Dohnanyi, 23. Mai 1943, in: Ebd., S. 381.

»etwas schmal (…). Ich habe mit (…).« Hans von Dohnanyi, Brief an Eltern Bonhoeffer und Geschwister, 21. April 1943, in: Ebd., S. 360.

»Heb mir aber (…).« Christine von Dohnanyi, Brief an Hans von Dohnanyi, 18. Mai 1943, in: Ebd., S. 383.

»Beruhige Dich (…).« Christine von Dohnanyi, Brief an Hans von Dohnanyi, 4. Februar 1944, in: Ebd., S. 457.

»harmlos Heiteren (…) Ich glaube, es wäre (…).« Hans von Dohnanyi, Kassiber an Christine von Dohnanyi, 8. März 1945, in: Ebd., S. 446.

»äußere Gelassenheit (…).« Klaus von Dohnanyi, in: Arndt, S. 81.

»Die Ruhelose wusste (…).« Eberhard Bethge, Trauerrede.

»Die Hauptsache ist (…).« Christine von Dohnanyi, Brief an Klaus von Dohnanyi, o. J. (August 1945), in: Smid, S. 472.

»der Nacht vom 5. (…).« Christine von Dohnanyi an Otto John, Brieffragment, o. J. (Anfang September 1945), in: Ebd., S. 471.

»zerklüftetes Innenleben« – Eberhard Bethge, Trauerrede.

»zur Biologie zurückkehren«; »alten Kopf« – Christine von Dohnanyi, Brief an Klaus von Dohnanyi, o. J. (August 1945), in: Smid S. 472.

»fast stolz darauf, nichts von Nähen und häuslichen Arbeiten zu verstehen (…).« Susanne Dreß, S. 30.

»Nähen, stopfen, einmachen, lauter so schöne Sachen. (…).« Christine von Dohnanyi, Brief an Hans von Dohnanyi, 18. Juli 1943, in: Smid, S. 397.

»Die älteste Tochter, Bärbel, war damals fast zwei Jahre alt (…).« Susanne Dreß, S. 40.

»Und denkt Euch, ich suche nie etwas (…).« Christine von Dohnanyi, Brief an Bärbel, Klaus und Christoph von Dohnanyi, 25. April 1943, in: Smid, S. 346.

»die schöne Abgeschiedenheit von Welt und Familie.« Christine von Dohnanyi, Brief an Hans von Dohnanyi, o. J. Ebd., (7. bzw. 9. Januar 1935), in: Ebd., S. 160.

Literatur

Arndt, Jens (Hrsg.): Sacrow. Das verwundete Paradies. L&H Verlag, Berlin 2021.

Beiträge zum Widerstand 1933–1945. Erinnerung an Hans von Dohnanyi. Red. Johannes Tuchel, Anneke de Rudder. Gedenkstätte Deutscher Widerstand, Berlin 2003.

Bode, Sabine: Kriegsenkel. Die Erben der vergessenen Generation. Klett-Cotta, Stuttgart 2009.

Bonhoeffer, Dietrich: Wer bin ich?. Gütersloher Verlagshaus, Gütersloh 2017.

Bonhoeffer, Dietrich: Widerstand und Ergebung. Briefe und Aufzeichnungen aus der Haft (Band 8). Gütersloher Verlagshaus, Gütersloh 1998.

Dohnanyi, Hans von: Verschwörer gegen Hitler. »Mir hat Gott keinen Panzer ums Herz gegeben«. Briefe aus Militärgefängnis und Gestapohaft 1943–1945. Herausgegeben von Winfried Meyer. Deutsche Verlags-Anstalt, München 2015.

Fabrycky, Laura M.: Schlüssel zu Bonhoeffers Haus. Wie ich Welt und Weg Dietrich Bonhoeffers entdeckte. Gütersloher Verlagshaus, Gütersloh 2021.

Gornick, Vivian: Ich und meine Mutter. Penguin Verlag, München 2019.

Hammer, Signe: Töchter und Mütter. Über die Schwierigkeit einer Beziehung. Fischer, Frankfurt/Main 1975.

Hespers, Nora: Mein Opa, sein Widerstand gegen die Nazis und ich. Suhrkamp Verlag, Berlin 2021.

Koslowski, Jutta (Hrsg.): Aus dem Leben der Familie Bonhoeffer. Die Aufzeichnungen von Dietrich Bonhoeffers jüngster Schwester Susanne Dreß. Gütersloher Verlagshaus, Gütersloh 2018.

Mansuy, Isabelle M.: Wir können unsere Gene steuern. Berlin Verlag, Berlin 2020.

Meyer, Winfried (Hrsg.): Verschwörer im KZ. Hans von Dohnanyi und die Häftlinge des 20. Juli 1944 im KZ Sachsenhausen. Edition Hentrich, Berlin 1999 (Schriftenreihe der Stiftung Brandenburgische Gedenkstätten).

Mitscherlich, Margarete: Erinnerungsarbeit. Zur Psychoanalyse der Unfähigkeit zu trauern. Fischer, Frankfurt/Main 1993.

Smid, Marikje: Hans von Dohnanyi – Christine Bonhoeffer. Eine Ehe im Widerstand gegen Hitler. Gütersloher Verlagshaus, Gütersloh 2002.

Stern, Fritz/Stifton, Elisabeth: Keine gewöhnlichen Männer. Dietrich Bonhoeffer und Hans von Dohnanyi im Widerstand gegen Hitler. C.H.Beck, München 2013.

Kurzer Überblick über einige Personen:

Christine von Dohnanyi (1903–1965), geb. Bonhoeffer, meine
    Großmutter mütterlicherseits, meist genannt Großmama,
    verheiratet mit *Hans von Dohnanyi* (1902–1945); ihre Kinder
Barbara (1926–2016), meine Mutter, verheiratet mit
    Wilhelm Bayer (1924–1984); Kinder: mein Bruder
    Christoph und ich
Klaus von Dohnanyi (geb. 1928), in erster Ehe verheiratet
    mit *Renée Illing*; ihr Sohn *Johannes*
Christoph von Dohnányi (geb. 1929, Name nach der
    ungarischen Schreibweise), in erster Ehe verheiratet
    mit *Renate Zillessen*, in zweiter mit *Anja Silja*

Paula (1876–1951), und *Karl* (1868–1948) *Bonhoeffer*,
    meine Urgroßeltern mütterlicherseits
Dietrich Bonhoeffer (1906–1945), ein Bruder von
    Christine von Dohnanyi
Ursula Schleicher (Ursel), ältere Schwester von
    Christine von Dohnanyi
Susanne Dreß (Suse), jüngste Schwester von
    Christine von Dohnanyi; ihr Sohn *Michael Dreß*

Frida Bayer (1900–1991), meine Großmutter väterlicherseits,
    genannt Omama

Sophie, meine Tochter; ihre Kinder *Josefine* und *Caspar*

Das berührende Porträt der unterschätzten Tochter